Handbuch Laufen

Allgemeine Hinweise:

Aus Gründen der besseren Lesbarkeit wird bei Personenbezeichnungen die männliche Sprachform verwendet. Gemeint ist sowohl die männliche als auch die weibliche und die diverse Form.

Das vorliegende Buch wurde sorgfältig erarbeitet. Dennoch erfolgen alle Angaben ohne Gewähr. Weder der Autor noch der Verlag können für eventuelle Nachteile oder Schäden, die aus den im Buch vorgestellten Informationen resultieren, Haftung übernehmen.

Sollte diese Publikation Links auf Webseiten Dritter enthalten, so übernehmen wir für deren Inhalte keine Haftung, da wir uns diese nicht zu eigen machen, sondern lediglich auf deren Stand zum Zeitpunkt der Erstveröffentlichung verweisen.

NILS KINDEL

HANDBUCH LAUFEN

LANGFRISTIG SCHMERZFREI & LEISTUNGSFÄHIG

Individuell trainieren

Erfolgreich laufen

Meyer & Meyer Verlag

Handbuch Laufen

Bibliografische Information der Deutschen Nationalbibliothek
Die Deutsche Nationalbibliothek verzeichnet diese Publikation in der Deutschen Nationalbibliografie; detaillierte bibliografische Details sind im Internet über <https://www.dnb.de> abrufbar.

Auckland, Beirut, Dubai, Hägendorf, Hongkong, Indianapolis, Kairo, Kapstadt,
Manila, Maidenhead, Neu-Delhi, Singapur, Sydney, Teheran, Wien

Member of the World Sport Publishers' Association (WSPA)

Gesamtherstellung: Print Consult GmbH, München

MIX
Papier | Fördert gute Waldnutzung
FSC® C084279

ISBN 978-3-8403-7909-3
E-Mail: verlag@m-m-sports.com
www.dersportverlag.de

INHALT

VORWORT

Derjenige, der nur Athlet sei, ist zu roh, zu vulgär und zu wild. Der, der nur Student sei, ist zu weich und unmännlich. Der ideale Bürger ist ein Athleten-Student, der Mann des Denkens und der Tat.

PLATON[61]

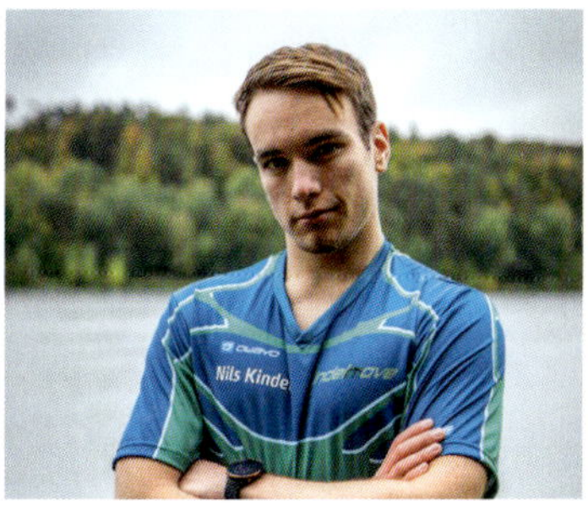

Abb. 1: Willkommen beim Handbuch Laufen.

Bevor wir in die Materie einsteigen und uns im Detail mit dem Laufen beschäftigen, möchte ich dir erklären, worum es hier geht und warum ich dieses Buch geschrieben habe.

2015 im Alter von 18 Jahren lief ich meinen ersten Marathon. 2016 finishte ich meinen ersten Triathlon und gewann obendrein noch den Titel des Hessenmeisters in meiner Altersklasse über die olympische Distanz.

Getrieben von meinem Ego und dem Kick nach mehr, begann ich im Winter 2016 mein Training für meinen ersten Ironman 70.3®. Ich wollte immer mehr und immer schneller immer besser werden. Ich ignorierte die Zeichen meines Körpers, biss immer härter und finishte schließlich am 04.06.2017 den Triathlon - doch mein Körper zahlte einen heftigen Preis. Ich verletzte mich. Es war ein Tribut, den ich meinem intensiven, egogetriebenen Training zollen musste.

Es dauerte fast ein halbes Jahr, bis ich wieder richtig gehen konnte, weil mein Knie so überreizt und entzündet war. Schmerzen plagten mich doch auch dann noch. Ich gab keine Ruhe; Ich wollte wieder schmerzfrei laufen und wieder Spaß am Sport haben. Ich startete mit einer professionellen Laufanalyse, rollte meine Faszien regelmäßig aus und so weiter und so fort. Ich tat alles, was man mir empfahl, doch parallel begann ich damit, mich selbst in die Materie einzuarbeiten.

Ein langer Rehaprozess mit viel Selbststudium und Selbstexperimenten begann. 2018 bestritt ich zwei Laufwettkämpfe mehr schlecht als recht. Es war noch nicht alles im Lot. Es dauerte und dauerte, doch ich merkte, wie ich Fortschritte machte, wie mein Körper wieder belastbarer wurde. Ich entwickelte mehr Kraft, Beweglichkeit und Schnelligkeit denn je zuvor. Durch gezieltes Athletiktraining schuf ich das Fundament, auf dem ich bauen konnte. Meine Laufumfänge nahmen wieder zu; Die Schmerzen verblassten; Das Narbengewebe heilte – und schließlich konnte ich im Mai 2019 wieder einen Triathlon bestreiten – und zwar komplett schmerzfrei.

Meine Reise ging weiter. Ich lernte stets mehr und mehr über meinen Körper. Ich verstand nun Zusammenhänge, die mir zuvor komplett verborgen waren. Je mehr Stunden ich im Kraftraum und im Laufen verbrachte, desto mehr verstand ich, welche Verbindungen ich ignoriert hatte und wie ich in der kommenden Zeit solch eine Verletzungsauszeit vermeiden könnte.

Ich sammelte mein ganzes Wissen und meine Erfahrung zusammen und entwickelte für mich ein Trainingsprogramm, das auf die Probe stellen sollte, ob ich wirklich wieder belastbar war.

Im Februar 2021 konnte ich unter Anwendung der Methoden dieses Buchs erneut einen Marathon laufen – komplett ohne Schmerzen. Mir war es sogar gelungen, meine Zeit von 2015 zu unterbieten.

Heute bin ich schmerzfrei und leistungsfähiger denn je. Mit diesem Werk möchte ich dir beibringen, wie auch du das schaffst. Auf den kommenden Seiten findest du all das Wissen, das ich mir nach meiner Knieverletzung (oder noch besser DAVOR) gewünscht hätte, um erstens die Verletzung hinter mir zu lassen und wieder belastbar zu werden, zweitens wieder Freude am Sport zu haben und drittens, langfristig leistungsfähig zu sein.

Dieses Buch soll dir helfen, langfristig schmerzfrei zu trainieren, deine Leistung zu steigern und dir auch zeigen, wie schön das Laufen sein kann. Erwarte nicht, dass es eine Eins-zu-eins-Anleitung ist, die du genauso anwenden kannst. Denn jeder Mensch ist individuell und kein Plan der Welt kann bei jedem Menschen funktionieren. Mit diesem Werk versuche ich dir vielmehr, die Tools an die Hand zu geben, dass du selbst dein eigener Coach werden kannst und genau weißt, wie und was du trainieren musst.

Und jetzt genug des Geredes – es geht los!

Viel Erfolg und bleibt bewegt!
Euer Nils

DER BEGINN EINER EPIDEMIE ...

27-70 Prozent der Läufer verletzen sich innerhalb eines Jahres. Das sind erschreckende Zahlen. Ständig hört man, dass Läufer über Schmerzen klagen und pausieren müssen, weil sie verletzt sind. Es ist wie eine Epidemie, dass immer mehr und mehr Läufer den Sport an den Nagel hängen, weil ihre „Knochen kaputt sind".

Warum ist das so?

Ist Laufen so schrecklich?

Jeder von uns hat einmal gehört, dass Laufen schädlich für die Knie ist oder beanspruchend für den Körper allgemein ist. Aber stimmt das wirklich?

Nun zweifelsohne ist Laufen belastend für unsere Gelenke, aber hat man schon einmal davon gehört, dass einer der altgriechischen Boten wegen Arthrose im Knie in Rente gegangen ist?

NEIN!

Etwas muss mit uns passiert sein, seit dem alten Griechenland, dass wir nicht mehr richtig in Gang kommen. Unsere Gesellschaft ist zweigeteilt - auf der einen Seite, werden Sportler immer professioneller mit Hightechschuhen, Laktatdiagnostiken, Schlaftrainern und Ähnlichem, während der Rest der Bevölkerung immer unbeweglicher, dicker und kränker wird. Laut WHO[40] machen Krankheiten wie Diabetes, Krebs und Herz-Kreislauf-Erkrankungen 71 Prozent der weltweiten Todesfälle aus. Diese Krankheiten, auch NCDs genannt (*Noncommunicable Deseases*), sind nicht ansteckend, verbreiten sich aber wie eine echte Epidemie.

Was kann man tun, um diesen Spalt zu schließen?

Nun dieses Werk hat die Ambition - zumindest läuferisch -, alle zu vereinen. Für Einsteiger bietet es einen detaillierten Guide, was zu beachten ist, wenn man mit dem Laufen anfängt und wie man den Sport gesund und verletzungsfrei betreibt. Für Fortgeschrittene bietet es tiefe sportwissenschaftliche Hintergründe, die es ihnen ermöglichen soll, ihren Laufstil zu analysieren und ihre Leistung langfristig zu steigern.

Wenn wir alle gemeinsam an einem Strang ziehen und zeigen können, dass Sport und Bewegung für uns alle da sind, dann können wir beide Epidemien vielleicht ausbremsen ...

TEIL I: SKILL

1 LAUFEN ALS SPORTART

Fisch schwimmt, Vogel fliegt – Mensch läuft.

EMIL ZATOPEK

Bevor wir Laufen als Sportart betrachten können, sollten wir uns erst einmal fragen, warum wir überhaupt laufen können. Schließlich hätten wir auch wie Fische schwimmen oder wie Vögel fliegen können, doch unsere prähistorische Evolution hat dazu geführt, dass wir gehen und laufen.

1.1 DIE GESCHICHTE DES LAUFENS

Um zu verstehen, wie das kam, müssen wir mindestens sieben Millionen Jahre in der Zeit zurückgehen. Vor so vielen Jahren spalteten wir uns als Spezies nämlich vom Schimpansen ab. Die Eiszeit endete und unser Lebensraum – der afrikanische Regenwald – verkleinerte sich durch die ansteigenden Temperaturen. Vorher war unsere primäre Fortbewegungsart das Hangeln von Baum zu Baum – das gestaltete sich nun zusehends schwerer, da die Bäume dafür fehlten.

So begann unser Vorfahr - der Australopithecus afarensis -, sich mehr und mehr am Boden fortzubewegen. Er taperte über die Savanne und watete durch Wasserlöcher auf der Suche nach mehr und mehr Nahrung. Wie es kommen musste, nahm die Evolution ihren Lauf und der marschierende Affe wurde über Jahrtausende zum aufrecht gehenden Menschen - dem Homo erectus.

Dieser Homo erectus unterschied sich anatomisch bereits gewaltig vom heutigen Schimpansen. Sein Becken war breit, seine Beine waren länger und die Arme kürzer. Und ganz wichtig: Sein großer Zeh war nicht länger opponierbar - das heißt, er war, wie die anderen Zehen, gerade nach vorne gerichtet, was unsere Füße optimal machte für das Gehen in der Ebene. Eine ebenso wichtige Entwicklung war die Bildung der Achillessehne, welche wir als einzige Lebewesen besitzen. Warum sie so wichtig ist, erfahrt ihr in Kap. 2.

Aus diesen Gaben des ersten Menschen erschloss eine neue Form der Nahrungsmittelbeschaffung - das Persistence Hunting. Kurz gesagt, eine Form der Jagd, bei der die Beute so lange verfolgt wird, bis sie vor Ermüdung aufgibt oder stirbt. So gelang es unseren Vorfahren, eine konstante Nahrungszufuhr aufzubauen, dies wiederum führte dazu - so glauben die Wissenschaftler, zumindest vom heutigen Standpunkt aus gesehen -, dass unser Gehirn ungehindert wachsen konnte. Der Aufstieg zur Spitze der Nahrungskette begann ...

Wenn wir uns nun einmal an den Beginn unserer eigenen Rasse begeben - zum Homo sapiens (zu Deutsch: der weise Mensch), dann stellen wir fest, dass auch in seiner Natur das Laufen lag. Unsere Vorfahren liefen so bis zu 20 Kilometer am Tag.

Das Laufen war fester Bestandteil ihres Lebens, als sie noch Jäger und Sammler waren. Wir mussten jeden Morgen stundenlang durch die Savanne Afrikas laufen, um Beeren und Wurzeln zu sammeln oder eine Herde Gazellen zu erlegen. Ohne die Fähigkeit, lange und ausdauernd (und natürlich auch mit einem gewissen Tempo) zu laufen, wären unsere Vorfahren verhungert. Somit hatten sie keine andere Wahl, als ihr tägliches Training zu absolvieren.[38]

Mit der landwirtschaftlichen Revolution änderte sich dies allerdings und die Menschen mussten nicht mehr täglich mehrere Stunden laufen, sondern mussten stattdessen ihre Felder bestellen und ihr Korn ernten. Dennoch gab es immer noch Läufer - Kuriere oder Boten -, die sogar mehr als ein paar Stunden am Stück liefen. So soll 490 vor Christus der legendäre Pheidippides die Strecke von Marathon nach

Sparta (250 Kilometer) in etwas über einen Tag gelaufen sein, um von den Spartiaten Hilfe anzufordern. Außerdem wurde durch seinen Lauf von Marathon nach Athen die heutige Disziplin des Marathons geschaffen. Das alte Griechenland war eine Hochkultur, bezogen auf die körperliche Ertüchtigung.[36]

Die Athleten waren im griechischen Volk hoch angesehen und ihre Körper waren ein Statussymbol. Nicht fit zu sein, war außerdem verrufen. Die Olympischen Spiele der Antike waren das Event in Griechenland und jeder, der sich Olympionike nennen durfte, genießte höchstes Ansehen im Volk.

Dies spiegelt auch Sokrates Aussage in den Dialogen mit dem schwächlichen Epigenes aus Xenophons *Memorabilia* wider:

> *Kein Bürger hat ein Recht darauf, ein Amateur in der Frage der körperlichen Ertüchtigung zu sein. Was eine Schande ist es für einen Mann zu wachsen und zu altern, ohne jemals die Schönheit und Stärke zu erblicken, zu welcher sein Körper in der Lage ist.*
>
> **SOKRATES**[62]

Doch mit der zunehmenden Zucht von Reittieren und dem technologischen Fortschritt starben auch im antiken Griechenland und Rom die Läufer aus. Einzig und allein im Militär blieb Laufen als Teil des Trainings enthalten.

Fast 1.500 Jahre vergingen, in denen Laufen nicht als probate Fortbewegungsart angesehen wurde, sondern nur sporadisch verwendet wurde – von Kindern beim Spielen beispielsweise. Erst zur Zeit der frühen Neuzeit, der Zeit des Biedermeiers, wurde körperliche Ertüchtigung wieder als wichtig angesehen.

Mit den Olympischen Spielen im Jahr 1896 erlebte Laufen als Sportart eine zweite Blüte, die allerdings erst 1960 mit der Joggingwelle in den USA richtig in Schwung kam und die normalen Bürger mitnahm. Mit den ersten massentauglichen Laufschuhen von New Balance und Nike sowie den großen Städtemarathons von New York, Boston und Vancouver (die nun auch für Frauen zugänglich waren) war Laufen auf einmal die Volkssportart schlechthin.

Mittlerweile haben wir so wenig Bewegung und körperliche Anstrengung im Alltag, dass wir Sport als Ausgleich/Ergänzung brauchen, um uns fit zu halten. Allerdings sollte man nicht einfach so loslaufen.

Heutzutage sind wir leider meist weit entfernt davon, eine solche Leistung abzurufen. Was aber nicht heißt, dass unser Körper dazu nicht mehr in der Lage ist.

Meist ist es reine Fleißarbeit, um seinen Körper so in Form zu bringen, dass man wieder in der Lage ist, zu laufen. Dieses Werk zielt darauf ab, dir das Laufen als Sportart näherzubringen, und dir das nötige Wissen an die Hand zu geben, um dir den Einstieg ins Laufen zur ermöglichen.

Nun möchte ich klarstellen, dass nicht nur der Marathon ein richtiger Lauf ist und alles Kürzere nur Beiwerk sei. Jede Distanz ist ein richtiger Lauf, ob Kurzstrecke (100 Meter, 200 Meter, 400 Meter), Mittelstrecke (800 Meter, 1.500 Meter, 3.000 Meter) oder Langstrecke (5.000 Meter, 10 Kilometer, Marathon etc.). Und jede dieser Distanzen hat ihr eigenes Anforderungsprofil und um sie erfolgreich bestreiten zu können, ist ein ähnlicher Trainingsaufwand nötig.

Hier möchte ich allerdings den Fokus auf die Langstrecke legen, da sie für den Einsteiger am ehesten erstrebenswert ist. Das Tempo ist entspannt, die Verletzungsgefahr ist gleichzeitig gering und der Trainingseffekt für die körperliche Fitness und das Herz-Kreislauf-System ist vergleichsweise hoch.

Der Vorteil der Sportart Laufen insgesamt ist, dass man wenig Equipment braucht, außer ein Paar Schuhe, die zum Laufen geeignet sind und bequeme Kleidung, die einem genügend Bewegungsfreiraum lässt. Je nach Wetterlage sollte man sich gegebenenfalls noch eine windabweisende Regenjacke zulegen sowie Stirnband/Mütze und Handschuhe. Laufen ist keineswegs eine Sportart, die nur bei schönem Wetter betrieben werden kann, sondern ist für jede Jahreszeit geeignet. Zumal Training an der frischen Luft in der kalten Jahreszeit das Immunsystem ungemein stärkt. Deswegen ist Laufen auch optimal, um gesund durch die Jahreszeiten zu kommen.

1.2 DIE BELASTUNG DURCH LAUFEN

Laufen belastet den Körper. Und zwar nicht nur irgendwie. Es wirken sehr hohe Kräfte auf unser Muskel-Skelett-System, wenn wir laufen. Es ist nicht zu unterschätzen, wenn durch die Auf- und Abbewegungen beim Laufen, dass 2,5-Fache des

Körpergewichts abgefangen werden muss – und zwar von einem Bein. Bei einem 80 Kilogramm schweren Mann wirken somit 200 Kilogramm auf das Bein.

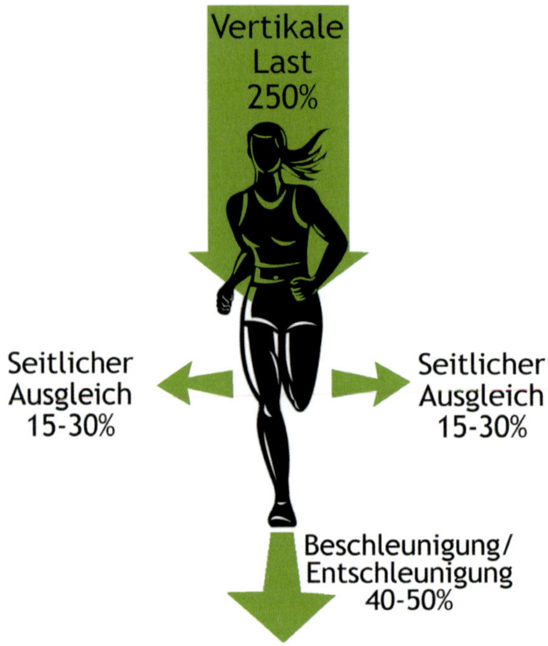

Abb. 2: Kräfte, die beim Laufen wirken (Grafik angelehnt an „Running Rewired" von Jay Dicharry).

Hinzukommt 40-50 Prozent vom Körpergewicht (circa 40 Kilogramm) plus jeweils 10-15 Prozent, die durch die seitliche Ausgleichsbewegung entstehen (zweimal circa 12 Kilogramm). Somit entsteht eine gesamte Belastung von 264 Kilogramm auf den Körper bei einem einzelnen Laufschritt.[1]

Diese Belastung sollte man nicht unterschätzen, wenn man anfängt zu laufen. Eine ordnungsgemäße Vorbereitung des Körpers auf die Belastung des Laufens ist das A und O, wenn man schmerz- und verletzungsfrei laufen will. Durch entsprechendes Training der Muskulatur und plyometrische Übungen kann man den Muskel-Sehnen-Apparat auf die Belastung vorbereiten, mehr dazu aber in Kap. 2.

Ist solche eine Belastung nicht schlecht für meine Gelenke?

Absolut nicht! Gelenkknorpel wird durch Bewegung ernährt und je mehr Last auf ihn einwirkt, desto robuster und resilienter wird er. Wir brauchen also Bewegung und Belastung, um ein Leben lang gesunde und widerstandsfähige Gelenke zu haben.

Und nicht nur die Gelenke profitieren von der Belastung: Auch Muskeln und Sehnen passen sich an die Belastung an. Die Muskeln wachsen und die Bänder und Sehnen werden ebenso wie der Gelenkknorpel widerstandfähiger. Außerdem hat Laufen auch einen positiven Effekt auf die Knochendichte und ist somit optimal, um den Knochenschwund im Alter entgegenzuwirken.

Neben der Belastung auf das Muskel-Skelett-System wird beim Laufen auch unser Herz-Kreislauf-System gefordert. Während beim Laufen der Puls steigt, damit genügend Blut durch unseren Körper gepumpt wird, so sorgt Laufen dafür, dass sich unser Ruhepuls senkt und wir eine hohe maximale Sauerstoffaufnahme-Fähigkeit bekommen (VO_2max). Kurzum, Läufer haben effizientere Herzen als Nichtsportler. Außerdem wirkt Laufen als Sport optimal zur Vorbeugung von koronaren Herzerkrankungen durch die stetige Belastung.[34]

Achtung
Bei Sportlern mit Vorerkrankungen des Herzens oder des Herz-Kreislauf-Systems sollte vor dem Beginn mit dem Laufsport eine Abklärung mit dem behandelnden Arzt erfolgen.

1.3 WARUM SOLLTEN WIR LAUFEN?

Nun habe ich viel erklärt, warum wir mal gelaufen sind und warum unser Organismus dafür gemacht ist. Doch nun soll es einmal darum gehen, warum **DU** laufen solltest!

Laufen ist eine fordernde, aber auch schöne Sportart. Sie ist sehr langwierig und es dauert eine gewisse Zeit, bis man die ersten Resultate sieht. Deswegen ist es umso wichtiger, sich bewusst zu machen, warum du laufen willst. Ich könnte jetzt hier definiert aufzählen, welche Arten von Motivationen es gibt und warum diese oder jene so wichtig ist, aber letzten Endes zählt nur, dass du einen starken Grund findest, weshalb du läufst.

Sei es, dass dir Laufen an sich Spaß macht oder dass es die eine Sportart ist, die dir Spaß macht. Es ist vollkommen gleichgültig, wichtig ist nur, dass der Grund für dich ausreicht, um dich aus dem Bett zu bekommen und die Laufschuhe zu schnüren.

Hier sind ein paar Gründe, die mich immer wieder zum Laufen motivieren. Vielleicht ist auch einer für dich dabei.

Ich laufe, weil ...

- ... Laufen den Kopf frei macht.
- ... das Runner's High ein unvergleichliches Gefühl ist.
- ... es eine der schönsten Sportarten überhaupt ist.
- ... man sonst in keiner anderen Sportart so einen genialen Flow-State erreicht.

- ... es sich natürlich anfühlt.
- ... es einer der besten Wege ist, um die Natur zu genießen.
- ... es einfach das beste Ausdauertraining ist.

Dies sollte dir einen kurzen Überblick geben, was Laufen dir geben kann. Und nun bist du an der Reihe: Schreibe dir drei konkrete Aspekte auf, die dir das Laufen bringt! Und erinnere dich immer wieder daran, wenn es dir einmal schwerfällt.

2 EFFIZIENTES UND GESUNDES LAUFEN

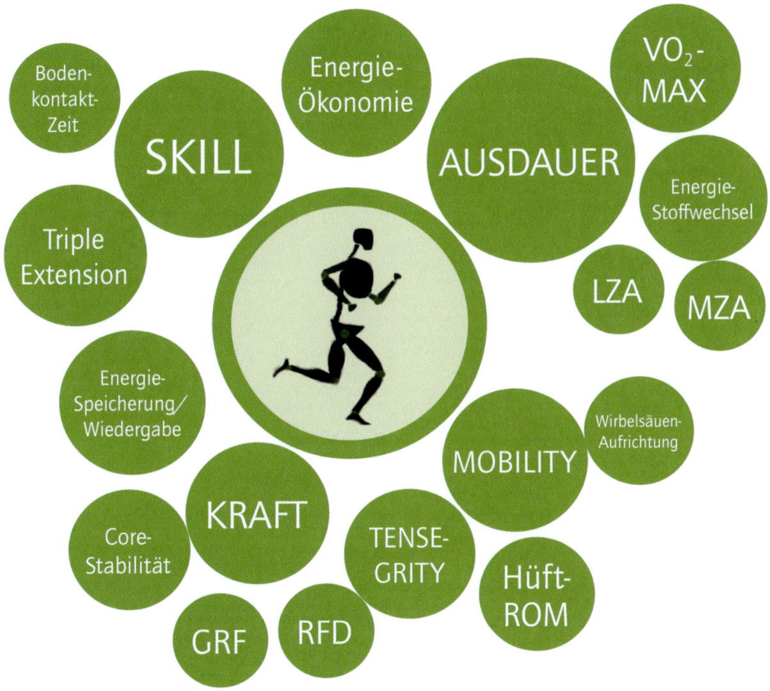

Abb. 3: Aspekte, die beim Laufen wichtig werden.

Man denkt, Laufen wäre simpel. Ich schnüre die Schuhe und los geht es!

Lasse mir dir direkt den Wind aus den Segeln nehmen ... Laufen ist ein Skill – und zwar ein sehr komplexes Zusammenspiel zwischen den verschiedenen Muskeln, Gelenken, Bändern und Sehnen. Viele Aspekte spielen eine Rolle, wenn man effizient und gesund laufen möchte. Einfach stur drauflos zulaufen, führt oft zu dem, was mir passiert ist: Verletzung; Game over und erst einmal geht gar nichts mehr.

In der Grafik siehst du, was alles beim Laufen gefordert wird. Ausdauer war dir vermutlich klar, doch zentrale Aspekte sind auch der Skill an sich, sowie die Kraft und Beweglichkeit, die dazugehören. Ein Punkt, der oft übersehen wird, ist die *Spannungsgesamtintegrität* - oder auch *Tensegrity* genannt. Ein Beispiel für schlechte Tensegrity beim Läufer wäre die Beeinflussung des Laufstils durch eine verspannte Nackenmuskulatur oder Schulterbeschwerden.

In diesem Kapitel soll es hauptsächlich um Laufen als Skill gehen. Die anderen Aspekte werden im danach folgenden Kapitel aufgegriffen. Beim Laufen gilt wie auch bei vielen anderen Sportarten:

„Das Ganze ist mehr als die Summe seiner Teile!“[60] Natürlich müssen wir die einzelnen Teile Lernen, doch wir müssen sie auch in die ‚flüssige Kunst des Selbstvortriebs' zusammenfügen (*Christopher McDougall, 2009. Verkürztes Zitat aus* Born to Run. *Frei übersetzt.*[2]).

Laufen umfasst viel mehr, als nur die Füße voreinander zu setzen, Laufen ist eine hochkomplexe biomechanische Bewegung, die gutes motorisches Können erfordert und viel dem Läufer abverlangt. Ihre größte Anforderung ist jedoch die Reproduzierbarkeit. Der Läufer muss in der Lage sein, die Bewegung Tausende von Malen auszuführen und tausende Male hintereinander sie präzise an die jeweiligen Gegebenheiten anzupassen. Wie und ob das erlernbar ist und worauf es ankommt, wird im folgenden Kapitel erläutert.

2.1 NATÜRLICHES LAUFEN

Die Laufwelt erlebt momentan eine Epidemie - eine Epidemie von Verletzungen. Fast jeder Läufer verletzt sich im Laufe seiner sportlichen Tätigkeit - und das immer früher.

Woran liegt das?
Es ist eine Kombination aus unserem immer inaktiver werdenden Lebensstil und der Laufschuhindustrie, die uns immer bessere, immer teurere und immer dicker werdende Hightechlaufschuhe verkaufen will.

High tech shoes, low tech feet. The more expensive the toys, the cheaper is the mover.

IDO PORTAL[69]

Nun möchte ich das Problem nicht allein auf die Industrie schieben, sondern es ist wie meistens multifaktoriell bedingt:

1. Unser Alltag bereitet uns immer weniger darauf vor, unseren Körper zu belasten. Wir sitzen fast den ganzen Tag unsere Gesäßmuskulatur tot, also können wir nicht erwarten, dass sie beim Laufen optimal funktioniert.
2. Wir verlassen uns darauf, dass wir laufen können und unsere Fähigkeit nicht trainiert werden muss.
3. Wir praktizieren einen ineffizienten Rückfußlaufstil, der nur durch die dicke Sohle unserer modernen Laufschuhe ermöglicht wird.
4. Anstatt an uns selbst zu arbeiten, verlassen wir uns auf die Hilfe anderer, wenn Probleme auftreten. Seien es die richtigen Schuhe, die richtigen Einlagen oder die Massage des Physiotherapeuten. Hilfe kann unserer Meinung oft nur von außen kommen.
5. Schuhe an und los. Ohne darüber nachzudenken, was hinter dem Laufen steckt.

Was für eine Lösung gibt es für alle diese Probleme?

In den letzten Jahren hat die Bewegung des Natural Runnings immer mehr an Bedeutung zugenommen und mit ihr kam eine Rückkehr zu immer minimalistischeren Laufschuhen und einem natürlicheren Laufstil. 2009 erfuhr sie durch das Buch *Born to run* von Christopher McDougall einen regelrechten Boom[2].

Natural Running ist die Rückkehr zu den Wurzeln des Laufens und orientiert sich an dem Laufstil, den die Naturvölker dieser Welt - allen voran die mexikanischen Tarahumara - noch heute praktizieren. Und siehe da, während bei unserem Rückfußlaufstil der westlichen Welt Verletzungen die Regel sind, sind sie bei den natürlich laufenden Tarahumara so gut wie gar nicht vorhanden.

Im Folgenden möchte ich euch zeigen, was es mit Natural Running auf sich hat, und warum es die einzig richtige Art ist, zu laufen.

2.2 BIOMECHANIK ANGEWANDT

Der Rest dieses Kapitels befasst sich in erster Linie mit Biomechanik. Um sie dir zugänglicher zu machen, möchte ich dir erklären, worum es bei der Biomechanik allgemein geht. Sie ist eine Teildisziplin der Sportwissenschaft und beschäftigt sich mit der Mechanik am lebenden Objekt und den Kräften, die bei bestimmten Bewegungen auf einen selbst einwirken und die von einem selbst produziert werden.

Elementar dafür ist es, die Grundgesetze der Physik zu verstehen, da die Biomechanik natürlich auf diesen beruht. Insbesondere möchte ich hier noch einmal die Newtonschen Axiome nennen, da sie im weiteren Verlauf dieses Werks eine wesentliche Rolle spielen werden.

2.3 DIE DREI NEWTONSCHEN AXIOME

Sir Isaac Newton ist einer der Mitbegründer der modernen Physik. Die drei folgenden Axiome stammen seiner Forschung sind essenziell, um die Bewegung von Körpern zu verstehen.

LEX PRIMA - TRÄGHEITSGESETZ

„Ein Körper verharrt im Zustand der Ruhe oder der gleichförmig geradlinigen Bewegung, sofern er nicht durch einwirkende Kräfte zur Änderung seines Zustands gezwungen wird."

$$\sum \vec{F} = 0 \Rightarrow \sum \vec{F} = const.$$

LEX SEKUNDA - IMPULSERHALTUNGSSATZ

„Die Änderung der Bewegung ist der Einwirkung der bewegenden Kraft proportional und geschieht nach der Richtung derjenigen geraden Linie, nach welcher jene Kraft wirkt."

$$\vec{F} = m \cdot \vec{a}$$

LEX TERTIA - WECHSELWIRKUNGSPRINZIP

„Kräfte treten immer paarweise auf. Übt ein Körper A auf einen anderen Körper B eine Kraft aus (actio), so wirkt eine gleichgroße, aber entgegengerichtete Kraft von Körper B auf Körper A (reactio)."[44]

$$\overrightarrow{F_{A\rightarrow B}} = -\overrightarrow{F_{B\rightarrow A}}$$

Nun stellt sich dem aufmerksamen Leser sicherlich die Frage, weshalb ich diese Grundlagen hier aufführe. Lasse mich dir erklären, wieso sie so elementar sind.

Das Trägheitsgesetz ist vor allem dann interessant, wenn es um Intervalle, Antritte und Sprints geht, da die Anfangskraft sehr hoch ist.

Der Impulserhaltungssatz erklärt uns, warum Pacing so wichtig ist. Kraft wird dann benötigt, wenn wir beschleunigen oder abbremsen, aber wenn wir eine gleichbleibende Geschwindigkeit haben, besteht im schwerkraftlosen Vakuum kein Kraftaufwand. Natürlich müssen wir auf der Erde trotzdem noch Kraft aufwenden, um der Reibung und Schwerkraft entgegenzuwirken, doch wesentlich weniger als bei ständig wechselndem Tempo.

Doch das weitaus wichtigste Axiom fürs Laufen ist das *Lex Tertia* - das *Wechselwirkungsprinzip*. Elementar für das Vorankommen beim Laufen ist das Wechselwirken von Kräften. Wir wirken mit unseren unteren Extremitäten auf den Boden ein (actio) und erzwingen so die Wiedergabe von Energie aus dem Boden im exakt entgegen gesetzten Vektor (reactio). Auch beim Landen wird die Energie, die der Aufprall in sich hat (actio) durch ein Dehnen der Achillessehne ausgeglichen und beim Abdruck wiedergegeben (reactio). Wenn das Prinzip von Actio und Reactio, von Energiespeicherung und Wiedergabe, beherrscht, dann ist das Laufen eine Leichtigkeit.

2.4 DIE LAUFBEWEGUNG

Oftmals nehmen wir an, dass Laufen nur eine schnellere Form des Gehens ist, doch das ist ein fataler Trugschluss. **Laufen ist kein schnelles Gehen**. Das sehen wir allein schon daran, dass wir beim Gehen zu 80 Prozent der Zeit auf einem Bein stehen und nur zu 20 Prozent der Zeit den Boden mit beiden Beinen berühren.

Beim Laufen hingegen berühren wir zu keiner Zeit den Boden mit beiden Beinen, sondern maximal mit einem Bein – den Rest der Zeit haben wir für gewöhnlich keinen Bodenkontakt. Ein gutes Beispiel für das Fliegen im Laufen sind Weltklasse-100-Meter-Sprinter, die nur zu 40 Prozent der Zeit ihres Laufs überhaupt den Boden berühren.

Um diese hochkomplexe Laufbewegung zu analysieren, gibt es diverse Modelle. Eines der genauesten ist das Sechs-Phasen-Modell[8], welches folgende Phasen unterscheidet:

1. Foot Contact (Fußkontakt),
2. Mid Support (Mittelstütz),
3. Toe-off (die Zehen abheben),
4. Follow through (durchziehen),
5. Forward Swing (vorschwingen) und
6. Foot Descent (den Fuß absenken).

Dies ist ein sehr abstraktes Modell, das zwar alle wesentlichen Bereiche in der Bewegung abdeckt, doch keine genauen Referenzpunkte nennt. Um das Modell praktikabler zu machen, hat es Marquardt[8] auf sein eigenes Vier-Punkte-Modell heruntergebrochen.

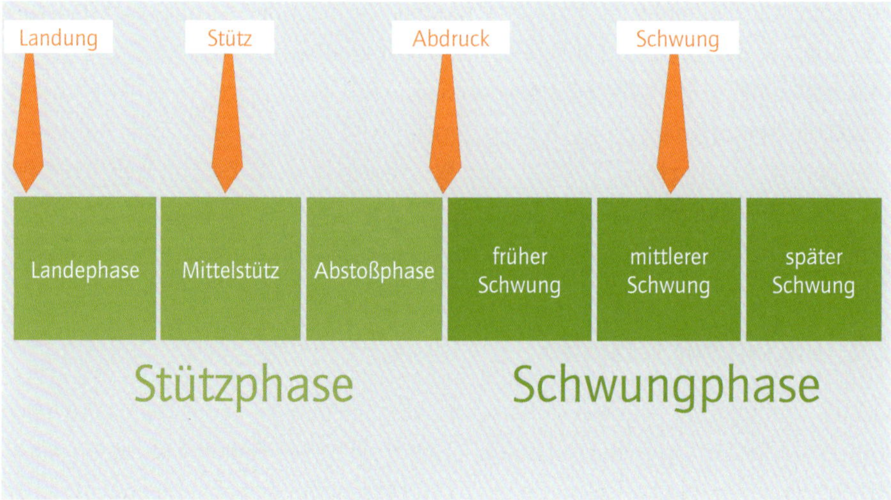

Abb. 4: Das Vier-Punkte-Modell nach Marquardt

Marquardt[8] wählt hier seine Kontrollpunkte praxisorientiert mit dem Ziel, die Körperhaltung an den vier Punkten zu überprüfen, um einen Rückschluss auf das Gesamtbild der Laufbewegung zu ermöglichen.

Für uns ist lediglich wichtig, sich einzuprägen, auf welche Punkte es ankommt.

Die Landung entscheidet, wie wir in den Stütz gehen und der Stütz beeinflusst den Abdruck. Ohne kräftigen Abdruck können wir keinen guten Schwung einleiten. Es geht also viel aus von der Landung und der damit verbundenen Energieabsorption.

2.5 WELCHER LAUFSTIL IST DER RICHTIGE?

Allgemein unterscheidet man zwischen drei wesentlichen Laufstilen, die sich alle voneinander differenzieren lassen, wobei die Übergänge jedoch fließend sind, weswegen in den Grenzbereichen eine Differenzierung schwierig ist. So kann ein Mittelfußlaufstil teilweise in Richtung Vorfuß oder in Richtung Rückfuß gehen. Jedoch ist ein Wechsel von Vorfuß auf Rückfuß nur schwer vollziehbar.

Wenn man sich in einen x-beliebigen Park setzt und sich die Läufer anschaut, welche dort entlanglaufen, kann man sicherlich gut 80-88 Prozent davon als Rückfußläufer oder überwiegende Rückfußläufer erkennen[24]. Das liegt daran, dass der Rückfußlaufstil durch die Joggingbewegung der 1970er-Jahre stark propagiert wurde und die Sprengung und Dämpfung der Laufschuhe dazu geführt hat, dass man diesen wesentlich einfacher ausüben kann.

Almeida, Davis und Lopes (2015) haben eine groß angelegte Metaanalyse zum Thema Laufstil und die daraus resultierenden Kräfte durchgeführt und etliche Daten analysiert. Sie konnte zwar nicht festlegen, welcher Laufstil nun der allerbeste ist, doch sie konnten feststellen, dass beim Rückfußlauf ganz andere Kräfte wirken, als beim Mittelfuß- und Vorfußlauf[17].

Jeder Laufstil hat seine individuellen Vor- und Nachteile, allerdings ist der Rückfußlaufstil mit Abstand der gefährlichste, was Verletzungen angeht. Je nach Untersuchung erleiden 27-70 Prozent der Läufer innerhalb eines Jahres eine Verletzung (Segesser et al., 1993).[12] Es gibt bereits viele Studien zu diesem Thema, woher diese Verletzungen herrühren, aber noch ist es nicht endgültig geklärt. Was jedoch geklärt ist, welcher Laufstil die höchste Belastung und die physiologisch ungünstigste Belastung mit sich bringt.[12]

Der Vorfußlauf bringt die stärkste Belastung für die Plantarfaszie, Achillessehne und Wadenmuskulatur mit sich, ebenso wie die stärkste Belastung des Vorfußes und der Metatarsalknochen.

Der Rückfußlauf bringt die stärkste Stoßbelastung bei der Landung mit sich, was durch das Knie abgefangen werden muss. Hier muss der Stoß mit einer größeren Beugung abgefangen werden, was eine erhöhte Belastung des retropatellaren Knorpels mit sich bringt. Außerdem erfolgt hier auch ein Spannungsverlust in der Achillessehne, Wade und Plantarfaszie durch die Plantarflexion, was wiederum hier für eine ungleichmäßige Belastung sorgt.

Der Mittelfußlauf bildet hier das Bindeglied, er schafft es, die Belastung einigermaßen gleichmäßig zwischen Plantarfaszie/Achillessehne/Wade und dem Knie zu verteilen. Es gibt hier auch keinen Spannungsverlust, der zu ungleichmäßigen Belastungen führt.

Abschließend können wir also festhalten, dass es keinen optimalen Laufstil gibt, der alle Verletzungen vermeidet, sondern lediglich, dass der Mittelfußlauf die gleichmäßigste Belastung mit sich bringt. Diese gleichmäßige Belastung hat den Vorteil, dass eine Überlastung nur durch Übertraining erzeugt werden kann und kein einzelner Bereich zu viel einstecken muss.

Allerdings ist dies ein sehr seltener Laufstil, da die meisten Läufer (und Kinder) der beschuhten westlichen Welt heute den Rückfußlauf bevorzugen. Deswegen geht es im Folgenden darum, wie ein guter Mittelfußlaufstil aussieht und wie wir ihn zurückerlangen.

2.6 DIE NATÜRLICHE SPRUNGFEDER DES MENSCHEN

Wenn wir uns die Evolution des Menschen ansehen, dann erkennt man, dass sich mit der Fortbewegung an Land die Anatomie des Menschen verändert hat. Und dadurch haben wir auch eine bemerkenswerte Struktur dazugewonnen beziehungsweise ausgeprägt, die für unseren Laufstil essenziell ist: die Achillessehne.

Benannt nach dem griechischen Helden aus der *Ilias*, ist sie Gummiband und Sprungfeder in einem. Wenn wir uns an die Newtonschen Axiome zurückerinnern, dann sollten wir hier das Augenmerk auf das Wechselwirkungsprinzip legen.

Wenn wir nämlich mit dem Mittel- oder Vorfuß landen, dann fängt die Achillessehne die Energie ab. Wir wissen ja „Actio = Reactio", also ist uns klar, dass die aufgenommene Energie in eine Gegenenergie münden muss. Die Sehne wird gedehnt wie ein Gummiband und wie ein solches schnellt sie auch wieder zurück, sobald die Kraft abflacht. Das bedeutet, dass unsere Ferse nach oben gezogen wird und unser Vorfuß sich kräftig in den Boden hineindrückt, um uns nach vorne zu katapultieren.[1]

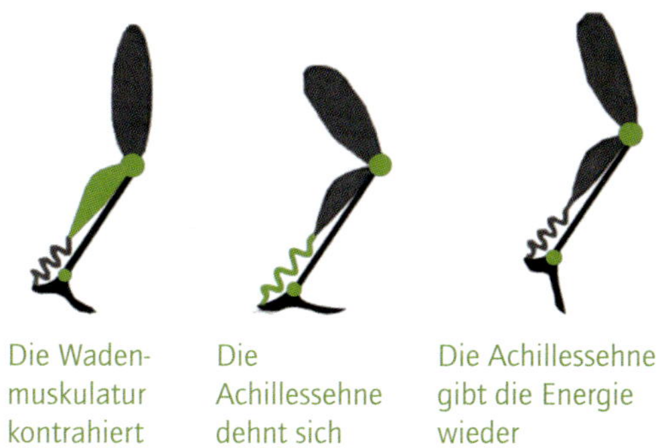

Abb. 5: Unsere Sprungfeder die Achillessehne

Dies ist der wichtigste Mechanismus beim Laufen. Wenn wir dieses Prinzip verstanden haben, dann wissen wir, worauf wir achten müssen. Laufen ist Energiewiedergabe. Die Achillessehne sorgt dafür, dass wir nicht bei jedem Schritt erneut Energie produzieren müssen, sondern circa 50 Prozent der Energie, die wir in den Boden geben, wiederbekommen.

Hierbei spielt auch unser Schuhwerk eine essenzielle Rolle, denn um eine optimale Federleistung unserer Achillessehne zu gewährleisten, brauchen wir genügend Propriozeptoren (Wahrnehmung) an der Fußsohle. Denn wie viel wir am Fuß wahrnehmen, bestimmt, wie viel Spannung wir reflexiv auf unserer Fuß- und Wadenmuskulatur haben und das wiederum bestimmt, ob wir die volle Federwirkung nutzen können. Deswegen bin ich kein Freund von stark gedämpften Schuhen mit dicker Sohle, die die Kräfte verschleiern, die auf unseren Fuß und unser Bein einwirken.

Unsere Füße haben extrem viele Nervenenden, die extrem gut wahrnehmen können, wie wir auf den Boden aufkommen, welche Kräfte wirken und wie der Boden geschaffen ist. Alle diese Informationen leiten sie binnen Sekunden zu Motorneuronen weiter, die wiederum unsere Muskeln so anspannen, dass sie optimal auf den Aufprall vorbereitet sind.

2.7 FOKUSPUNKTE

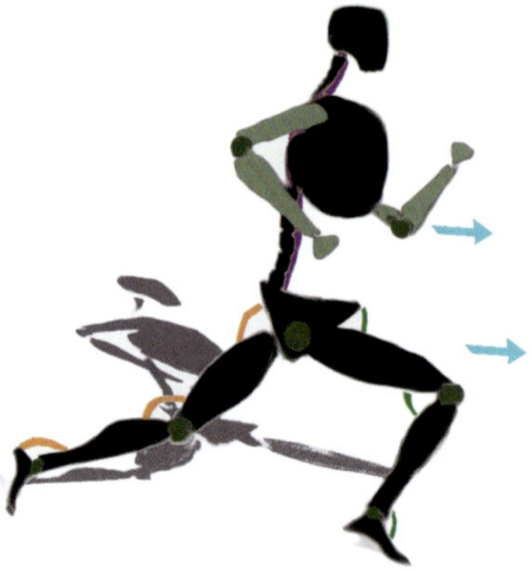

1. Neutrale Stellung der Wirbelsäule
2. Dreifach Streckung beim Abdruck
3. Dreifache Beugung im Schwungbein
4. Alternierender Armschwung zum Beinschwung

Abb. 6: Die Teilbewegungen einer sauberen Laufbewegung

Wären wir allen noch Jäger und Sammler wie unsere Vorfahren, dann müsste dieser Abschnitt gar nicht existieren. Denn wenn man sich ein Naturvolk anguckt, wie die mexikanischen Tarahumara, erkennt man schnell, dass sie alle einen nahezu perfekten Laufstil haben - und dass ohne irgendwelches Wissen darüber, wie man richtig läuft geschweige denn mit Hightech-Laufschuhen, wie wir sie fürs Laufen entwickelt haben.

Woran liegt das wohl?

Ganz einfach: Sie wurden geboren, um zu laufen und hören nie damit auf. Sie haben keinen sitzenden Alltag wie wir, sondern einen laufenden. Da unser Körper getreu nach dem Prinzip funktioniert: „Use it or lose it". Verlieren wir unsere Gabe, zu effizient und gesund zu laufen durch das Nichtlaufen. Und wenn wir dann wieder anfangen, müssen wir es uns mühsam von vorne beibringen.

Vier verschiedene Punkte sollten hierbei besonders beachtet werden: Die neutrale Stellung der Wirbelsäule während der gesamten Laufbewegung ist das A und O. Neutral bedeutet hierbei, dass sie weder gebeugt noch gestreckt ist, sondern in ihrer natürlichen Doppel-S-Stellung durch unsere Muskulatur stabilisiert wird. Nur von einer stabilen Wirbelsäule aus, können wir effizient uns nach vorne treiben und sicher die Kräfte abfangen, die beim Laufen auf uns wirken.

Durch die dreifache Streckung der hinteren Extremität gewährleisten wir maximalen Vortrieb bei durchschnittlichem Kraftaufwand. Durch diese dreifache Streckung schöpfen wir das maximale Kontraktionspotenzial der Gesäßmuskulatur sowie der vorderen Oberschenkelmuskulatur wie der Wade aus. Die dreifache Beugung des vorderen Beins hingegen erzeugt zusätzlich Momentum nach vorne und hilft uns, optimal knapp vor dem Körperschwerpunkt aufzukommen, von wo aus wir die nächste Abdruckphase optimal einleiten können.

Letztes Element ist der alternierende Armschwung, der dafür sorgt, dass wir den Beinschwung durch eine entsprechende Gegenbewegung ausgleichen. Durch diese Gegenbewegung wird unsere Rumpfmuskulatur nicht so stark gefordert, weil sie den Schwung des Beins nicht komplett ausgleichen muss, sondern ein Teil durch den Armschwung abgenommen wurde.

Außerdem sollte beim Armschwung darauf geachtet werden, dass die Arme bei ungefähr 90 Grad gebeugt sind und bleiben. Die optimale Schwungbahn der Arme und Hände verläuft vom Brustbein bis zum Beckenkamm und umgekehrt.

Nachdem wir nun diese vier Fokuspunkte besprochen haben, möchte ich zwei kardinale Merkmale noch einmal hervorheben, da diese maßgeblich dafür verantwortlich sind, wie stark unsere Flugphase ist.

Die Flugphase ist mit der wichtigste Aspekt, wenn es um Vortrieb im Laufen geht. Sie wird im Wesentlichen davon bestimmt, wie gut und kraftvoll unsere Hüftstreckung ist sowie die Höhe unseres Kniehubs.

Hierbei müssen wir allerdings beachten, dass die Hüftstreckung nicht alleine in der Hüfte stattfindet.[8] Gleichzeitig bewirkt sie eine Vielfalt von Bewegungen im Becken:

I. ipsilaterale Beckenrotation nach hinten (zugehörige Kontralaterale Rotation des Schultergürtels);
II. ipsilaterale Beckenkippung nach vorne in der Sagittalebene;
III. ipsilaterale Beckenkippung in der Frontalebene.

(ipsilateral = gleichseitig, kontralateral = gegenseitig)

Das heißt, dass eine optimale Funktion des Illiosakralgelenks wichtig ist, um diese Bewegung sauber ausführen zu können. Beim Laufen funktionieren unsere Beine wie Pendel, das heißt, dass sie nicht nur vorschwingen, sondern logischerweise auch zurückschwingen. Deswegen stehen Hüftstreckung und der Kniehub auch in so einem engen Zusammenhang.

Wenn wir uns also kräftig nach hinten abstoßen, will unser Bein automatisch wieder nach vorne. Wenn wir nun die Dreifachbeugung gut initiieren und sauber anfersen, dann winkelt sich das Knie an und wird entsprechend nach oben geleitet. Je höher es so nach oben kommt, desto länger wird unsere Flugphase.

Auch hieran ist es wieder ersichtlich, dass Laufen viel mit Energiespeicherung und Wiedergabe zu tun hat. Wie genau das aussieht, siehst du in Kap. 2.8 (Schrittlänge).

2.8 SCHRITTLÄNGE

Die Schrittlänge beim Laufen ist abhängig davon, wie groß wir sind und wie lang unsere Beine sind. Dennoch kann man ein paar grundlegende Dinge festhalten, was bei der Schrittlänge zu beachten ist.

Die Landung mit dem Fuß ist der Mittelpunkt der Beinbewegung. Vor ihr holen wir nur Schwung mit dem Bein und speichern in dem Sinne Energie, die wir dann nach der Landung durch das Abdrücken wieder freigeben und in Vortrieb umwandeln. Je nachdem, wo wir mit dem Fuß landen und wie die Relation zum Körperschwerpunkt ist, verändert sich der Vektor, mit dem wir uns nach vorne abdrücken können bzw. auch der Vektor der Kraft, die uns in den Boden drückt.

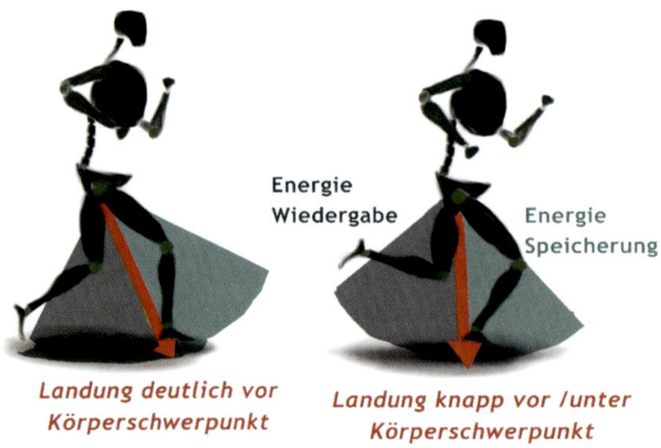

Abb. 7: Das Pendel der Energie in der Laufbewegung

Je weiter wir vor dem Körperschwerpunkt landen, desto schlechter wird unsere Energiewiedergabe nach hinten und desto mehr Energie müssen wir bei der Landung abfangen. Deswegen sollte man möglichst versuchen, knapp vor dem Körperschwerpunkt zu landen, um eine möglichst gute Energiewiedergabe zu gewährleisten.

Wie trainiere ich meine Schrittlänge?
Marquardt spricht beim Training der Schrittfrequenz gerne von dem sogenannten *Vokuhila-Prinzip* - vorne kurz, hinten lang. Und so sollte man sich die Technik auch beim Laufen in das Gedächtnis rufen. Nach vorne möglichst kurz die Schritte setzen, während man sich lang und kräftig nach hinten abdrückt.

2.9 SCHRITTFREQUENZ

Die meisten Läufer laufen mit einer zu niedrigen Schrittfrequenz. Punkt. Natürlich hat jeder, basierend auf seiner individuellen Körperzusammensetzung (Anthropometrie), ein anderes Optimum der Schrittfrequenz. So muss ein zwei Meter großer Läufer nicht so viele Schritte machen, wie ein 1,50 Meter großer Proband. Als grundsätzliche Empfehlung kann man die optimale Schrittfrequenz auf einen Bereich von 160-180 Schritten pro Minute festlegen, wobei 160 eher für langsames Laufen gilt, während 180 eher im Tempobereich anzusiedeln ist.[7]

Gerne verweise ich hier auf den Schrittfrequenzrechner von Dr. Matthias Marquardt, mit dem du deine optimale Schrittfrequenz bestimmen kannst:

https://www.matthias-marquardt.com/rechner/schrittfrequenz/

Wie trainiere ich meine Schrittfrequenz?
Früher musste man sich mühsam ein Metronom zur Handnehmen, um eine gewisse Taktung zu schaffen - mittlerweile kann man per Handy-App oder per Smartwatch einen Taktgeber einstellen, der per Vibration oder Ton einem die Schrittfrequenz vorgibt.

Dies sind nützliche Tools, weil es für unser Nervensystem einfacher ist einem vorgegebenen Rhythmus zu folgen, anstatt ihn selbst erstellen zu müssen. Jedoch sollte man nicht jeden Lauf mit Taktgeber bestreiten, sondern lieber bei ausgewählten, langsamen Läufen mit konstantem Tempo circa einmal die Woche diesen hinzuziehen, um ein Gefühl für die Schrittfrequenz zu bekommen.

2.10 BODENKONTAKTZEIT

Die Bodenkontaktzeit ist die Zeit, die unser Fuß den Boden berührt - vom Aufkommen bis zum Abstoßen.

Einhergehend mit der Schrittfrequenz sollte auch die Bodenkontaktzeit niedrig gehalten werden. Das heißt, dass wir uns so schnell wie möglich wieder vom Boden lösen wollen. Bei einer Schrittfrequenz von 180 spm kommen wir so automatisch auf eine Bodenkontaktzeit bei knapp 333 Millisekunden (zum Vergleich: Profiläufer haben oft eine Kontaktzeit von weniger als 200 Meter). Nun sollten wir aber nicht die Zeit verkürzen um der Zeit willen, sondern wir sollten vielmehr aus der geringen Zeit das meiste machen.

Hier kommt eine neue Komponente ins Spiel die sogenannten Ground-Reaction-Force **(GRF; oder auf Deutsch: Boden-Reaktiv-Kraft).** Sie bestimmt, wie viel reaktive Energie wir aus dem Dehnungs-Verkürzungs-Zyklus entwickeln können, der vom Aufkommen bis zum Abstoßen stattfindet.

Die Relation aus BKZ und GRF muss stimmen, damit wir mit adäquatem Vortrieb vorankommen. Deswegen ist die GRF auch so wichtig, denn ohne entsprechende Power hilft uns eine gute Schrittfrequenz auch wenig.[32]

Wie trainiere ich meine Bodenkontaktzeit?

Da die Bodenkontaktzeit so eng in Verbindung mit der Schrittfrequenz steht, reicht ein Training dieser aus, um die Bodenkontaktzeit zu verbessern. Allerdings empfiehlt es sich, die GRF parallel dazu zu trainieren, damit ein optimaler Vortrieb gewährleistet werden kann. Die GRF ist sehr stark von der Reaktivkraft der Wade und der gesamten unteren Extremitäten abhängig.

Mehr zum Training der GRF findest du in den Kap. 4 und 5.

2.11 VERTIKALE OSZILLATION

Oftmals wird angenommen, dass Laufen nur aus dem Antrieb nach vorne besteht. Allerdings müssen wir beim Laufen auch immer gegen die Schwerkraft ankämpfen. Das heißt, wir müssen den Großteil unserer Kraft nach oben richten, um uns vom Boden zu lösen. 9,81 m/s^2 beträgt die Erdanziehung, die wir bei jedem Schritt überwinden müssen.

Dabei gilt es, nur so viel Kraft in die Vertikale zu schicken, wie nötig, um eine hinreichende Schrittlänge zu erreichen. Denn jeden Zentimeter, den wir nach oben springen, müssen wir nachher bei der Landung auch als Energie wieder abfangen. Außerdem verschwenden wir auch so Energie bei der Steigung nach oben.

Bei Amateurläufern sieht man oft ein überflüssiges Auf und Ab. Diese Auf- und Abbewegung bezeichnet man als *vertikale Oszillation*. Energie wird dadurch verschenkt, dass man einerseits sich zu stark abdrückt, um eine hohe Schrittlänge zu erreichen, andererseits aber auch hohe Kräfte abfangen muss und deswegen tief in sich zusammensackt.

Laut Gourley[47] liegt die optimale Höhe, die man nach oben springen sollte, beim Laufen bei 7,5 Zentimetern. Diese Höhe ist ausreichend, um eine Schrittlänge zu erreichen, die der der eigenen Körpergröße entspricht. Profiläufer weisen zudem oftmals eine niedrigere vertikale Oszillation als 7,5 Zentimeter auf, da sie kürzere Schritte setzen. Dies steht in engem Zusammenhang mit der Bodenkontaktzeit und somit auch mit der Schrittfrequenz.

Wenig Oszillation, hohe Frequenz und niedrige Bodenkontaktzeit bei optimaler Schrittlänge sind das, was einen ökonomischen Laufstil auszeichnet. Deswegen sollten wir uns stetig korrigieren und uns Feedback geben lassen, wie sehr wir auf- und abwippen beim Laufen.

2.12 WIE ENTSTEHT LAUFTEMPO?

Das Tempo beim Laufen ist für viele ein Kriterium, ob man gut oder schlecht läuft. Allerdings kann man sagen, dass man auch mit langsamem Tempo einen sauberen Laufstil haben kann. Dennoch erkennt man sehr gut, dass ein schneller Laufstil oftmals geschmeidiger aussieht. Sorgen sollte man sich dann machen, wenn der Laufstil schlechter wird, sobald man das Tempo erhöht. Denn für gewöhnlich ergibt sich das Tempo aus einer ganz simplen Formel:

Schrittlänge * Schrittfrequenz = Tempo

Daraus folgt, dass wir ein höheres Tempo nicht nur durch die eine oder andere Variable erzeugen, sondern dass es am besten erzeugt wird, indem wir beide Variablen harmonisch steigern. Wie wir bereits festgestellt haben, sorgt eine kürzere Bodenkontaktzeit für eine höhere Schrittfrequenz, gleichzeitig muss aber auch die GRF entsprechend stärker werden, damit wir in kurzer Zeit einen möglichst starken Impuls in den Boden geben können. Je stärker dieser Impuls ist, desto länger werden für gewöhnlich unsere Schritte. Somit ist die harmonische Steigerung beider Variablen schon vorprogrammiert.

Wenn wir also das Tempo verschärfen wollen, sollten wir zunächst die Schrittfrequenz erhöhen. Die Schrittlänge wird dann meist automatisch länger. Wenn wir allerdings über die Schrittlänge versuchen, das Tempo zu verschärfen, dann landen wir weit vor dem Körperschwerpunkt und verfallen in einen sehr schwergängigen und ineffizienten Laufstil mit sehr langer Bodenkontaktzeit. Oft liegt dies an einer mangelnden GRF.

Wenn wir nicht in den wenigen Millisekunden, in denen wir den Boden berühren, einen starken Impuls erschaffen können, müssen wir länger am Boden bleiben und gleichzeitig das Bein weiter nach vorne schwingen, um voranzukommen.

Deswegen ist es so wichtig, eine starke GRF zu trainieren, damit wir am Ende auch ein hohes Tempo mit hoher Schrittfrequenz und moderater Schrittlänge anschlagen können.

2.13 DER FUSS UND SEIN SCHUH

How one runs may be more important, than what is on one's feet,
but what is on one's feet may affect how one runs.

PROFESSOR DANIEL LIEBERMAN[70]

Eine Frage, die unweigerlich auftauchen wird, ist die nach dem richtigen Laufschuh - nein - nach dem perfekten Laufschuh. Und ich muss leider sagen, dass es keine gute Antwort darauf gibt. Es gibt nicht **den** perfekten Laufschuh und schon gar keinen Schuh, der für jeden Menschen passt und für jeden perfekt ist.

Das Thema Laufschuh wird von Jahr zu Jahr komplexer, weil es immer mehr Modelle auf dem Markt gibt, wobei von Schwachsinn bis Unsinn alles dabei ist. Jeder neue Schuh von Herstellern wie Adidas, Nike, Asics und so weiter bietet mehr Hightech, mehr technische Accessoires und soll dem Läufer immer mehr abnehmen.

Hier ist Vorsicht geboten. Der Schuh sollte sich dem Fuß anpassen und nicht umgekehrt.

Ich habe schon eingangs geschrieben, dass dieser Trend zu immer stärkeren Hightechschuhen nicht zwangsläufig gut ist. Denn je mehr unser Schuh vermeintlich übernimmt, desto weniger muss unser Fuß arbeiten, desto weniger Muskelspannung bauen wir auf und desto eher verfallen wir in einen ineffizienten Fersenlauf.

Christopher McDougall erklärt in seinem Buch *Born to run*, dass die meisten Verletzungen auf unsere modernen Laufschuhe zurückzuführen sind. Es gibt zwar keine empirischen Studien, die dies konkret belegen, doch es gibt Studien, die andeuten, dass minimalistischeres Schuhwerk bei Läufern oft zu einem effektiveren Laufstil führt. [68]

Was können wir daraus lernen?
Kaufe dir keinen überteuerten Nike ZOOM Vaporfly Next% oder etwas Ähnliches in der Hoffnung, dass der Schuh deine Probleme lösen wird, sondern achte darauf, dass dein Laufschuh so wenig Unterstützung wie möglich und so viel wie nötig bietet. Ich empfehle niemandem, nur noch barfuß zu laufen, sondern die Füße ebenso zu trainieren, wie den Rest des Körpers. Mittlerweile gibt es zahlreiche Natural-Running-Schuhe, die keine Sprengung aufweisen und deren Sohle von mittel bis dünn je nach Untergrund sowohl schützend sind, als auch einen gewissen Freiraum für die Füße lässt.

Die Kriterien, die ein Laufschuh erfüllen muss, sind:
1. Dein Fuß muss sich darin wohlfühlen.
2. Es sollte keine Sprengung vorhanden sein.
3. Genügend Platz in der Zehenbox ist wichtig, damit deine Zehen nicht eingeengt werden.
4. Eine flexible Sohle, die dich den Untergrund fühlen lässt.

Hier sollte man noch anmerken, dass die Dämpfung der Schuhe außerdem die Wechselwirkung der Kräfte mindert. Wie anfangs beschrieben, möchte ich die Energie, die ich beim Landen abbremse in meiner Achillessehne speichern und sie wieder entladen beim Abdruck. Die Dämpfung unter meinem Fuß stiehlt mir aber einen Teil der Energie, weswegen ich selbst mehr Energie aufwenden muss für dasselbe Tempo. Außerdem verschleiert sie die Kräfte, die auf mein Bein einwirken. Dies führt dazu, dass ich sie nicht so gut abfangen kann mit meiner Muskelspannung.

Viel mehr als diese Kriterien kann ich dir nicht an die Hand geben, da jeder Mensch individuell ist. Gehe los, probiere verschiedene Modelle aus und fühle, welches davon für dich funktionieren. Achte auf die Kriterien für Laufschuhe und denke daran: *Hightech Shoe = Lowtech Foot.*

Man braucht keinen Hightechschuh, wenn man trainierte Füße hat.

Hollander et al. (2019)[27] haben in ihrer Studie untersucht, wie sich der Laufstil anpasst, wenn man von beschuhtem Laufen auf Barfußlaufen umsteigt. Zwar senkte sich beim Umstieg zunächst die GRF, doch nach einer kurzen Anpassungsphase verbesserte sie sich über das Niveau der Kontrollgruppe, die mit Schuhen lief, hinaus. Insgesamt kamen Hollander und Kollegen zu dem Fazit, dass Barfußlaufen durchaus in Erwägung gezogen werden sollte, um Verletzungen zu vermeiden.

2.14 SOFTWARE VS. HARDWARE

Wenn das Thema Schuhe behandelt wird, so muss auch das Thema Füße besprochen werden. In den vorangegangenen Unterkapiteln ging es stets um die Software, also die motorische Steuerung, die man zum Laufen braucht, aber die richtige Software versagt kläglich, wenn wir nicht eine Hardware haben, die das Ganze auch abspielen kann.

Unsere Hardware ist unser Körper, unsere Beine und unsere Füße. Wenn die natürliche Sprungfeder des Menschen nicht richtig funktioniert, kann die Lauftechnik noch so gut sein - sie wird nie wirklich das erreichen, wozu sie in der Lage wäre.

Wie du im Abschnitt über Tensegrity noch lesen wirst, arbeitet der menschliche Körper nie isoliert, sondern immer in Systemverbänden - so auch im Fuß-Sprunggelenk-Wadenkomplex. Die Plantarsehne und die Fußgewölbemuskulatur gehen an der Ferse in einen Sehnenkomplex über, der wiederum oberhalb der Ferse in die Achillessehne mündet, welche dann letzten Endes an der Wadenmuskulatur ansetzt.

Diese Konstellation bedeutet, dass die Kraft der Fußmuskulatur und die Stabilität des Fußgewölbes einen direkten Einfluss auf die Spannungsfähigkeit und die Dehnbarkeit der Achillessehne haben. Wenn also die Fußmuskulatur untrainiert und zu schwach ist, wird zu wenig Spannung auf die Plantarsehne gebracht und die Achillessehne muss das Spannungsvakuum abfangen. Deswegen ist es so wichtig, eine funktionierende Fußmuskulatur aufzubauen und aufrechtzuerhalten.

Neuesten wissenschaftlichen Erkenntnissen[27][29][30] zufolge führt das regelmäßige Tragen von Barfußschuhen zu einer um bis zu 60 Prozent stärkeren Fußmuskulatur als bei Menschen, die keine Barfußschuhe tragen. Deswegen ist es für jeden Läufer ratsam, regelmäßig Zeit barfuß zu verbringen oder Barfuß-/Minimalschuhe zu tragen.

Im Wesentlichen gibt es zwei Strukturen im menschlichen Fuß, die für seine natürliche Funktion verantwortlich sind: das Längs- und das Quergewölbe.

Das Längsgewölbe spannt sich zwischen Ferse und Mittelfußknochen und besteht aus der Plantarfaszie, die durch die umgebende Muskulatur gespannt wird, sodass unser Fuß einerseits stabil bleibt und andererseits Kräfte durch die Elastizität abfangen kann. Interessant ist auch, dass das Längsgewölbe bei der Landung erst leicht einsackt und das Sprunggelenk sich verwringt, um dann anschließend die Energie wieder freizugeben.

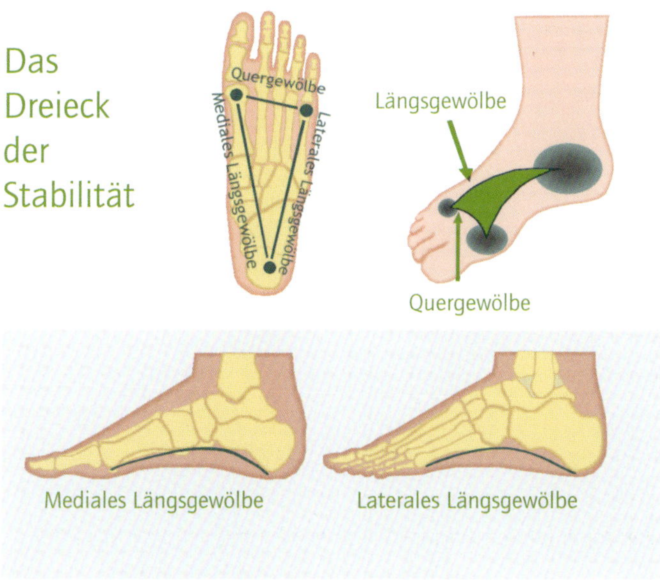

Abb. 8: Der Fuß und seine Gewölbe

Das Quergewölbe spannt sich zwischen den Mittelfußknochen des kleinen Zehs (Digiti minimi) und dem des großen Zehs (Digitus hallucis). Es ist damit beauftragt, die seitliche Stabilität des Fußes zu gewährleisten.

Beide Gewölbe werden durch Muskelkraft aufgebaut und müssen funktionieren, um einen optimalen Laufstil zu gewährleisten. Deswegen ist ein Training der Fußmuskulatur so wichtig, da ein kollabierendes Quergewölbe oder ein kollabierendes Längsgewölbe dazu führt, dass wir instabil werden und andere Strukturen dies kompensieren müssen.

Wie trainiere ich also die Füße?

- Gehe und laufe so viel barfuß, wie du kannst.
- Lerne, deine Zehen einzeln anzusteuern.
- Trainiere Gleichgewichtsübungen barfuß.
- Trage keine einengenden Schuhe mehr (Anzugschuhe, High Heels etc.).
- Versuche, Schritt für Schritt auf minimalistischere Schuhe umzusteigen.

3 TRAINING FÜR EINEN BESSEREN LAUFSTIL

Wie bereits im letzten Abschnitt erwähnt, ist ein sauberer Laufstil nicht gegeben, sondern muss antrainiert werden - oder viel eher wieder antrainiert werden.

Dieses Kapitel erklärt, welche Übungen den Laufstil verbessern und wie wir sie sinnvoll beeinflussen können. Die Aktivierung vor dem Laufen sorgt dafür, dass wir die neuromuskuläre Ansteuerung der jeweiligen Regionen verbessern, sodass wir sie besser während des Laufs wahrnehmen und einsetzen können. Hier beschränken wir uns auf die Hüft- und Fußmuskulatur, da dies die Partien sind, die oftmals im Alltag unterfordert sind und verkümmern.

Das Lauf-ABC sorgt zusätzlich dafür, dass wir einzelne Aspekte der Laufbewegung hervorheben.

Allerdings sollte klar sein, dass die Aktivierungsübungen und das Lauf-ABC hier nur auf der Softwareebene agieren, also nur die Ansteuerung und das Abrufen von Motorprogrammen verbessern, während die Hardware, also unsere körperlichen Voraussetzungen, sich eigentlich nicht verändern.

3.1 VOR DEM LAUF

AKTIVIERUNG 1: TOUCH AND GO!

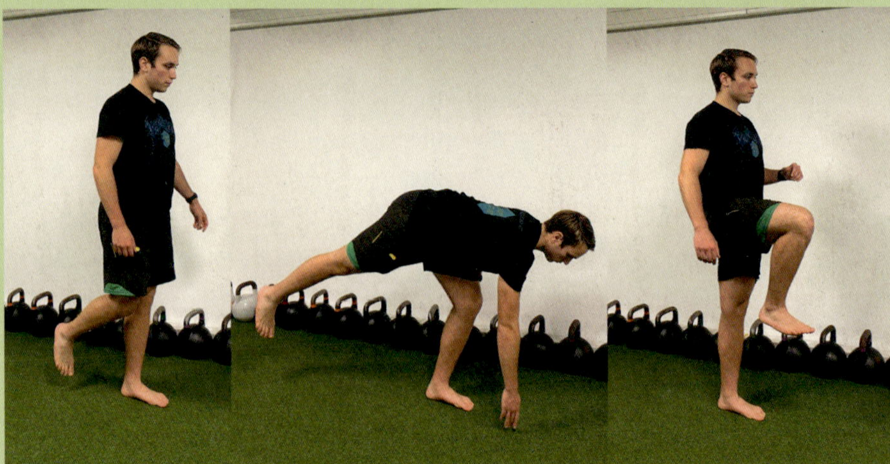

Abb. 9: Den Boden antippen und dann das Knie nach oben treiben

Bei dieser Übung geht es darum, die Kontrolle über den einbeinigen Stand zu erlangen. Um die reflexive Stabilität des Beins optimal herauszufordern, sollte man diese Übung am besten barfuß oder auf Socken/mit Barfußschuhen durchführen.

Vom Einbeinstand aus versucht man, mit der gegenüberliegenden Hand den Boden zu berühren, während der Rücken gerade bleibt. Sobald wir den Boden angetippt haben, ziehen wir das freie Knie so weit nach oben, wie es geht, während der gegenüberliegende Arm nach vorne angewinkelt wird. Wahlweise kann hier mit einem Sprung und einer einbeinigen Landung die Übung erschwert werden.

AKTIVIERUNG 2: BRÜCKE

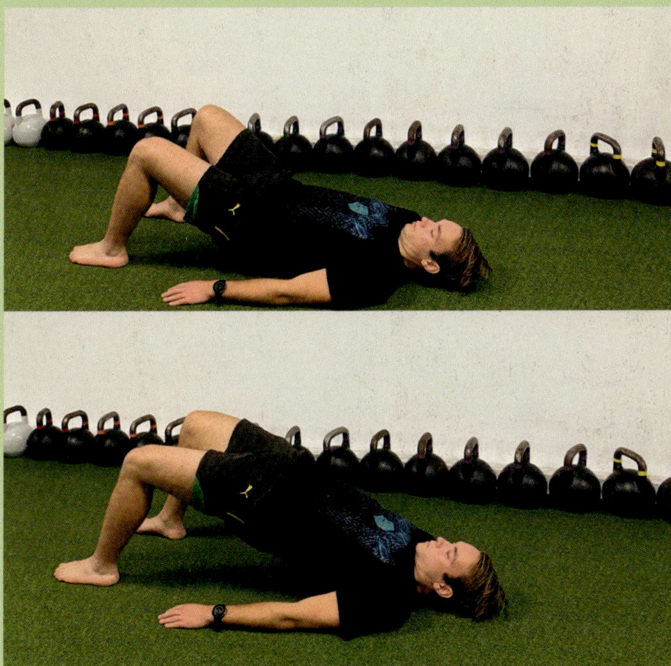

Abb. 10: Die Brücke aktiviert die Gesäßmuskulatur ebenso wie die der hinteren Oberschenkel

Die Brücke dient der Aktivierung der Gesäß- und der rückwärtigen Oberschenkelmuskulatur. Auf dem Rücken liegend, stellen wir die Beine auf und drücken unser Gesäß nach oben. Am obersten Punkt der Bewegung verharren wir für einen Moment, bevor wir das Gesäß langsam wieder absenken.

10-12-mal wiederholen wir das Ganze in drei aufeinanderfolgenden Sätzen mit einer kurzen Pause von 30-60 Sekunden dazwischen. Zur Erhöhung des Schwierigkeitsgrads können wir ein Bein strecken und uns nur mit dem anderen hochdrücken.

AKTIVIERUNG 3: AUSFALLSCHRITT MIT ROTATION

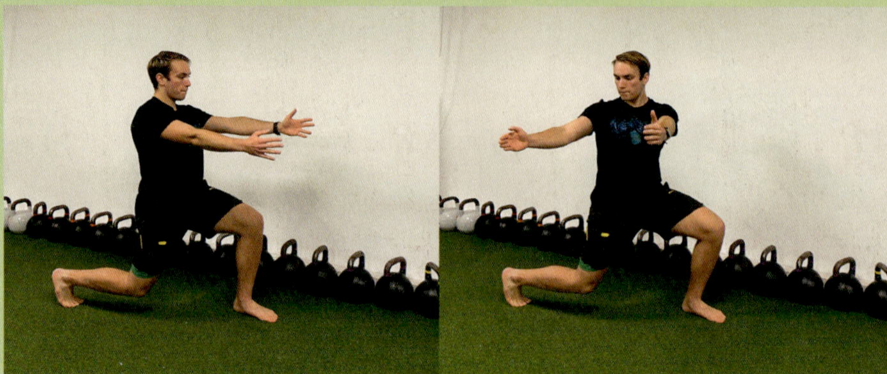

Abb. 11: Im Ausfallschritt wird die Fascia thoracolumbalis auf Spannung gebracht.

Hier wollen wir die Brustwirbelsäule sanft auf die bevorstehende Bewegung vorbereiten und dies in unser laufendes Gangmuster integrieren. Die Arme werden nach vorne gestreckt und beim Hinabsenken in den Ausfallschritt wird der Oberkörper komplett zur Seite rotiert. Anschließend stoßen wir uns wieder hoch und senken uns mit dem anderen Bein ab. Hierbei rotieren wir den Körper erst in die entgegengesetzte Richtung, dann in dieselbe Richtung.

Zweimal 8-10 Wiederholungen erledigen den Job.

Alle diese Übungen können wunderbar zu einem spezifischen Warm-up vor dem Lauftraining zusammengesetzt werden, um unseren Körper optimal auf den bevorstehenden Lauf vorzubereiten. Dadurch aktivieren wir die benötigten Bereiche unseres Skelett-Muskel-Systems, das heißt, wir verbessern die nervale Ansteuerung der einzelnen Bereiche und optimieren somit unsere Fähigkeit, diese bewusst wie auch unbewusst anzusteuern. Dies bezeichnet man als sogenanntes *Priming.* Wir stellen uns auf bevorstehende Belastungen und Beanspruchung auf eine spezielle Weise ein, um diese entsprechend zu verarbeiten.

Dadurch steuern wir die richtige Muskulatur an und verbessern unsere einbeinige Stabilität, wie auch unser Gangmuster. Die mit dem Vorsetzen des Fußes einhergehende Rotation ist eine oft vernachlässigte Komponente unserer grundlegenden Bewegungsmuster. Um eine neurologische Anpassung durch die Übungen zu erzielen, ist es wichtig, mit einem großen Maß an Konzentration die Übungen durchzuführen und sich bewusst zu machen, welcher Bereich mit welcher Übung angesteuert werden soll.

Im besten Falle schaffen wir es dadurch, unseren unbewussten Laufstil zu verbessern, sodass wir weniger Konzentration auf eine saubere Technik verwenden müssen.

Das Ganze ist aber nicht mehr als ein spezifisches Warm-up und sollte auch mit derselben Priorität behandelt werden. Fünf Minuten vor dem Lauf reichen vollkommen aus, um die Übungen einmal durchzugehen. Aus der Tabelle entnimmst du, wie oft du jede Übung ungefähr machen solltest. Danach kannst du normal mit deiner Laufeinheit loslegen.

Tab. 1: Warm-up-Übungen

ÜBUNG	SÄTZE	WIEDERHOLUNGEN
Touch and Go!	2 pro Seite	6-8
Brücke	3	10-12
Ausfallschritt mit Rotation	2 pro Seite	8-10

3.2 WÄHREND DES LAUFS: LAUF-ABC

Es gibt mannigfaltige Methoden, um die eigene Lauftechnik zu verbessern. Neben der Aktivierung aus dem vorangegangenen Abschnitt ist es auch wichtig, die Technik während des Laufens stetig anzupassen. Das Lauf-ABC heißt so, weil es wie das Alphabet nicht wegzudenken ist aus dem Laufen. Es kann und sollte mindestens einmal die Woche in das eigene Trainingsprogramm eingegliedert werden.

Für Laufanfänger bietet es sich an, die Übungen aus dem Lauf-ABC auch öfter einzubauen. Dabei ist wichtig, dass die Übungen so sauber wie möglich und mit maximaler Konzentration durchgeführt werden.

Man sollte sich vorher circa zwei Kilometer lang warmgelaufen haben, damit der Körper auf Temperatur und das Nervensystem einsatzbereit sind. Ein Lauf-ABC im ermüdeten Zustand durchzuführen, ist wenig sinnvoll.

Das Lauf-ABC umfasst diverse Übungen, um spezielle Aspekte der Lauftechnik ins Zentrum der Aufmerksamkeit zu rücken und gezielt an diesen zu arbeiten[7]. Wichtig ist hierbei stets die gegengleiche Armarbeit. Außerdem sollte jede Übung über eine Distanz von circa 20-30 Meter kontinuierlich durchgeführt werden ohne Unterbrechung. Vereinzelte Übungen können auch über größere Distanzen erfolgen.

Im Folgenden findet ihr eine Auswahl an Übungen, die für Einsteiger besonders geeignet sind und sich besonders positiv auf die meisten klassischen Lauffehler auswirken.

VORWEG BALLENDRUCKSTELLUNG

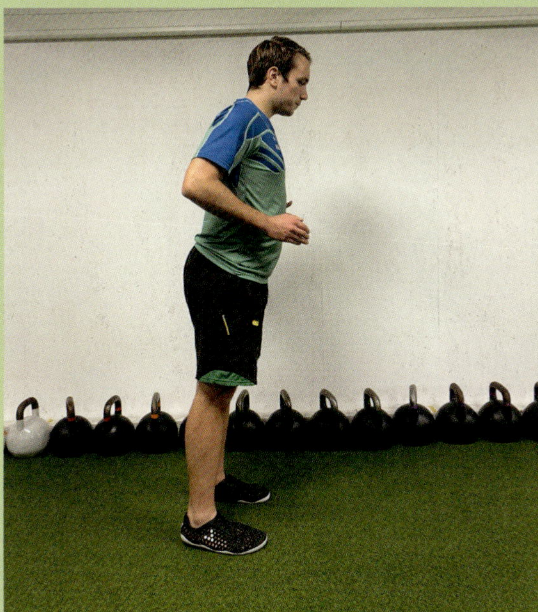

Abb. 12: Das Gewicht wird auf dem Fußballen konzentriert

Dies ist zwar keine Übung aus dem klassischen Lauf-ABC, doch sie dient als gutes Priming für das Laufen, welches den Läufer auf die bevorstehende Laufbewegung einstellen soll.

Die Ballendruckstellung ist nichts anderes als eine Ausgangshaltung für das Laufen. Sie wird eingenommen, um ein Gefühl für die bevorstehende Laufbewegung zu erhalten.

Hierzu stellt man sich aufrecht hin. Macht sich groß und tut so, als würde man am Scheitel in die Höhe gezogen. Die Arme hält man eng am Körper und winkelt sie zu etwa 80-90 Grad an. Nun drückt man sich auf die Zehen empor und lässt sich langsam wieder ab, während man sich minimal nach vorne lehnt.

Wichtig ist, sich nur so weit abzulassen, bis die Fersen den Boden nur leicht touchieren. Ziel sollte sein, so zu stehen, dass das meiste Gewicht auf den Fußballen lastet.

ÜBUNG 1: ANFERSEN

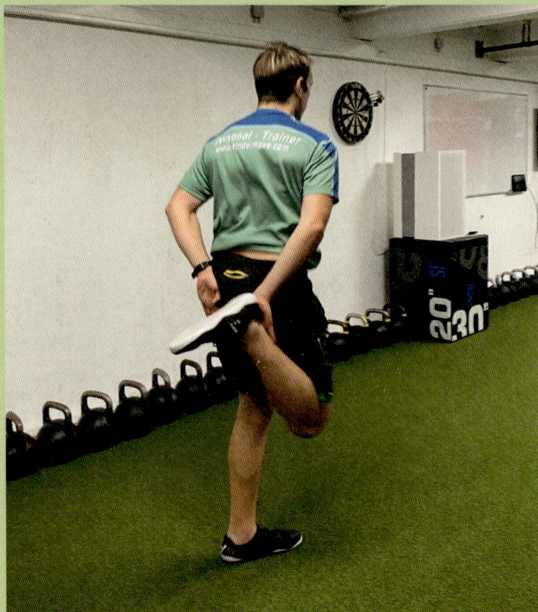

Abb. 13: Die Fersen sollen soweit angezogen werden wie möglich

Beim Anfersen kommt es darauf an, während des Laufs die Ferse des Schwungbeins möglichst kräftig nach oben zu ziehen, um die hintere Oberschenkelmuskulatur anzusteuern. Oft wird das Schwungbein nämlich nur nach vorne geschleift und es entsteht keine entsprechende Beugung in der Kniekehle. Außerdem hilft uns diese Übung, um eine **neutrale Stellung der Wirbelsäule** aufrecht zu halten, während wir die **Dreifachbeugung** im Schwungbein trainieren.

ÜBUNG 2: HOPSERLAUF

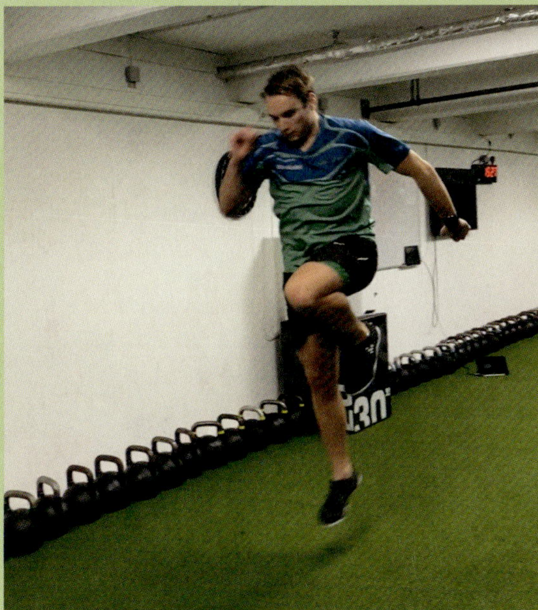

Abb. 14: Beim Hopserlauf wird die Flugphase betont

Beim Hopserlauf wird versucht, sich mit dem hinteren Bein nicht unbedingt nach vorne abzudrücken, sondern möglichst viel Kraft nach oben zu generieren. Man kann ihn sich vorstellen wie viele kleine Hopser, die leicht nach vorne und weit nach oben ausgeführt werden sollen.

Während sich das hintere Bein abdrückt, wird das andere nach oben angezogen, anschließend landet man auf dem vorderen Bein und stößt sich daraufhin mit diesem wieder ab. Hierdurch verbessern wir die **Dreifachstreckung** beim Abdruck nach hinten und verstärken den **Vortrieb** beim Laufen.

ÜBUNG 3: KNIEHEBELAUF

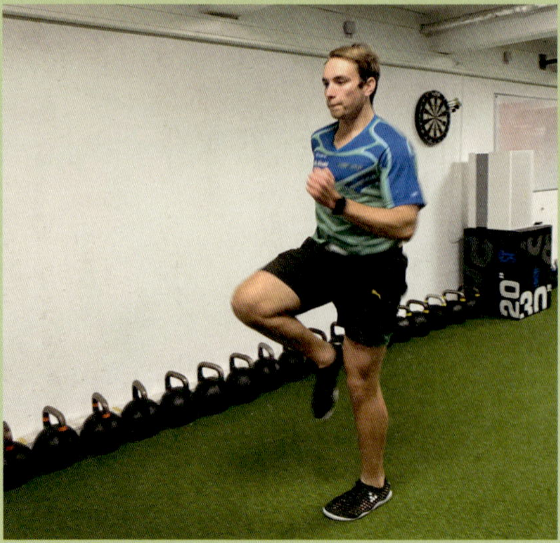

Abb. 15: Der Kniehub wir forciert.

Der Kniehebelauf dient der Verbesserung der Bewegung des Schwungbeins. Hierbei wird aus der normalen Laufbewegung heraus das Knie nach oben gezogen, während es gebeugt wird. Somit schaffen wir aktiv eine Beugung im Knie und in der Hüfte, welche stärker betont wird als beim normalen Laufen. Dadurch verbessern wir die **Dreifachbeugung** im Schwungbein.

ÜBUNG 4: CRISSCROSS

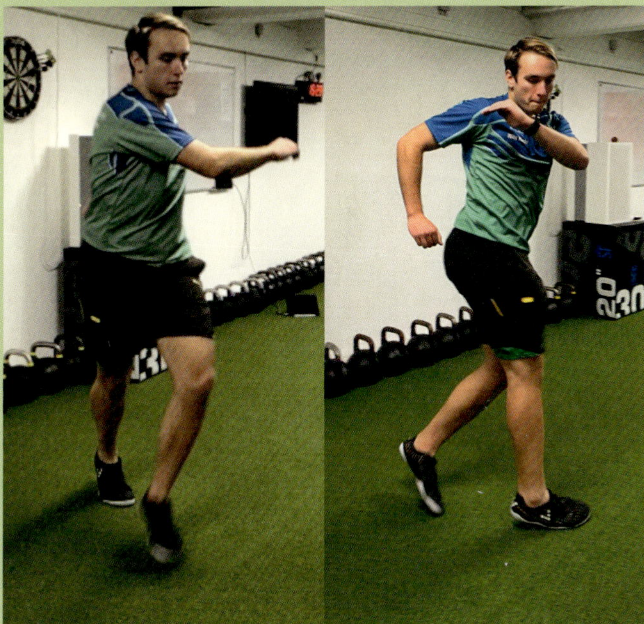

Abb. 16: Beim CrissCross wird die Beweglichkeit der Hüfte gefordert

Hierbei geht es darum, die laterale Ebene anzusteuern und auch über Kreuz zu arbeiten. Wir setzten beide Füße parallel zueinander und setzen nun den linken Fuß diagonal vor den rechten Fuß. Der rechte Fuß zieht nun nach, sodass beide parallel sind. Nun kreuzt der linke Fuß rückwärtig. Und so weiter und sofort.

Dasselbe funktioniert auch spiegelverkehrt.

ÜBUNG 5: SIDE STEP

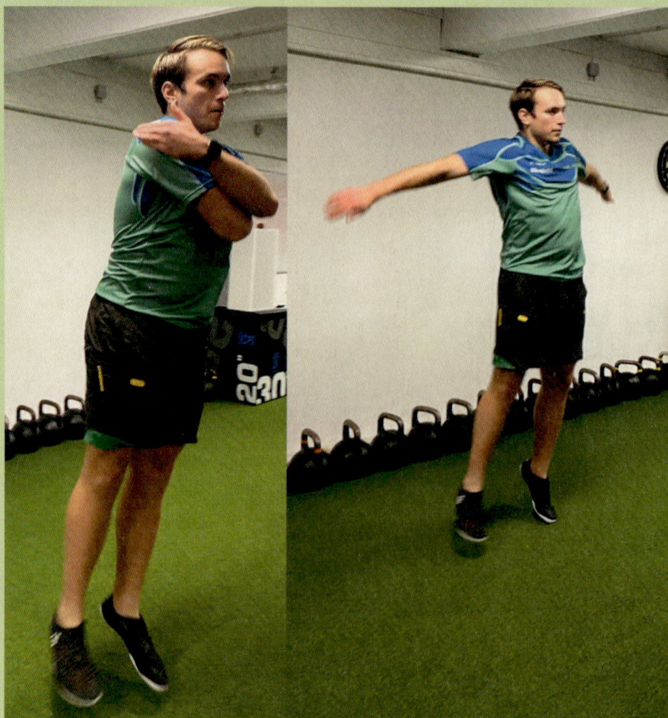

Abb. 17.: Die Ab- und Adduktoren müssen auch arbeiten

Der Side Step soll die Ab- und Adduktoren trainieren. Hierzu stellen wir uns hüftbreit im parallelen Stand hin und nehmen die Ballendruckstellung ein.

Hieraus wird nun ein Bein so weit wie möglich zur Seite herausgeführt, während das andere Bein sich in dieselbe Richtung vom Boden abdrückt. Nun landet das abgespreizte Bein wieder und zieht den Körper hinterher in den hüftbreiten Stand. Dann beginnt der Rhythmus von vorn.

ÜBUNG 6: SKIPPINGS

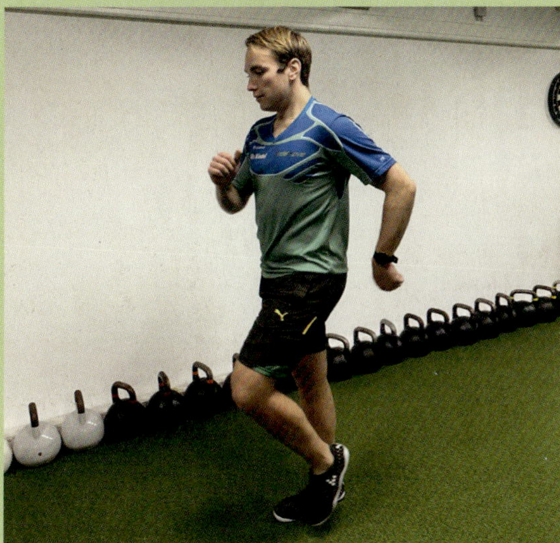

Abb. 18: Kleine kontrollierte Bewegungen kennzeichnen die Skippings

Bei Skipping geht es darum die Dynamik im Sprunggelenk zu forcieren. Dabei wird sich bewusst aus dem Fuß abgedrückt, sodass das Knie nach oben gebracht wird. Im Anschluss wird wieder auf dem Fußballen gelandet. Dabei sollte bewusst aus den Sprunggelenken gearbeitet werden und durch die Kraft der Wade immer wieder kleine Hopser oder Skippings gemacht werden.

ÜBUNG 7: RÜCKWÄRTSLAUFEN

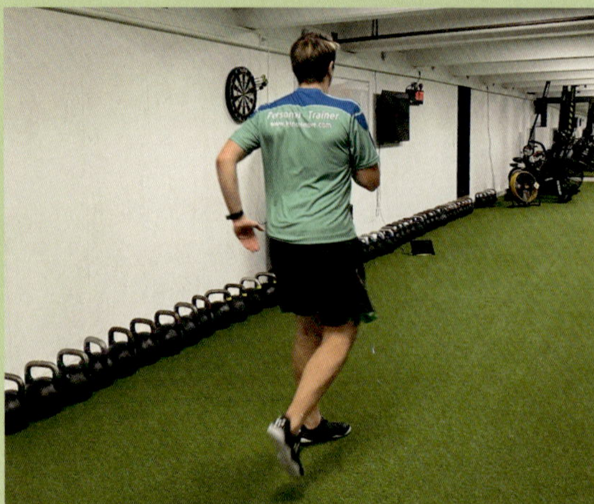

Abb. 19: Blick nach vorne, Beine nach hinten

Beim Rückwärtslaufen geht es darum bewusst die Muskulatur anders anzuspechen und das Nervensystem zum Umdenken zu bringen. Wichtig ist dabei nicht schief über die Schulter nach hinten zu schauen, sondern den Blick gerade nach vorne zu halten.

ÜBUNG 8: STEIGERUNGSLAUF

Den Abschluss des Lauf-ABCs bildet meist ein Steigerungslauf. Ziel dabei ist es, den Körper an verschiedene Lauftempi zu gewöhnen und auch die schnell zuckenden Muskelfasern zu aktivieren. Die Ausführung ist recht simpel.

Man beginnt, locker loszulaufen in einem leichten Trab. Nun wird stetig das Tempo gesteigert, sodass man am Ende der festgelegten Strecke 90-100 Prozent von seinem maximalen Tempo erreicht hat. Je nach Leistungsniveau kann die Strecke und die Intensität variiert werden.

Das Lauf-ABC integriert man in seinen Lauf optimalerweise nach dem Warm-up. Wenn man sich mindestens 5-10 Minuten eingelaufen hat, kann man mit dem Drill zur Verbesserung der Lauftechnik beginnen. In der unten stehenden Tabelle findet ihr die Empfehlung für die jeweilige Übung. Das ganze Programm lässt sich in nicht mal 10 Minuten absolvieren.

Tab. 2: Das Lauf-ABC

	WDH	Distanz
Anfersen	3	20-30 Meter
Hopserlauf	3	30-75 Meter oder eine Minute
Kniehebelauf	2	20-30 Meter
CrissCross	2	20-30 Meter
Side Step	2	20-30 Meter
Skippings	2	20-30 Meter
Rückwärtslaufen	2	30-75 Meter oder eine Minute
Steigerungslauf	3	50-100 Meter

Im fortgeschrittenen Stadium denkt man sich vielleicht, dass die Übungen langweilig werden, weil man sie schon hunderte Male durchgeführt hat. Dann ist an der Zeit, in die drei Dimensionen des Lauf-ABCs abzutauchen.

Muskulär entspannt <> muskulär angespannt
Niedrige Frequenz <> hohe Frequenz
Kleine Amplitude <> große Amplitude

So kann man beispielsweise den Hopserlauf sehr entspannt, mit einer niedrigen Frequenz und sehr kleinen Hopsern durchführen, aber man kann auch jeden der Parameter beliebig variieren. Klassisch wäre beispielsweise, dass ich mit der Zeit immer größere Hopser mache, also die Amplitude steigere. Ich könnte aber auch die Frequenz steigern und schnelle, kleine Hopser machen. Auch könnte ich mit maximaler Muskelspannung so große Hopser wie möglich machen. Es ist mir überlassen, wie ich meine Übungen variiere, doch wichtig ist, dass sie immer fordernd für den Trainierenden sind und, dass keine Langeweile auftreten sollte.

3.3 FOKUSPUNKTE

Das Lauf-ABC bietet die Möglichkeit, einzelne Teile der Laufbewegung isoliert zu trainieren, doch die beste Isolationsübung hat keinen nachhaltigen Effekt, wenn wir sie nicht in die Laufbewegung integrieren. Dies schaffen wir über Fokuspunkte.

Während der einzelnen Laufeinheiten kann man den Fokus immer wieder auf bestimmte Aspekte legen und diese besonders betonen. So kann man beispielsweise 400 Meter lang auf seine Schrittfrequenz achten oder sich betont stark abdrücken. Wichtig ist hierbei, ununterbrochen seine Konzentration auf *einen* Aspekt zu lenken und nicht mehrere auf einmal betrachten zu wollen, denn Multitasking ist sehr schwer für unser Gehirn.

Jede Anstrengung, die wir auf Aspekt B legen, rauben wir von Aspekt A, was zur Folge hat, dass wir keinen der Aspekte vollkommen trainieren. 100 Prozent kognitive Aktivierung sorgen dafür, dass wir das neue Bewegungsmuster einprogrammieren.

Beispielsweise kann man, wenn man eine 30-minütige Einheit plant, die ersten 10 Minuten zum Aufwärmen nutzen. Jeweils fünf Minuten kann man dann im Anschluss seinen Fokus erst auf die Schrittfrequenz, dann auf den Armschwung und anschließend auf das Aufkommen knapp vor dem Körperschwerpunkt lenken. Die letzten fünf Minuten entspannt man sich und läuft aus. So hat man in einer knappen halben Stunde alle wesentlichen Aspekte der eigenen Lauftechnik bedient und konnte auf jeden ein gutes Stück Konzentration anwenden.

Durch diese Fokuspunkte gelingt der Transfer vom Lauf-ABC zum normalen Lauf. Während beim Lauf-ABC nur genau ein Punkt oder ein Gelenk betrachtet wird, kann man mit den Fokuspunkten dem großen Ganzen die Aufmerksamkeit schenken. So schaffen wir es, den neuen Aspekt in unseren Laufstil einzugliedern.

Wichtig ist allerdings, Fokuspunkte nur dann zu verwenden, wenn man die zugehörige Übung aus dem Lauf-ABC bereits beherrscht und sich sicher ist, dass dieser Aspekt im bisherigen Laufstil nicht genügend berücksichtigt wurde. Deswegen sollte dem Training immer eine Analyse des Laufstils zugrunde liegen.

3.4 ABSCHLIESSENDE WORTE ZUR LAUFTECHNIK

Es kommt nicht darauf an, einen Teil der Lauftechnik zu perfektionieren, sondern die vielen Aspekte zu einem stimmigen Gesamtbild zusammenzusetzen. Vorteilhaft ist hierbei, dass ein Aspekt der Lauftechnik meist einen anderen begünstigt.

So werden unsere Schritte automatisch kürzer, wenn wir eine höhere Schrittfrequenz anschlagen oder auch, wenn wir uns darauf konzentrieren, auf dem Vor- oder Mittelfuß zu landen. Ebenso schaffen wir es, durch eine saubere Dreifachstreckung mehr Vortrieb zu generieren und automatisch eine bessere Dreifachbeugung zu erzeugen. Eine neutrale Rumpfstellung verbessert die Dreifachstreckung. Und auch ein sauberer Armschwung begünstigt einen Rhythmus und so weiter und sofort.

Viele Faktoren kulminieren in einen einwandfreien Laufstil. Und um Laufen als Gesundheitssport zu betreiben, sollte man sich nicht in den Details verlieren, sondern lieber auf ein stimmiges Gesamtbild achten. Wichtig ist, stabil im Rumpf zu sein und die Merkmale des sauberen Beinschwungs im Gedächtnis zu behalten. Alles Weitere sollte erst dann hinzukommen, wenn diese Punkte erfüllt sind.

Wichtig ist auch, dass ein optimaler Laufstil auch nur dann verwendet werden kann, wenn die körperlichen Grundvoraussetzungen gegeben sind. Man kann noch so viel am Laufstil (Software) arbeiten, wenn der Körper nicht die entsprechenden Voraussetzungen (Hardware) mitbringt. Stabile Fußgewölbe, eine starke Rumpfmuskulatur sowie Kraft in den unteren Extremitäten wie auch genügend Mobilität in der Hüfte und der Brustwirbelsäule sollten vorhanden sein, um einen gesunden Laufstil optimal abzuspielen.

Deswegen ist Krafttraining, Beweglichkeitstraining und all das Drumherum ebenso wichtig, wie auch das Techniktraining. Die Hardware muss reibungsfrei laufen, damit wir die Software adäquat abspulen können.

Aber natürlich sollte man nicht denken, dass es nur eine Variante des optimalen Laufstils gibt und dass man nur laufen sollte, wenn alles perfekt ist. Der Feind des Guten ist das Bessere.

Jeder Mensch ist individuell und hat seine eigenen Voraussetzungen und leistungsbegrenzenden Faktoren; Jeder Körper ist anders gebaut. Also sieht auch jeder Laufstil anders aus und jeder Mensch wird andere Leistungen erreichen können. Perfektion wird es nie geben, also sollte man gar nicht versuchen, sie zu erreichen. Man sollte sich also nicht mit anderen vergleichen, sondern nur mit sich selbst.

Und weil jeder individuell ist, sollte man sich nicht in der Suche nach Perfektion verlieren, sondern anstatt am letzten Grad in der Armbeuge zu feilschen, lieber anfangen, Kilometer abzuspulen. Für Profiläufer ist so ein Feinschliff vielleicht zielführend, aber der Großteil der Läufer und Läuferinnen wird dadurch besser, indem sie ordentlich trainieren.

TEIL I: IN KÜRZE

Das Ganze ist mehr als die Summe seiner Teile!

Aristoteles[60]

Vor allem, wenn man das Laufen in seine Bestandteile zerlegt und in Betracht zieht, was der Körper leisten muss, um diese Fortbewegungsart zu ermöglichen und sie optimal durchzuführen, erkennt man, welche Voraussetzungen gegeben sein müssen. Es braucht viel Kraft, Beweglichkeit und auch ein ausreichendes Maß an Koordination, um zu laufen.

Der Körper muss viel leisten, um voranzukommen und eine flüssige Bewegung zu erschaffen. In diesem Kapitel wurde versucht, das Anforderungsprofil möglichst sinnvoll und ganzheitlich aufzuschlüsseln. Das Wichtigste noch einmal im Überblick:

- Die vier wichtigsten Punkte sind:
    - Der Läufer soll auf eine neutrale Stellung der Wirbelsäule achten.
    - Es soll eine Dreifachstreckung beim Abdruck erfolgen.
    - Es soll eine Dreifachstreckung im Schwungbein erfolgen.
    - Ein alternierender Armschwung ist zu beachten.
- Eine kontralaterale Torsion des Oberkörpers zum schwingenden Bein soll durchgeführt werden.
- Der Aufsatz des Fußes erfolgt über den Mittelfuß.
- Die Schrittlänge sollte vorne kurz und hinten lang sein. Der Fuß setzt kurz vor dem Körperschwerpunkt auf.
- Die Schrittfrequenz sollte je nach dem Tempo und Körpergröße zwischen 160 und 200 spm liegen.
- Die Bodenkontaktzeit sollte an die Ground-Reaction-Force angepasst werden.
- Die vertikale Oszillation sollte im Mittel einen Wert von 7,5 Zentimeter anstreben.
- Aktivierungsübungen sind sinnvoll, um dich für deinen Lauf vorzubereiten, wenn du zuvor noch nicht aktiv warst.
- Die Ballendruckstellung ist die Ausgangsposition für das Laufen.
- Das Lauf-ABC ist wichtig für den Laufstil und hilft dir, deinen Laufstil zu verfeinern.

TEIL II: POWER

4 LAUFEN ALS KRAFTANFORDERUNG

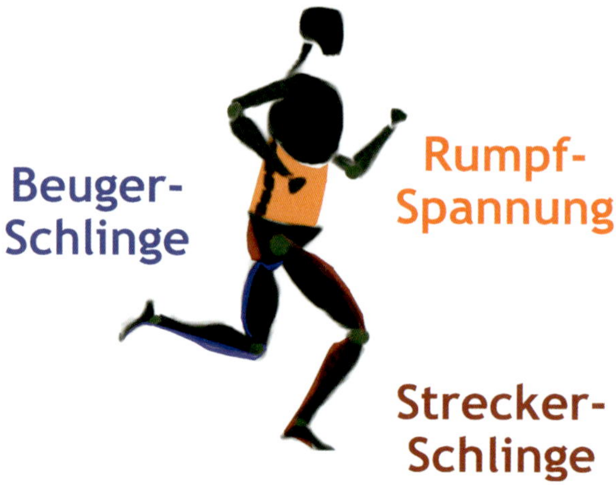

Abb. 20: Kraft ist Voraussetzung für Vortrieb

Viele Läufer hören es nicht gerne, aber um effizient zu laufen, braucht man Kraft – vielleicht nicht so viel wie fürs olympische Gewichtheben –, aber doch ein ordentliches Ausmaß. Die Grafik oben verdeutlicht, welche Muskelpartien hauptsächlich am Laufen beteiligt sind. Natürlich verrichten die Beine die meiste Arbeit, aber die Rolle des Rumpfs ist nicht zu unterschätzen.

Kraft im Laufen wird für Folgendes benötigt:

1. Rumpfstabilität
2. Vortrieb,
3. Rückschwung und
4. Ermüdungswiderstand.

Deswegen ist es für Läufer unabdinglich, sich auch einem regelmäßigen Kräftigungsprogramm zu unterziehen, um diese vier Aspekte aufrechtzuerhalten und auszubauen. Je länger die Strecke ist, desto wichtiger ist der Ermüdungswiderstand, da hier länger gegen die Schwerkraft standgehalten werden muss. Je kürzer die Strecke ist und je höher das Tempo ist, desto wichtiger wird der Vortrieb.

Dies kann man auch eindrucksvoll sehen, wenn man Profisportler von ihrer Statur her miteinander vergleicht. Nehmen wir Usain Bolt und Eliud Kipchoge als Beispiel. Beide aktuelle Weltrekordhalter in ihrer Disziplin, beide Weltklasseläufer - doch vollkommen anders gebaut.

Der 100-Meter-Läufer Bolt wirkt, wie ein Riese gegenüber dem kleinen, dünnen Kipchoge. Bolt ist 1,95 Meter groß und bringt 95 Kilogramm auf die Waage[49] während Kipchoge nur 52 Kilogramm wiegt auf 1.67 Meter[50]. Das sind Welten an Unterschied von den körperlichen Gegebenheiten.

Aber Bolt benötigt die Masse und die Kraft, die er mit sich bringt, damit er sich entsprechend schnell voranbringen kann. Und da er nur so kurz läuft, bremst ihn die Masse auch nicht aus. Kipchoge hingegen ist klein und leicht, hat eine sehr gute Stabilität im Core und zeigt keinerlei Müdigkeit - auch nicht nach 42,195 Kilometern. Seine kleine Statur und das geringe Körpergewicht sorgen dafür, dass er sehr wenig Energie verbraucht, allerdings hat er dadurch auch keinen starken Vortrieb - er wäre also nicht zum Sprinten geeignet.

Die Lektion, die wir daraus mitnehmen können, ist, dass es nicht die perfekte Läuferphysis gibt, sondern dass es für jede Größe und jedes Gewicht sicherlich die richtige Strecke gibt. Wer schnell sein will, muss extrem viel Power in den Beinen haben - und wer lange laufen will, muss einen starken Core und eine gute Ermüdungswiderstandsfähigkeit haben.

4.1 DER CORE ALS ANKER

Wichtig für alle Strecken ist die Rumpfstabilität. Unsere Wirbelsäule bildet das Zentrum der Bewegung. Alle Bewegung laufen über den einen oder anderen Weg durch sie hindurch. Oft spricht man hier auch von *Spinal Engine* - also Wirbelsäulenmotor, weil hieraus der Impuls jeder Bewegung hervorgeht. Nicht nur verlaufen unsere Nerven alle durch das Rückenmark, sondern haben auch die meisten großen Muskeln ihren proximalen Ursprung an der Wirbelsäule, dem Becken oder den Rippen[51].

Damit diese großen Muskeln ihre Motorarbeit auch ordnungsgemäß verrichten können, müssen wir sicherstellen, dass der Core stabil ist und als Anker fungieren kann. Dafür hauptsächlich verantwortlich sind die Muskeln zwischen Zwerchfell und Hüfte, also gerade, schräge und transversale Bauchmuskeln, aber auch autochthone Rückenmuskulatur. Sie müssen hauptsächlich statisch arbeiten und eine saubere Spannung aufrechterhalten.

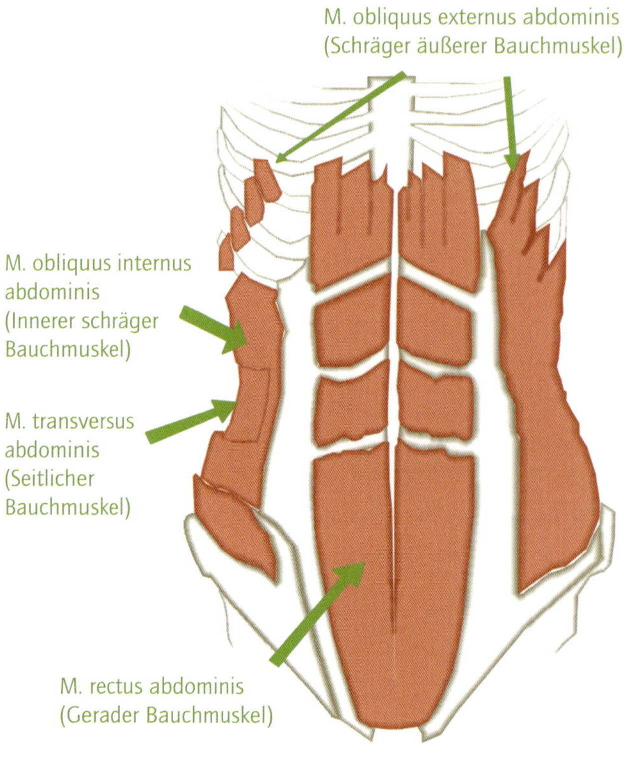

Abb. 21: Der Rumpf – mehr als nur ein Muskel

Neben diesen *Core*-Muskeln spielen auch die Rotatorenmanschette in der Schulter und die gluteale Muskulatur sowie die Adduktoren an der Hüfte eine Rolle, um uns zu stabilisieren.

Letztere sind für Läufer besonders wichtig, da die Hüfte unser wesentliches Vortriebsmittel ist und wir dort ein hohes Maß an Stabilität benötigen, um nicht einzuknicken. Hüftstabilität ist gut trainierbar durch unilaterale (= einseitige) Übungen. Alles, was ein Bein einzeln belastet, führt automatisch zu einer reflexiven Stabilisierung der Hüfte. Einige Übungen dazu findest du im praktischen Abschnitt des Kraft-Kapitels.

Stabilität ist nichts Eindimensionales. Wir müssen auf allen Ebenen und Freiheitsgraden stabil sein, damit wir kugelsicher sind. Wir müssen sowohl dynamisch und statisch stabil sein, und zwar nicht nur in der Bauch- und Rückenmuskulatur, sondern auch in der Hüft- und Schultermuskulatur. Alles ist miteinander verbunden und wenn wir in einem dieser Teile instabil werden, dann kann das ganze System einknicken. Deswegen ist es wichtig, die Rumpfmuskulatur nicht nur durch Planks oder Ähnliches zu trainieren, sondern auch durch Rotationsbewegungen und auch unter seitlicher Belastung. Je mehr Ebenen und Bewegungsrichtungen wir fordern, desto stabiler und rundum belastbarer wird unser Core.

MERKE

Die Rumpfmuskulatur arbeitet hauptsächlich isometrisch (= spannungsgleich); die einzige Kontraktion, die sie vollführt unter normalen Gebrauch ist die reflexive Kontraktion, bei Veränderung äußerlicher Umstände. Entgegen dem vielfachen Irrglauben, dass Crunches und Situps die Rumpfstabilität verbessern, sollte man die Rumpfmuskulatur hauptsächlich isometrisch trainieren: Planks in allen Variationen, Dragon Flag, Front Lever und Ähnliches sind hier das Mittel der Wahl.

Außerdem sollte man immer wieder andere Reize setzen und Druck und Zug von allen Seiten auf den Core geben, damit die Rumpfmuskulatur sich immer wieder reflexiv anpassen muss. Übungen wie der Renegade Row und der Kettlebell Pull Through sind gute Beispiele für solch eine Belastung.

4.2 DIE BEINE ALS KRAFTGEBER

Haben wir erst einmal Stabilität im System, können wir einen Blick auf die Kräfte werfen, die uns vorantreiben.

Der hauptsächliche Vortrieb wir durch die dreifache Streckung des hinteren Beins erzeugt, das kräftig nach vorne oben drückt. Hauptsächlich dafür verantwortlich sind die Gesäßmuskulatur (M. glutaeus maximus), der Oberschenkelstrecker (M. quadriceps femoris), und die Wadenmuskulatur (M. triceps surae), wobei jeder dieser Muskeln ein Gelenk streckt.

Sie sind für die ***R**ate of **F**orce **D**evelopement* (RFD) zuständig, also die Kraftentwicklungsrate, die bestimmt, wie viel Energie wir in den Boden abgeben können. Im Abschnitt zur Bodenkontaktzeit wurde bereits auf die Interdependenz der RFD zur GRF (Ground Reaction Force) eingegangen.

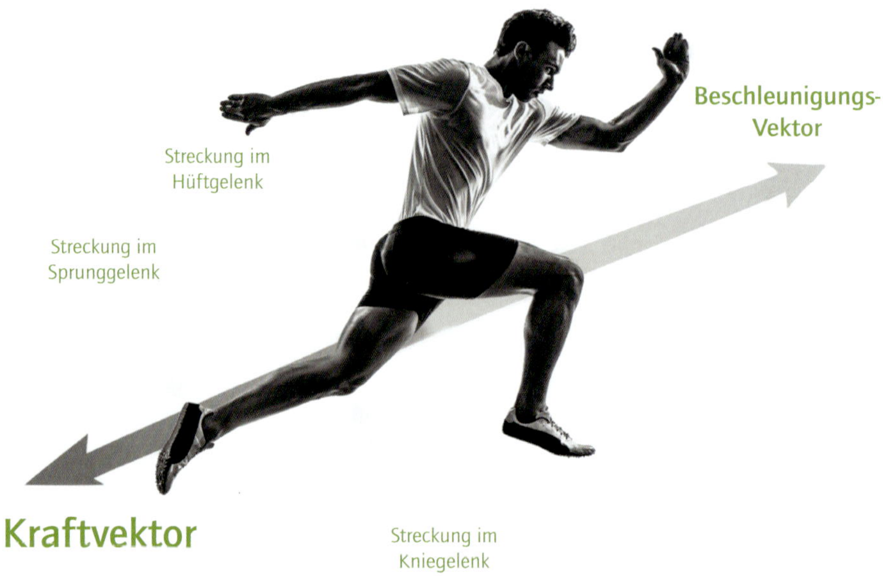

Abb. 22: Drei Gelenke müssen wir strecken

Im Kapitel zur Technik wurde bereits erwähnt, dass die Dreifachstreckung oder Triple Extension ein wichtiger Aspekt in der Lauftechnik ist. Unter Berücksichtigung des Kraftaspekts sollten wir uns Newtons drittes Axiom noch einmal genauer anschauen.

Bei der Triple Extension ist es wichtig, wie wir uns in den Boden drücken. Durch das Strecken der unteren Extremität geben wir einen Impuls in den Boden (*Actio*), bei dem der Kraftvektor entscheidend ist. Wie wir Kraft in den Boden geben, ist entscheidend dafür, wie der Beschleunigungsvektor ausfällt und die daraus resultierende entgegengesetzte Kraft (*Reactio*).

Wir drücken uns nach hinten, unten in den Boden und werden nach vorne oben beschleunigt. Hierbei ist entscheidend, dass wir so viel Energie nach hinten geben, wie eben möglich und nur so viel nach oben, wie eben nötig. Das Ziel ist es, nach vorne zu kommen und nicht nach oben. Läufer, die sich stark nach oben abdrücken müssen, sind oftmals zu schwer oder sacken stark in sich zusammen beim Landen (Mehr dazu in Kap. 2.11).

Deswegen ist die vollkommene Hüftstreckung so wichtig. Kraft im Endbereich der Bewegung hilft uns hier, uns möglichst kräftig nach vorne zu bewegen.

Es wird also deutlich, dass die Muskeln, die an der Triple Extension beteiligt sind, beim Läufer stark sein müssen. Auch Langstreckenläufer brauchen Power - zwar nicht so viel wie Usain Bolt, aber dennoch ist dieser Aspekt nicht zu vernachlässigen.

Der Rückschwung der Beine und die dreifache Beugung werden getrieben vom Hüftbeuger (M. illiopsoas), den Oberschenkelbeugern (Mm. ischiocrurales) sowie vom Schienbeinheber (M. tibialis anterior). Die Kraft dieser Muskeln ist nicht zu vernachlässigen; zwar sind sie nicht dafür verantwortlich, einen möglichst starken Impuls in den Boden abzugeben, aber sie müssen über die Dauer des Laufs immer wieder die Masse des Beins nach vorne bringen und reflexiv die Spannung halten, wenn wir aufkommen.

Sie werden im Krafttraining auch oft übersehen, weswegen es hier häufiger zu Krämpfen und Überlastungserscheinungen kommt.

Wer hat noch nie vom Schienbeinkantensyndrom gehört?

Oder welcher Läufer hatte noch nie Probleme mit dem hinteren Oberschenkel?

Es sind gängige Leiden von Läufern und sie treten immer wieder auf, weil zu wenig Zeit im Kraftraum verbracht wird und diese Muskelpartien keinen Ermüdungswiderstand aufweisen.

4.3 DIE ERMÜDUNGSWIDERSTANDSFÄHIGKEIT

Nun, da wir wissen, welche Muskeln wie an der Laufbewegung beteiligt sind, sollten wir überlegen, welche Beanspruchungsform hier zugrunde liegt. Es ist wohl eindeutig, dass wir beim Laufen keine Maximalkraftleistung erbringen (außer beim Sprint), sondern viel mehr im Bereich der Kraftausdauer arbeiten.

Dementsprechend sollte uns bewusst sein, dass wir unsere Muskeln darauf trainieren sollten, auch unter Ermüdung noch Kraft aufzubringen. Im Wesentlichen unterscheidet man Muskelfasern in zwei Typen. Hier spielt hauptsächlich der ST-Typ eine Rolle (Slow Twitch Muscle Fiber). Diese langsam zuckenden Fasern sind für ihre Ermüdungswiderstandsfähigkeit berühmt und werden zudem nicht so groß und massig, wie ihre Kollegen die FT-Fasern (Fast Twitch Muscle Fiber).

Deswegen ist es für den Läufer wichtig, sich darüber klar zu werden, welche Art er trainieren möchte und wie das Training aussehen sollte. Muskelaufbautraining, welches in der Fachsprache auch als *Hypertrophietraining* bezeichnet wird, stimuliert hauptsächlich die FT-Fasern und regt deren Wachstum an. Somit ist es nicht förderlich für uns. Deswegen ist Kraftausdauertraining wesentlich sinnvoller und auch die intermuskuläre Koordination sollte gefördert werden.

Ganz praktisch bedeutet das, dass wir im Krafttraining einerseits moderate Lasten sehr oft bewegen sollten (Kraftausdauertraining), andererseits es aber auch sinnvoll sein kann, sehr schwere Lasten nur 1-5-mal zu bewegen, um alle Muskelfasern zu rekrutieren (Maximalkrafttraining).

Der Nutzen des Kraftausdauertrainings ist es, einerseits die Energiespeicher der Muskulatur zu vergrößern und andererseits, die Kapillarisierung zu verbessern. Letzteres heißt, dass das Netz aus Adern und Kapillaren, das unsere Muskeln mit Nährstoffen versorgt, verfeinert wird und sie de facto besser versorgt werden.

Das Training der intermuskulären und intramuskulären Koordination hingegen ist etwas schwieriger zu durchschauen. Als Läufer brauchen wir bis auf wenige Ausnahmen kaum Maximalkraft, weswegen sollten wir sie also trainieren? Nun, ALLE Kraftfertigkeiten hängen von der Maximalkraft ab[52]. Das bedeutet, je größer unsere Maximalkraft ist, desto besser ist unsere Kraftausdauer.

Maximalkrafttraining konkret sorgt dafür, dass wir die Ansteuerung und Koordination der Muskelfasern untereinander (intramuskulär) und die der einzelnen Muskeln zueinander (intermuskulär) verbessern. De facto erreichen wir somit eine höhere Maximalkraft bei gleichbleibender Muskelmasse, was für den Läufer natürlich extrem praktisch ist, da wir somit mehr RFD erzeugen, ohne dabei schwerer zu werden. Außerdem wird durch die höhere Maximalkraft auch unsere Kraftausdauer positiv beeinflusst.

5 KRÄFTIGUNG

You are never wrong going strong!

Wie wir nun festgestellt haben, erfordert das Laufen Kraft – und zwar eine ganze Menge. Also braucht man Krafttraining, um gut zu laufen. Doch es gibt nicht *das* perfekte Krafttraining für Läufer. Schließlich sind wir alle individuell und haben unterschiedliche Stärken und Schwächen. Deswegen kann man nur jedem raten, sich darüber klar zu werden, woran man arbeiten soll und sich einen professionellen Coach zu suchen, der dir dabei helfen kann.

Der Sinn dieses Kapitels ist es, zu zeigen, wie ein zielgerichtetes Krafttraining für Läufer aussehen kann, welche Übungen Sinn machen und welche Grundsätze man beachten sollte. Die folgende Übungsauswahl dient also lediglich als Inspiration für das eigene Krafttraining, da sie alle wesentlichen Kraftanforderungen des Laufens abdeckt.

5.1 GRUNDSÄTZE IM FUNKTIONELLEN KRAFTTRAINING

Krafttraining ist bei Läufern oft verpönt und unterliegt dem Klischee der unbeweglichen, aufgeblasenen, schwerfälligen Bodybuilder. Doch Krafttraining kann viel mehr, als nur stupide Muskelmasse aufzubauen. Wie in den Kapiteln zur Bodenkontaktzeit und zum Lauftempo schon erwähnt (vgl. Kap. 2.10 und 2.12), brauchen wir als Läufer eine gute RFD und außerdem ist es wichtig, eine gleichmäßig ausgeprägte Muskulatur sowie eine gute Körperspannung, eine stabile Beinachse und einen stabilen Rumpf zu haben. Krafttraining kann dafür sorgen, dass unsere Gelenke kugelsicher werden, sodass sie einer Vielzahl von Belastungen gewachsen sind und wir Verletzungen vorbeugen.

Jeder Läufer, der kein regelmäßiges, zielgerichtetes Krafttraining mit Gewichten durchführt, vergeudet sehr viel Potenzial und legt die Grundlage für Verletzungen in der Zukunft. Man sollte keine Angst davor haben, schwer und unbeweglich zu werden, wenn man regelmäßig ein Fitnessstudio besucht. Niemand wird über Nacht zum Bullen. Um so auszusehen wie Schwarzenegger und Co., benötigt man viel mehr als nur 2-3 Krafttrainingseinheiten pro Woche. Allerdings kann man sich natürlich unfunktionelle Muskelmasse aufbauen, die einen später beim Laufen mehr behindert, als dass sie einem dienlich ist.

Um zu gewährleisten, dass unser Krafttraining zielgerichtet ist und jedes Gramm, das wir an Muskelmasse eventuell dazugewinnen, uns auch dienlich ist, sollten wir ein paar Grundsätze im funktionsorientierten Krafttraining beachten, damit wir nicht einfach nur stupides Bodybuilding betreiben.

First move well - then move often!

Bevor wir regelmäßig viel Gewicht bewegen, sollte wir versuchen, jede der Übungen, die wir ausführen wollen, erst einmal ordentlich zu lernen. Die Bewegungsausführung sollte sicher und akkurat sein. Wir sollten uns in ihr wohlfühlen.

Never load on dysfunction!

Die saubere Bewegungsausführung sollte sitzen, bevor wir Gewicht in irgendeiner Weise aufladen. Kein Gewicht, keine Progressionsstufen, bevor wir die Übung nicht sauber beherrschen. Denn auf eine dysfunktionale Übung mehr Belastung aufzuladen, wird langfristig mehr Schaden verursachen, als dass es Nutzen hat.

So komplex wie möglich, aber so isoliert wie nötig!

Etwas, das man oft nicht erklärt bekommt, wenn man ein Fitnessstudio das erste Mal betritt, ist die Tatsache, dass man eigentlich keine der klassischen Trainingsmaschinen benötigt - sofern man kein Bodybuilder ist. Die Isolation von einzelnen Muskelgruppen kann Sinn machen, aber für jeden Sportler sollte es im Fokus stehen, die Systemintegrität zu bewahren. Dafür sollten die Übungen hauptsächlich komplex sein und mehrere Gelenke bzw. Muskelgruppen mit einbeziehen. Denn beim Laufen müssen sie sowieso flüssig ineinandergreifen.

Warum sollte man ihnen also beibringen, komplett isoliert von allem anderen zu funktionieren? Die großen drei: Kniebeuge, Kreuzheben und Bankdrücken sind Grundübungen, die in der einen oder anderen Variation in jedem Trainingsprogramm vorkommen sollten.

Ohne Core kein Score!

Was man *wie* auch immer trainiert, solange der Rumpf keine Spannung aufbauen und halten kann, vergeudet man Energie. Vor allem beim Laufen muss der Rumpf stabil bleiben, damit die Beine Kraft entfalten können. Beim Krafttraining muss auch der Rumpf das ganze System stabil halten, damit die Extremität Kraft aufbauen kann und die Übung ordentlich ausführen kann.

Aus dem Calisthenics kommt hier die Grundhaltung der Hollow-Body-Position, die im Turnen auch „Schiffchen" genannt wird. Hier geht es darum, die Bauchmuskeln und Hüftbeuger so anzuspannen, dass eine leichte Kyphose (Beugung) in der Lendenwirbelsäule entsteht und der gesamte Körper einen leichten Bogen bildet. Diese Position ist ein guter Anhaltspunkt, um eine Grundspannung für die meisten Übungen aufzunehmen.

> *[..] Concentrating on aesthetics is reverse engineering, which usually fails.*
>
> IDO PORTAL[48]

Ido Portal ist jemand, an dem sich die Geister scheiden. Ein Revolutionär in der Welt des Sports, den man entweder als Gott sieht, der die Wahrheit predigt und uns vom Elend erlösen wird oder aber der als falscher Prophet dargestellt wird. Manche Zweifel an ihm sind gerechtfertigt, da er nicht gerade für sein wissenschaftliches Arbeiten bekannt ist, doch er hat oft einen interessanten Blickwinkel auf die Dinge.

Und nicht zuletzt sollte man festhalten, dass Trainingslehre schon seit Hunderten von Jahren funktioniert, ohne dass jede Methode empirisch belegt ist. Deswegen sollte man nicht von vornherein alles, was er sagt, als Unwahrheit abtun, sondern sich einmal darauf einlassen und eine neue Perspektive einnehmen. Aber lasst euch nicht blenden!

Kurzum ist Portal und seine Movement Culture ein Versuch, die Fitnesswelt weg vom stumpfen Bodybuilding an Maschinen und Geräte zu bringen, sich aus den festgefahrenen Mustern von Sportarten zu lösen und sich wieder mehr auf Bewegungen, Bewegungsmuster und das Spielen und Ausprobieren von neuen Bewegungen zu fokussieren. Grob erklärt er, dass man sich nicht zu sehr auf das Aussehen konzentrieren sollte. Wenn man nur trainiert, damit man schön aussieht, mit wohlgeformten Muskelbäuchen, runden Schultern, dicken Oberarmen und so weiter, dann verliert man die Funktionalität.

Durch Training einen gewissen Look erreichen zu wollen, ist *Reverse Engineering*, also umgekehrtes Entwickeln. Man versucht, gewisse Proportionen und ein gewisses Aussehen zu reproduzieren, anstatt sich darauf zu konzentrieren, einen starken, funktionalen und gesunden Körper zu erschaffen. Deswegen weise ich an dieser Stelle noch einmal ausdrücklich darauf hin, dass die Funktionalität beim Krafttraining immer im Vordergrund stehen sollte – für jede Sportart (mit Ausnahme des Bodybuildings).

5.2 ÜBUNGSAUSWAHL

Nachdem nun ausführlich über die Grundsätze im Krafttraining diskutiert wurde und wir uns nun bewusst sind, worauf es ankommt, steigen wir ins Training ein. Die folgenden Übungen sind überwiegend mehrgelenkig und trainieren mehr als nur einen isolierten Muskel. Hier findet man keine isolierte Übung an einer Maschine. Alle Übungen sind mit Kurzhantel, Langhantel, Kettlebell oder Widerstandsband durchführbar. Natürlich kann jedes Trainingsprogramm durch 1-2 Isolationsübungen ergänzt werden –, aber der Hauptteil sollte aus komplexen Übungen bestehen.

Am Ende findet sich eine Auflistung, welche Übung welche Kategorie an Bewegungsmustern bedient und es gibt auch einen Beispieltrainingsplan. Wohlgemerkt, es ist nur ein Beispiel und keine Anleitung, die so eins zu eins umgesetzt werden sollte.

BULGARIAN SPLIT SQUATS

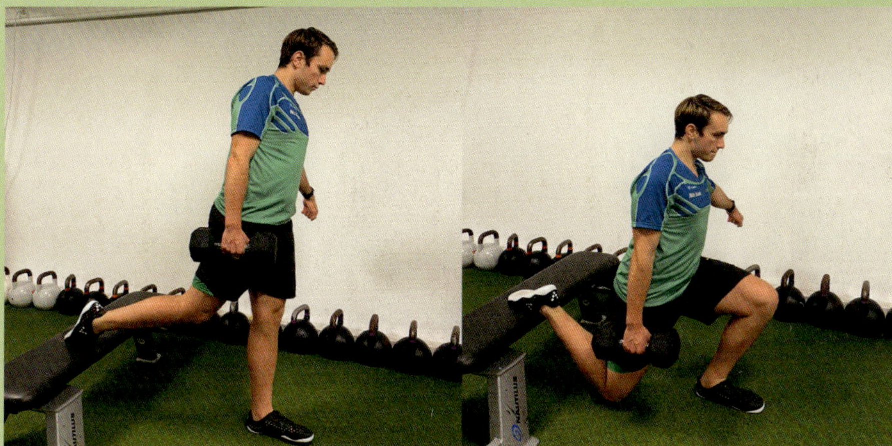

Abb. 23: Der Bulgarian Split Squat ist wie ein Ausfallschritt – nur krasser.

Die *Bulgarian Split Squats* sind eine gute Möglichkeit, um die Beine einzeln zu trainieren, aber dennoch ordentlich Gewicht zu bewegen, da man mit dem hinteren hochgelegten Bein sich gut stabilisieren kann.

Man geht in einen leichten Ausfallschritt und legt das hintere Bein auf einer Bank mit dem Fußrücken ab. Das Gewicht nimmt man in die gegenüberliegende Hand. Nun versucht man, seinen Körperschwerpunkt abzusenken, bis man mit dem hinteren Knie fast den Boden berührt. Aus dem vorderen Oberschenkel drückt man sich nun kräftig nach oben.

DRAGON SQUATS

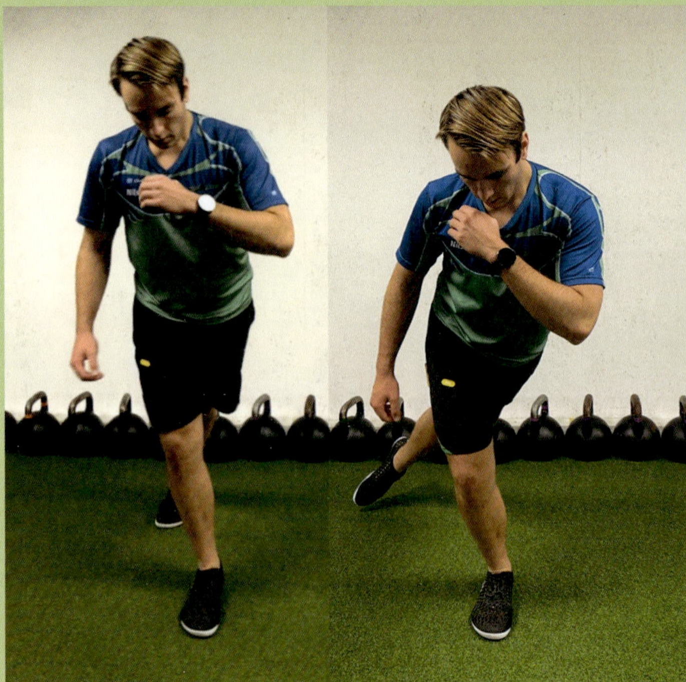

Abb. 24: Mit einem Drachen hat diese Übung nicht viel zu tun.

Diese Variation der Kniebeuge fordert nicht nur das Gleichgewicht, sondern auch die Hüftbeweglichkeit. Bei ihr wird das eine Bein während der Kniebeuge hinter das andere geschoben und dabei, so weit es geht, zur Mitte hinausgeschoben.

Unten angekommen, verharrt man kurz in der tiefsten Position und drückt sich dann über das Standbein langsam und kontrolliert wieder nach oben. Nach Bedarf kann man die Übung mit Gewicht erschweren.

TIPPY TWIST

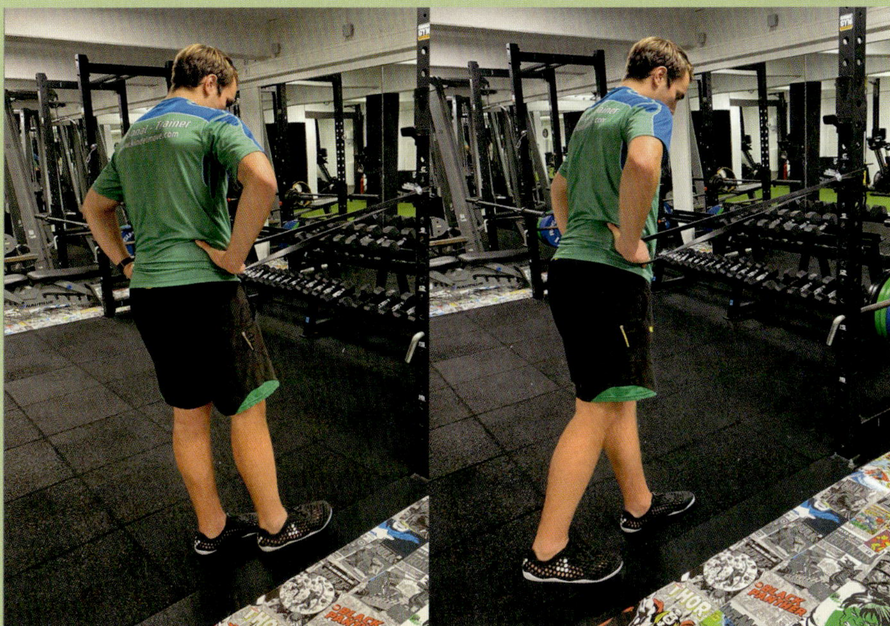

Abb. 25: Lustiger Name – schwierige Übung

Diese merkwürdig heißende Übung entstammt dem „Running Rewired"-Programm von Jay Dicharry. Sie dient der dynamischen Beckenstabilität und versucht, die Kontrolle über die Beinachse zu trainieren. Dazu braucht man nichts weiter als ein Widerstandsband und eine Halterung an der Wand.

Das Widerstandsband wird damit den Händen an der Hüfte gehalten, während man auf einem Bein steht. Nun dreht man die Hüfte entgegengesetzt zum Standbein auf und gibt somit mehr Zug auf das Widerstandsband. Anschließend wird die Hüfte langsam wieder zurück in die neutrale Stellung gebracht.

KREUZHEBEN

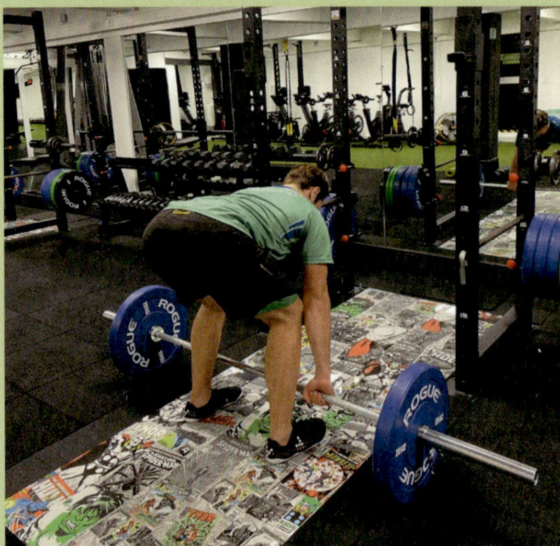

Abb. 26: Ausgangshaltung

Kreuzheben zählt zu den Grundübungen im Krafttraining. Im Wesentlichen geht es hier darum, mit einer hüftdominanten Bewegung Gewicht vom Boden nach oben zu bewegen - und zwar viel Gewicht. Während bei den anderen Übungen, die ich hier aufgelistete habe, vermutlich keine hohen Gewichte bewegt werden, sollte man(n) beim Kreuzheben schon an annähernd dreistellige Gewichte herankommen.

Ausgangsposition ist eine auf dem Boden oder auf einer niedrigen Ablage liegende Langhantel, die über dem Mittelfuß ruht und mit gestreckten Armen gegriffen wird. Das Gesäß wird nach oben hinten herausgeschoben, der Rücken ist neutral und fest, während die Knie leicht angewinkelt sind.

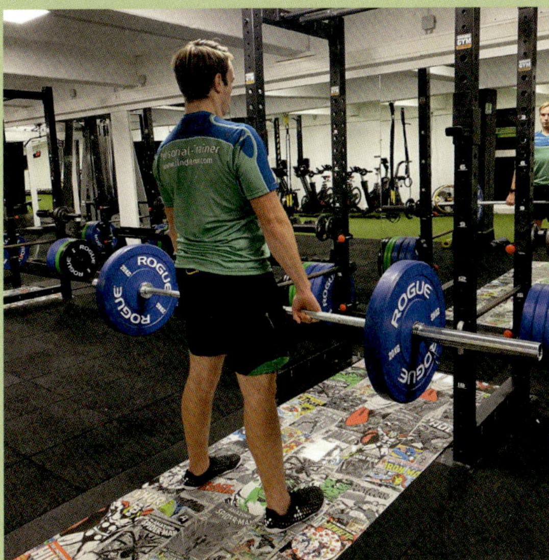

Abb. 27: Endposition

Nun wird die Bewegung aus der Hüfte initiiert und die Hantel möglichst nah am Körper hochbefördert, während sich Hüfte und Knie strecken und der Oberkörper sich aufrichtet. Der Endpunkt der Bewegung ist erreicht, wenn die Hantel im aufrechten Stand vor der Hüfte ruht. Ab hier wird sie wieder abgelassen.

Wichtig ist, dass während der gesamten Bewegung eine starke Körperspannung im Rumpf aufrechterhalten wird und die Arme gestreckt bleiben. Außerdem sollte die Hantel möglichst körpernah geführt werden.

RENEGADE ROW

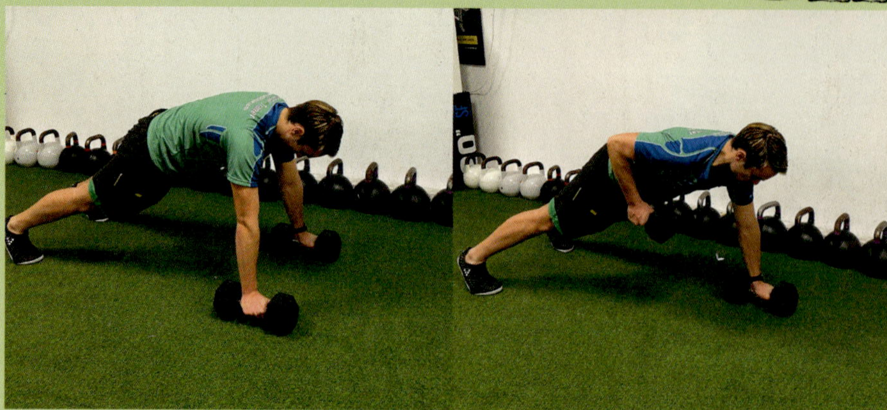

Abb. 28: Es empfiehlt sich, diese Übung mit eckigen Hanteln zu üben.

Der *Renegade Row* dient gleichzeitig dazu, das Zugmuster und die Antirotation des Rumpfs zu stärken. Ausgangsposition ist der Liegestütz, nur mit dem Unterschied, dass wir zwei Kurzhanteln zum Aufstützen benutzen.

Von hier aus ziehen wir nun den einen, dann den anderen Arm mitsamt der gehaltenen Kurzhantel in Richtung des Bauchnabels. Hierbei sollte darauf geachtet werden, dass wir im Oberkörper und Rumpf starr bleiben, sodass wir lediglich den Arm heranziehen.

Anfangs kann man für eine bessere Stabilität die Füße weit voneinander entfernt aufstellen. Dadurch kann man sich seitlich besser mit ihnen stabilisieren.

TRIPOD ROW

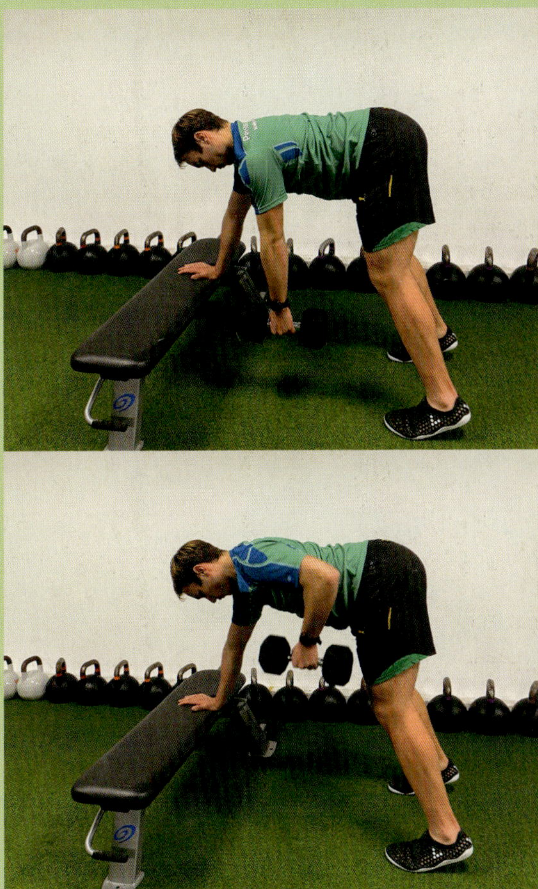

Abb. 29: Der gesamte Körper steht unter Spannung.

Beim *Tripod Row* ist der Name Programm (tripod, dt.: Dreibein, Dreifuß). Beide Füße stehen am Boden und ein Arm stützt sich auf einer Bank oder Ähnlichem auf, sodass wir drei Stützpunkte haben. Der Clou ist nämlich, dass wir somit eine Antirotationsstabilität erzwingen können, wenn wir die Beine nah zusammenstellen. Zusätzlich kann man die Fersen anheben, sodass man nur noch auf den Zehenspitzen steht.

Aus dieser Position heraus fängt man nun an, mit dem freien Arm zu rudern. Ob Kettlebell oder Kurzhantel: Das Gewicht wird kurz vor dem Boden in Richtung Bauchnabel geführt.

KLIMMZUG

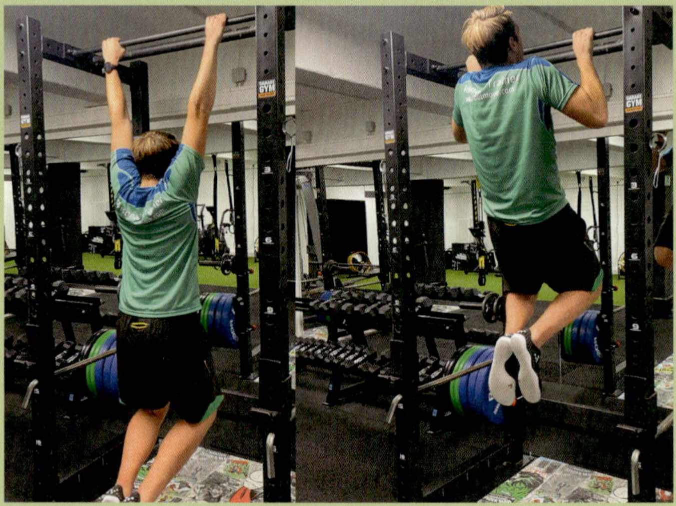

Abb. 30: Eine Wiederholung wird erst gezählt, wenn das Kinn über die Stange kommt.

Der Klimmzug ist eine simple Übung, wird allerdings nur noch von wenigen Leuten beherrscht. Ziel der Übung ist es, sich aus dem toten Hang heraus nach oben zu ziehen, sodass das Kinn über die Stange gelangt. Hierbei arbeiten der gesamte Rücken und die Armbeuger daran, das Körpergewicht nach oben zu bekommen.

Um den Schwierigkeitsgrad der Übung zu erhöhen, kann man sich etwas Zusatzgewicht anhängen oder aber die Variation der *Archer Pull-ups* benutzen.

Für Einsteiger kann ein Widerstandsband als Unterstützung wahre Wunder wirken.

DRAGON FLAG

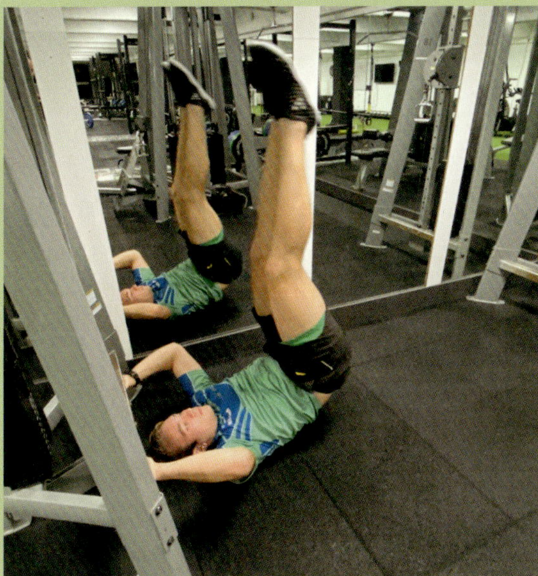

Abb. 31: Obwohl es keine Beweise für die Existenz gibt, sind erstaunlich viele Übungen danach benannt.

Die *Dragon Flag* hat man eventuell schon einmal bei Bruce Lee gesehen. Ziel dieser Übung ist es, die Kontrolle über den Rumpf zu gewinnen und eine extreme Spannung aufrechtzuerhalten.

Zum Start dieser Übung sucht man sich einen Pfosten oder eine sonstige Halterung, vor die man sich legen kann und sie über den Kopf mit den Armen umfasst. Nun streckt man die Beine in die Luft und hebt den gesamten Rücken vom Boden ab, sodass man nur noch mit der Schulter, Nacken und Kopf auf dem Boden ruht.

Aus dieser Position wird nun versucht, die Beine und Rumpf als gestreckte Einheit langsam herabzulassen. Dabei sollte darauf geachtet werden, dass der Rumpf die ganze Zeit in einer leichten Hollow-Body-Position bleibt und die Arme sich gut festhalten.

Ist dies anfangs zu schwer, so kann man die Übung auch zunächst erst nur mit angewinkelten Beinen durchführen.

KETTLEBELL PULL THROUGH

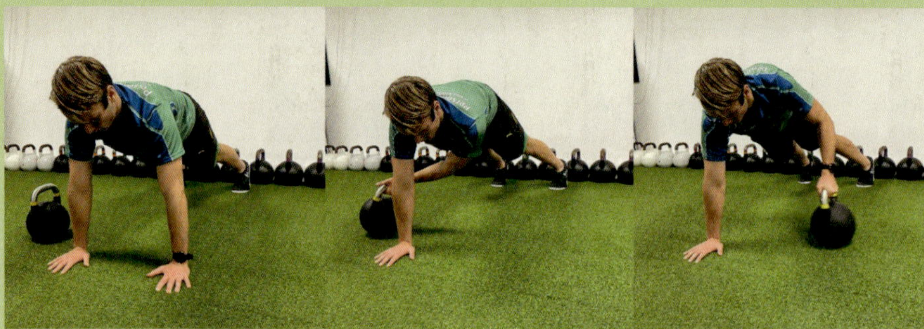

Abb. 32: Durchziehen muss geübt sein.

Die Ausgangsposition des *Kettlebell Pull Throughs* ist dieselbe wie beim Liegestütz. Nur das neben dem Trainierenden eine Kettlebell mit beliebigem Gewicht liegt, die darauf wartet, bewegt zu werden.

Ziel der Übung ist es, den Rumpf zu stabilisieren, während man von einem vierbeinigen in einen dreibeinigen Stand wechselt und dabei der Rotationskraft widersteht und zeitgleich die Kettlebell unter dem Körper durchbewegt.

Liegt die Kettlebell auf der linken Seite, so wird der rechte Arm vom Boden gelöst und greift das Gewicht, zieht es unter dem Körper durch und legt es auf der rechten Seite ab. Nun wird der Prozess spiegelverkehrt wiederholt.

Wichtig ist es hierbei, darauf zu achten, dass kein Spannungsverlust entsteht und der Rumpf die gesamte Zeit fest an Ort und Stelle verharrt.

SKATER JUMPS

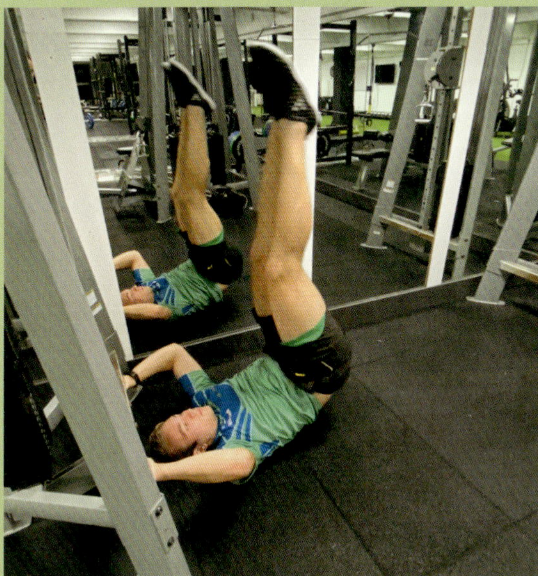

Abb. 33: Diese Übung erinnert an das Eisskaten.

Die *Skater Jumps* sind ein wunderbares Mittel, um die Beinachsenstabilität bei dynamischen Bewegungen zu verbessern. Prinzipiell ist es eine simple Bewegung.

Man springt von einem Bein auf das andere und versucht, dabei seitlich eine gewisse Distanz zurückzulegen. Wichtig ist es hierbei, sauber zu landen, die Kraft des Sprungs abzufedern und dann mittels eines neuen Impulses sich unmittelbar in die Gegenrichtung zu bewegen.

Hierbei trainieren wir die Energiespeicherung und -wiedergabe unserer unteren Extremität. Erschweren kann man sich die Übung, wenn man nach innen zieht, sodass man aktiv gegensteuern muss, um stabil zu landen und zu stehen.

Das gegengleiche Mitnehmen der Arme kann dazu beitragen, die Stabilität bei dieser Übung zu wahren. Durch ein kurzes Widerstandsband zwischen den Beinen, was die Knie nach innen zieht, kann zudem ein zusätzliches Training der Abduktoren erzwungen werden.

KETTLEBELL SNATCH

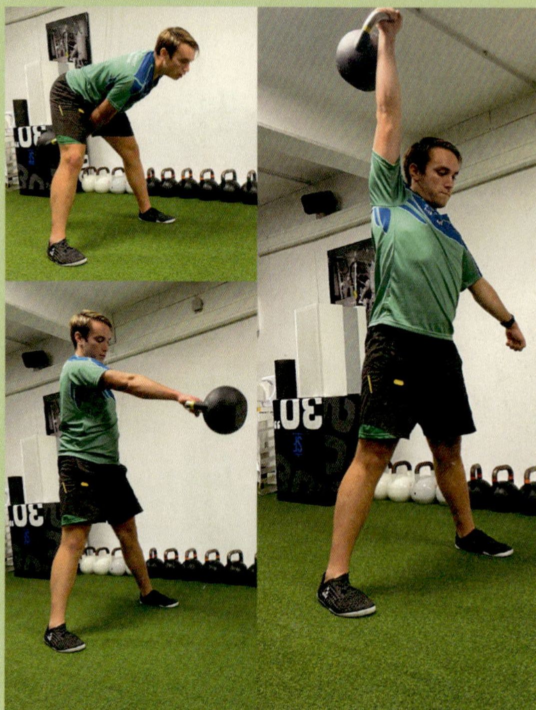

Abb. 34: Beschleunigung und Explosivität sind die halbe Miete.

Der *Kettlebell Snatch* entstammt derselben grundlegenden Bewegung, wie das Kreuzheben. Nur hier wird mit einer Kettlebell gearbeitet und das Ziel ist es, sie über den Kopf zu bekommen.

Das Ganze beginnt aus einem dynamischen Kettlebell Swing. Von hier aus muss ein verstärkter Impuls die Kettlebell vor den Körper befördern. Nun muss der Körper leicht unter die Kettlebell gebracht werden, der Arm umgreifen und sie nach oben stoßen.

Der Endpunkt der Bewegung ist mit dem gestreckten Arm über Kopf, an dem die Kettlebell seitlich ruht. Von hier aus wird sie nach vorne herabgeschwungen und aus dem Gegenpendel heraus direkt der nächste Snatch eingeleitet. Die Bewegung kann sowohl mit links als auch mit rechts ausgeführt werden.

Ziel ist es, einerseits den dynamischen Krafteinsatz der oberen Extremität zu trainieren, andererseits aber auch die Rumpfspannung während komplexerer Übungen zu lösen und wieder zu ihr zurückzufinden. Das Umsetzen in der Mitte der Bewegung erweist sich hier als kritischer Sticking-Point.

BOX JUMPS

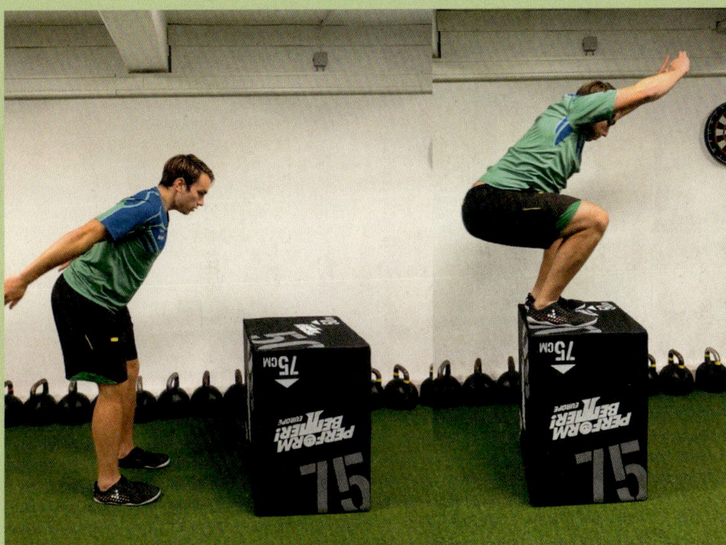

Abb. 35: Wichtig ist ein explosives Drücken.

Diese simple Sprungübung hilft dir dabei, deine *Rate of Force Development* (RFD) zu verbessern. Alles, was du brauchst, ist eine Erhöhung, auf die du draufspringen kannst.

Oftmals gibt es in modern eingerichteten Fitnessstudios Boxen aus Schaumstoff oder aus Holz in verschiedenen Höhen, die sich dafür eignen. Andernfalls reicht auch eine Mauer im Garten oder eine Bank. Der Fokus sollte zunächst darauf liegen, kräftig abzuspringen und sauber zu landen. Die Höhe der Box kann später variiert werden.

Wichtig ist auch, ob man einen Squat Jump, also einen Sprung aus einer leicht gehockten Position, ausführt, oder aber einen sogenannten *Counter-Movement-Jump*, bei dem die Arme und der Oberkörper eine Ausholbewegung ausführen.

HANGING LEG RAISE

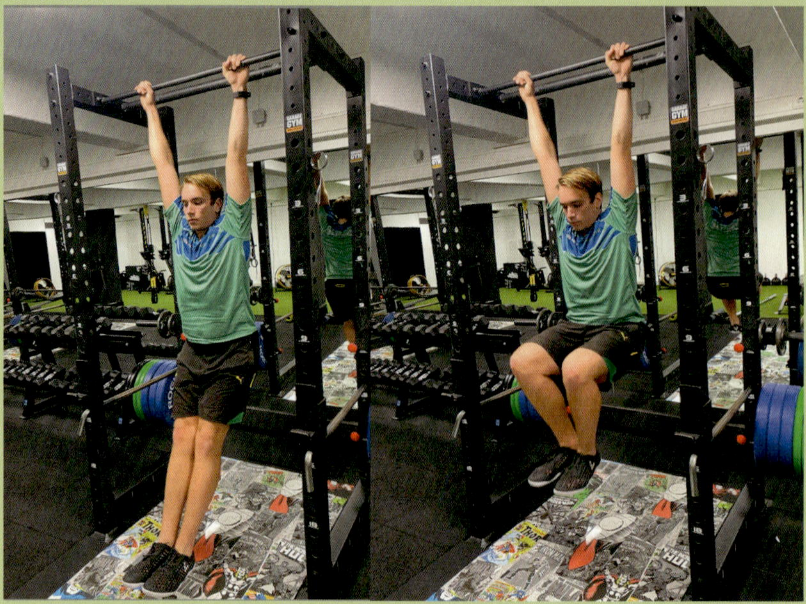

Abb. 36: Neben Rumpfspannung braucht es auch Griffkraft.

Zu guter Letzt gibt es noch eine Übung für die Rumpfmuskulatur, die Griffkraft und die Körperspannung.

Ausgangspunkt ist der tote Hang an einer Klimmzugstange oder an einem Gerüst. Von hier aus wird nun zunächst Spannung auf die Rumpfmuskulatur gebracht und die Hollow-Body-Position eingenommen.

Wenn man nun also mit einer leichten Bogenspannung hängt, fängt man an, die Knie oder die gestreckten Beine anzuheben. Wichtig ist hierbei, die Spannung im Körper beizubehalten.

Je nach Kraft und Körperspannung kann aus dieser Übung die Progression *Toes-to-Bar* werden, bei der die gestreckten Beine bis an die Klimmzugstange gebracht werden. Wie hoch die Beine auch immer kommen, wichtig ist, sie wieder langsam und kontrolliert abzulassen und stets die Hollow-Body-Position beizubehalten. Wichtig ist auch, unten nicht die Spannung zu verlieren, sondern kurz vor dem toten Hang anzuhalten und die Beine wieder nach oben zu führen.

JEFFERSON CURLS

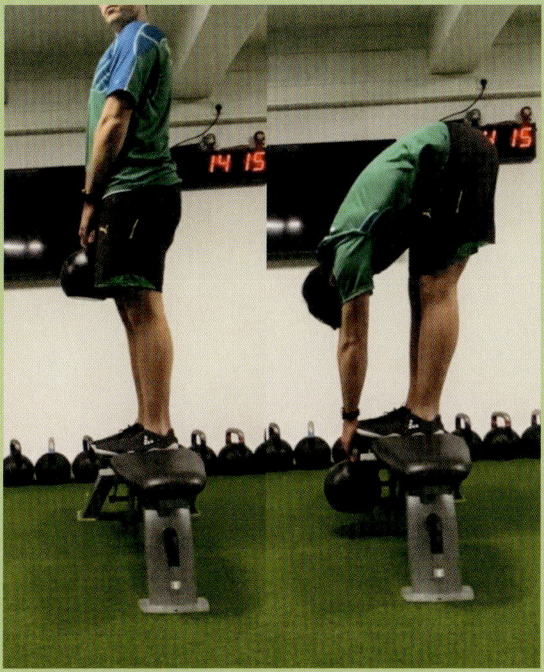

Abb. 37: Für diese Übung ist eine große Flexibilität in der Wirbelsäule Vorraussetzung.

Die *Jefferson Curls* sind eine Übung, bei der dich die meisten Trainer/Sportler für verrückt erklären werden, wenn du ihnen sagst, dass sie gut für den Rücken ist. Denn das Ziel der Übung ist es, die Wirbelsäule unter Last zu beugen.

Während man immer penibel beim Kreuzheben und andere Übungen darauf achtet, den Rücken gerade zu halten, *muss* hier der Rücken krumm werden. So schaffen wir es, die gesamte oberflächliche Rückenlinie zu fordern und auch zu trainieren und Spannung in einer gekrümmten Wirbelsäule zu behalten.

Achtung: Jefferson Curls sollten nicht bei bestehenden Rückenproblemen ausgeführt werden. Und auch, wenn dein Rücken vollkommen gesund ist, solltest du vorsichtig damit beginnen – am besten ohne Zusatzgewicht.

Vom aufrechten Stand, mit Gewicht in den Händen, wird langsam die Wirbelsäule eingerollt. Zunächst die Halswirbelsäule, dann die Brustwirbelsäule, dann die Lendenwirbelsäule, bis es schließlich nicht mehr weiter nach unten geht. Danach geht es in umgekehrter Reihenfolge wieder nach oben.

BANKDRÜCKEN

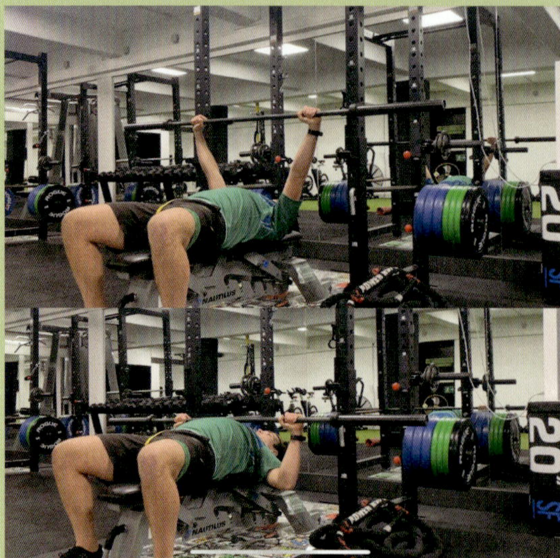

Abb. 38: Bankdrücken ist der Prototyp des Krafttrainings.

Das Bankdrücken ist ebenso wie das Kreuzheben und die Kniebeuge eine Grundübung aus dem Kraftdreikampf. Diese Verbundübung ist ein horizontales Druckmuster, welches Brust-, Oberarm- und Schultermuskulatur gleichermaßen fordert.

Ausgangsposition ist ein funktionales Hohlkreuz. Die Beine sind fest auf dem Boden aufgestellt, die Wirbelsäule leicht überstreckt und die Schulterblätter werden aktiv in die Bank gedrückt. Aus dieser Position wird die Langhantel aus der Halterung gehoben und über die Schultern gebracht. Nun wird sie langsam und kontrolliert zum Brustkorb abgesenkt und von dort wieder über die Schultern gebracht.

Die Kraftkurve sollte leicht bogenförmig sein, ähnlich wie ein auf dem Kopf stehendes „J". Über der Brust geht es recht gerade nach oben, doch biegt gegen Ende die Bewegung in Richtung der Schultern ab, sodass sie über diesen zum Ende der Bewegung kommt.

Wichtig ist, dass die Schulterblätter als Anker die ganze Zeit auf der Bank fixiert bleiben und nicht mit nach vorne gehen, wenn wir die Stange hochdrücken. Ebenso sollten die Handgelenke die ganze Zeit über gerade sein und nicht nach hinten abknicken.

Entgegen der alten Trainingslehre sollen die Füße die gesamte Zeit auf dem Boden bleiben und den Körper stabilisieren. Über das Bein wird also die gesamte Zeit ein leichter Druck in den Boden ausgeübt, um stabil zu liegen.

DIPS

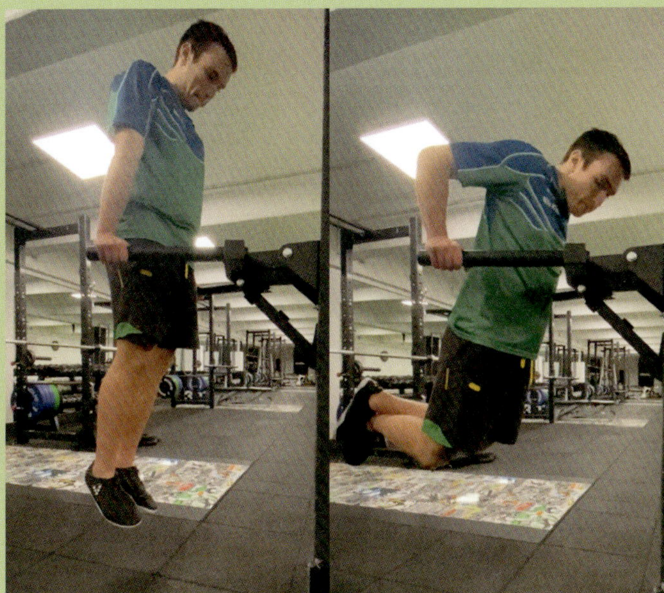

Abb. 39: Dips zeigen gut das Verhältnis von Oberkörperkraft zu Gewicht auf.

Die *Dips* sind eine sehr anspruchsvolle vertikale Druckübung mit dem eigenen Körpergewicht. Ausgangsposition ist der Stütz über einem Parallelbarren oder einem Dip-Gestell (geübte Sportler können sich auch am Dip in Gymnastikringen versuchen).

Von hier wird der Körper langsam nach vorne unten abgesenkt, während die Arme sich langsam beugen. Bei einem Winkel im Ellbogen von etwa 90 Grad ist der tiefste Punkt der Bewegung erreicht, von hier aus wird sich durch die Kraft der Armstrecker und der Brustmuskulatur wieder nach oben gedrückt.

Wichtig ist, darauf zu achten, dass die Ellbogen nicht nach außen wegbrechen, sondern eng am Körper nach hinten weggehen.

PALLOF PRESS

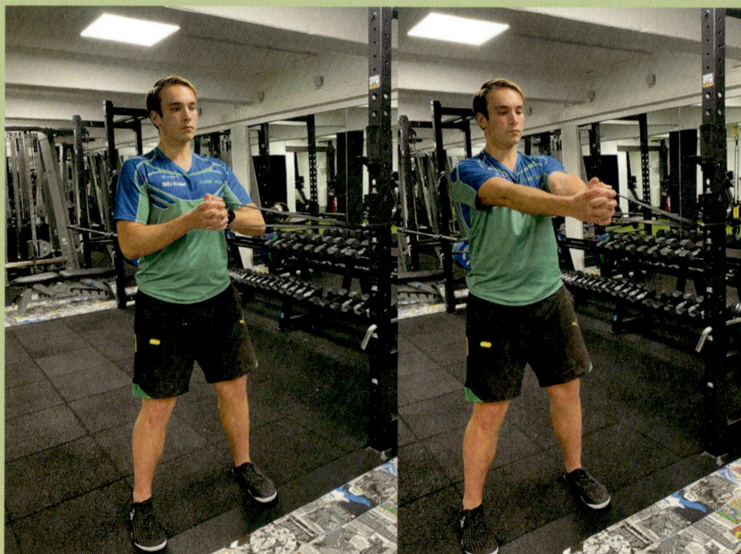

Abb. 40: Im ersten Moment sieht die Übung einfach aus, doch wenn man sie probiert, ist sie meist schwerer als gedacht.

Die *Pallof Press* dient der Stabilisierung der Spirallinie. Hier trainieren wir die seitliche und schräge Bauchmuskulatur, indem wir uns die Hebelwirkung zunutze machen. Wir befestigen ein Widerstandsband seitlich von uns an einem Pfosten oder an einem sonstigen festen Gegenstand.

Wir nehmen nun das Band in beide Hände und halten es direkt vor der Brust. Von hier aus gehen wir zur Seite, bis wir einen gewissen Zug auf dem Band haben. Nun strecken wir die Arme in einer geraden Linie vor uns aus, sodass der Hebelarm des Bandzugs verlängert wird. Anschließend ziehen wir das Band langsam wieder zu uns heran.

FACE PULL

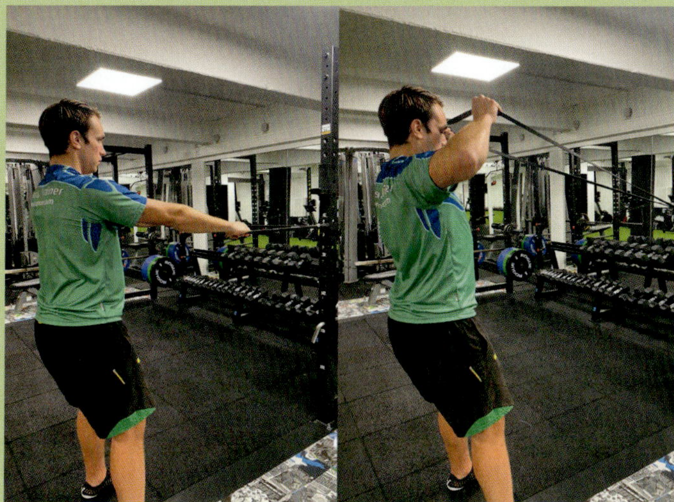

Abb. 41: Hier erzielen wir die so wichtige Außenrotation der Schulter.

Der *Face Pull* hat seinen Namen daher, dass man das Band zum Gesicht zieht. Er funktioniert sowohl mit Widerstandband als auch mit Seil am Kabelzug. Jedoch finde ich persönlich das Widerstandsband etwas schöner, da wir hier eine ansteigende Kraftkurve haben. Je mehr Spannung auf dem Band ist, desto mehr Widerstand haben wir.

Diese Übung ist eine sehr gute Stabilitätsübung für die Schulter, da wir hier die Außenrotation trainieren, die sonst oft etwas zu kurz kommt.

Wir starten mit gestreckten Armen und bringen nun die Schulterblätter nach hinten und die Ellbogen nach außen, von hieraus lassen wir die Ellbogen unten und drehen die Schultern so, dass die Hände mitsamt des Bands nach oben in Richtung Nasenbein gehen. Wenn das Band das Nasenbein berührt, haben wir den Endpunkt der Bewegung erreicht. Von hier aus lassen wir Hände langsam wieder nach vorne.

HIGH BAR BACK SQUAT

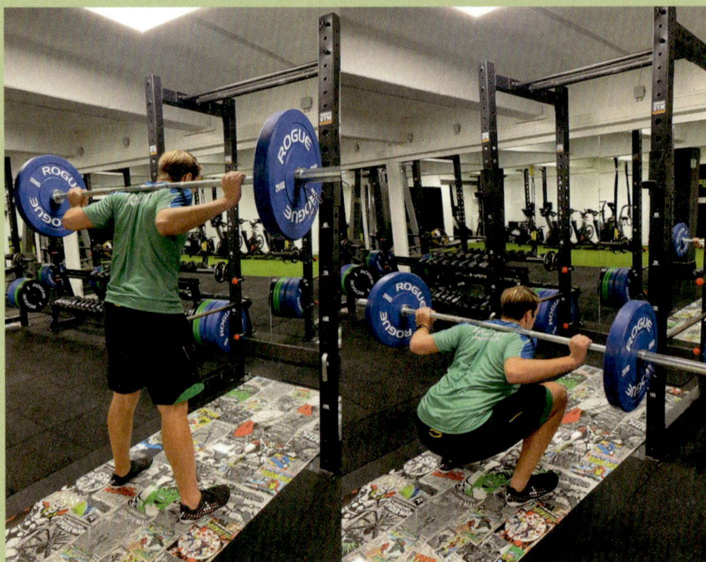

Abb. 42: Kniebeugen gibt es in allen Farben und Formen, aber diese hier ist besonder geeignet für Läufer.

Die Kniebeuge ist eine elementare Grundübung im Krafttraining. Diese Variation nennt sich *High Bar Back Squat*. *High Bar* bezeichnet die Ablage der Langhantel oberhalb der Schulterblätter auf der Nackenmuskulatur. *Back Squat* bedeutet, dass die Hantel hinter dem Körper gehalten wird und nicht vor dem Körper.

Durch diese Stangenablage ist die Ausgangsposition ein aufrechter Stand mit leicht vorgebeugtem Oberkörper. Aus dem schulterbreiten Stand wird nun das Gesäß nach hinten geschoben und abgesenkt, bis die Hüfte auf derselben Höhe oder tiefer als die Knie ist.

Wichtig ist hierbei, eine stete Spannung im Rumpf aufrecht zu halten und die Knie nach außen zu schieben, sodass sie ungefähr auf einer Linie mit den Fußspitzen bleibt.

Achtung: Die Knie *dürfen* über die Fußspitzen hinausgehen. Das alte Ammenmärchen, dass es schädlich für die Knie sei, wenn man diese mystische Grenze passiert, hält sich hartnäckig. Fakt ist, dass die Scherkräfte im Knie bei einer Beugung von 90 Grad am höchsten sind, aber darunter wieder abnehmen. Allerdings ist es keineswegs schädlich, das Knie so zu belasten, solange man Kontrolle und Spannung beibehält und das Gewicht nicht überproportional steigert.

In der folgenden Tabelle findet sich eine Auflistung der verschiedenen Übungen und welches Bewegungsmuster sie jeweils bedienen. Wenn man also sein eigenes Trainingsprogramm zusammenstellen möchte, sollte man von jedem Bewegungsmuster mindestens eine Übung integrieren.

Um langfristige Anpassungen zu erzielen, sollte die Übungsauswahl regelmäßig angepasst werden (circa alle 4-8 Wochen), wobei einzelne Übungen durch andere desselben Bewegungsmusters ersetzt werden sollten. Denn nur durch immer neue Trainingsreize wird eine fortwährende Anpassung erzielt.

Tab. 3: Übungsliste

Übungsart	Übung 1	Übung 2	Übung 3	Übung 4	Übung 5
Hüft-dominant	Kreuzheben	Jefferson Curl	Kettlebell Snatch		
Knie-dominant	Dragon Squat	Bulgarian Split Squat	High Bar Back Squat		
Zug-muster	Renegade Row	Tripod Row	Klimmzug	Face Pull	
Druck-muster	Bankdrü-cken	Dips			
Rumpf-übung	Kettlebell Pull Through	Tippy Twist	Pallof Press	Dragon Flag	Hanging Leg Raise
Plyometrie	Box Jumps	Skater Jumps	Kettlebell Snatch		

Beispieltrainingsplan für die Kraftausdauer

Beim Kraftausdauertraining sollte man ein Gewicht wählen, dass sich anfangs fast zu leicht anfühlt. Im Laufe von 20 Wiederholungen wird es schon recht schwer. Hier kann man durchgängig mit einem recht leichten Gewicht zwei Sätze à 20 Wiederholungen machen. Die Pause zwischen den Sätzen sollte in etwa 30-60 Sekunden betragen.

Tab. 4: Beispieltrainingsplan Kraftausdauer

Übung	Sätze	Wiederholungen	Intensität
Kettlebell Snatch	2	20	50 %
Bulgarian Split Squat	2	20	50 %
Renegade Row	2	20	50 %
Bankdrücken	2	20	50 %
Pallof Press	2	20	50 %
Skater Jumps	2	20	50 %

Beispieltrainingsplan Maximalkraft

Beim Maximalkrafttraining sollte man ein recht hohes Gewicht wählen, welches man nur unter großer Anstrengung bewegen kann. Hier legt man den Fokus auf ein bis maximal zwei Übungen, die man maximal schwer trainiert, während man die anderen Übungen etwas leichter, dafür aber mit mehr Wiederholungen trainiert.

Hier sollte die Pause zwischen den Sätzen mindestens 2-3 Minuten betragen (echte Powerlifter machen sogar Pausen von fünf Minuten und länger).

Tab. 5: Beispieltrainingsplan Maximalkraft

Übung	Sätze	Wiederholungen	Intensität
Kreuzheben	3	3	90 %
High Bar Back Squat	3	3	90 %
Tripod Row	4	8	80 %
Bankdrücken	4	8	80 %
Dragon Flag	4	8	80 %
Box Jumps	4	6	85 %

5.3 NO-GOS IM KRAFTTRAINING FÜR LÄUFER

Ich habe lange genug im Fitnessstudio gearbeitet, um zu wissen, was dort für grauenvolle Dinge mit dem menschlichen Körper angestellt werden. Deswegen möchte ich in diesem Abschnitt davor warnen, was man nicht machen sollte, wenn man sich einen gesunden und funktionierenden Körper erhalten möchte.

Maschinen

Kein Fitnessstudio ohne Maschinen? Das stimmt in gewisser Weise. Diese Metallmonster haben ihre Daseinsberechtigung. Sie bieten einen guten Einstieg in das spezifische Krafttraining und erlauben es einem, die kinästhetische Wahrnehmung zu verbessern. Doch bitte ich inständig darum, dass alle Nicht-Bodybuilder den Anteil dieser Geräte in ihrem Training so gering wie möglich halten. 20 Prozent oder weniger sollten sie zum Krafttraining beitragen.

Maschinen nehmen dem Körper die Arbeit ab, auf ein stimmiges Zusammenspiel der Muskeln zu achten, indem sie den Rest des Körpers im Gerät verankern. Außerdem geben sie den Trainierenden den Bewegungsablauf vor, ohne dabei die individuelle Anthropometrie mit einzubeziehen, treu nach dem Prinzip „One Size Fits All".

Um die Systemintegrität zu bewahren und um das Training so zielnah wie möglich zu halten, sollte man sich auf Übungen mit möglichst vielen Freiheitsgraden und ohne Führung fokussieren und alles andere hinten anstellen.

Fitness-Hipster-Gehampel

Das Internet und Social Media sind gute Quellen für eine Vielzahl von Informationen, doch wenn es um Übungen für das Krafttraining geht, dann sind Instagram®, Facebook®, TikTok® und Co. die wohl denkbar schlechtesten Quellen für Inspiration. Das Problem hier ist, dass jeder – unabhängig von seiner Erfahrung, seiner Qualifikation oder generell irgendeiner Ahnung von der Materie – hier alles posten darf, was er möchte.

Problematisch ist vor allem, dass viele Influencer ihre Reichweite nutzen, um irgendwelche halbgaren Programme an den Mann zu bringen. Vor allem sollte man nicht glauben, dass Reichweite gleichzusetzen ist mit Expertise. Namhafte Größen im World Wide Web haben oft keinerlei Qualifikationen im Sportbereich, obwohl sie mit Übungsvideos und Trainingsprogrammen ihr Geld verdienen.

Die meisten Leute, die diese Plattformen mit qualitativ hochwertigem Content versorgen, habe leider keine große Reichweite, weil ihr Content nicht algorithmusgerecht ist, da er keine Quickfixes und keine einfachen Lösungen bietet. Einige wenige Ausnahmen bieten hier Leute wie Leon Victor Staege, Natacha Océan, Dale Kientopf oder auch Andrew Huberman.

Grundsätzlich aber gilt: Kopiere nichts wild aus dem Internet oder Social Media, sondern überlege erst, welchen Sinn das Ganze hat und halte gegebenenfalls Rücksprache mit deinem Trainer oder mit jemandem, der wirkliche Qualifikationen vorweisen kann.

Im Großen und Ganzen unterliegt die gesamte Branche dem Problem, dass es viel zu viele schlecht bis zu unzureichend ausgebildete „Trainer" gibt, die alle meinen, sie haben die Weisheit mit Löffeln gefressen. Viel nicht Erwiesenes ist im Umlauf und man sollte nicht auf jeden Kasper reinfallen.

Im Zweifelsfall sollte man immer bei den Basics bleiben und sich auf die Grundübungen Kreuzheben, Bankdrücken, Kniebeuge, Rudern, Klimmzüge und Schulterpresse verlassen.

TEIL II: IN KÜRZE

Laufen als Kraftanforderung:

- Der Core ist die Zentrale, aus der die Energie generiert wird.
- Ohne Core-Stabilität ist Kraft in den Extremitäten witzlos.
- Die Rate of Force Development ist essenziell.
- Die untere Extremität dient als Motor.
- Extension ist essenziell.
- Das flüssige Zusammenspiel ist die Grundlage für Effizienz.
- Krafttraining ist der Grundstein für körperliche Leistungsfähigkeit.
- Professionelle Instruktionen sind essenziell für effektives Krafttraining.
- Als Läufer sollte man sich eher auf komplexe Grundübungen verlassen als auf Isolationsübungen.
- Krafttraining ist individuell.

AUFGABE

Überlege dir, welche Körperpartien du kräftigen solltest und stelle dir entsprechend ein Training mit 6-10 Übungen zusammen.

TEIL III: MOBILITY

6 LAUFEN ALS BEWEGLICHKEITS-ANFORDERUNG

Beweglichkeit ist die Fähigkeit, Bewegungen mit großer bzw. optimaler Schwingungsweite der Gelenke auszuführen. Mobility ist die Beweglichkeit des Gelenks, kombiniert mit der Fähigkeit, diese Range of Motion (= Bewegungsreichweite; kurz: ROM) aktiv auszunutzen und in ihr Kraft zu entwickeln.

Deswegen sprechen wir im Folgenden auch nicht von passiver Beweglichkeit, sondern von aktiver Mobility. (Im Englischen ist es leichter, diese Begriffe zu differenzieren, da Beweglichkeit im Englischen Flexibility heißt.)

Ein Klischee, das oft bei Läufern auftritt, ist, dass sie steif und ungelenkig sind. Doch warum sieht man dies so häufig? Laufen ist eine zyklische Sportart, die daraus besteht, immer dieselben Bewegungsabläufe in einem festen Zyklus abzuspulen. Dies führt dazu, dass wir immer dieselbe Spannung und dieselbe Länge auf unseren Muskeln und Sehnen haben. Sie gewöhnen sich daran.

Dadurch, dass nahezu kein anderer Bewegungsradius mehr benötigt wird, kann der Prototypläufer diesen auch nicht mehr nutzen und wird unbeweglich.

Doch wie lösen wir dieses Problem?

Wir können nicht ändern, dass wir nur einen begrenzten Bewegungsradius im Lauftraining benutzen. Diese sehr geringe Spannweite sorgt dafür, dass wir kaum andere Radien nutzen können. Und es sorgt auch dafür, dass der Radius, den wir beim Laufen nutzen, immer kleiner, ergo unser Laufstil schlechter wird.

Wir müssen also aktiv dagegen arbeiten und außerhalb des Lauftrainings bewusst andere Bewegungsradien nutzen, trainieren und aufarbeiten. Hierbei spielt sowohl Kraft- als auch Beweglichkeitstraining eine große Rolle.

Das Krafttraining hat einen starken Einfluss auf unser Nervensystem durch die hohen Lasten, die wir bewegen. Wenn wir also Kniebeugen machen, dann nutzen wir einen anderen Bewegungsradius als beim Laufen. Wenn wir sie dann auch noch schön tief und mit entsprechend Gewicht machen, dann brennt sich dieser Bewegungsumfang in unser Nervensystem ein und wir werden in Zukunft auch noch schöne, tiefe Kniebeugen machen können.

Das Beweglichkeitstraining sorgt dafür, dass wir überhaupt wieder unser Bewegungsausmaß vergrößern. Indem wir an der Grenze der Beweglichkeit ansetzen, schaffen wir es, hier Stück für Stück beweglicher zu werden. Hier geht es um mehr als nur passives Dehnen.

6.1 DIE HÜFTE

Als Läufer ist unser Hauptmotor die Hüfte. Deswegen ist für den Läufer Mobilitytraining vor allem im Bereich der Hüfte erforderlich. Nur wenn dieses Gelenk optimal funktioniert, können wir gut laufen. Sie ist es auch, die hauptsächlich in Mitleidenschaft gezogen wird, wenn wir steif und unbeweglich werden.

Die Hüfte hat sechs Freiheitsgrade[51]:

- Flexion (Beugung),
- Extension (Streckung),
- Abduktion,
- Adduktion,
- Innenrotation und
- Außenrotation.

Beim Laufen brauchen wir hauptsächlich die Flexion und Extension, da wir uns nach vorne und nicht zur Seite bewegen. Jedoch sollten wir die anderen vier Freiheitsgrade nicht ignorieren, da sie für die reflexive Stabilität der Beine verantwortlich sind. Dadurch, dass wir im Laufen nur zwischen Flexion und Extension wechseln, verkümmern die anderen Bewegungsrichtungen der Hüfte recht schnell, sodass Läufer gut darin beraten sind, sich intensiv um diese Ebenen zu kümmern.

6.2 DIE WIRBELSÄULE

Die Wirbelsäule ist das Zentrum aller Bewegungen. Aus ihr entspringen alle Nerven und von ihr aus entsteht jede Bewegung – und doch wird sie oft vernachlässigt. Doch beim Laufen brauchen wir sie mehr denn je, denn sie muss einerseits stabil sein und die Stöße abfangen, die beim Laufen auf unseren Körper wirken können, anderseits muss sie sich frei bewegen können, damit sie sich in ihrer natürlichen Doppel-S-Form begeben kann.

Sie besteht nicht aus einem Gelenk, sondern aus 33-34 einzelnen Wirbeln, zwischen denen jeweils eine gelenkige Verbindung liegt. Sie kann sich ähnlich wie eine Schlange in jede erdenkliche Richtung beugen, strecken, drehen und winden. Ihre Bewegungsmöglichkeiten sind vielfältig, jedoch sollten wir sie nicht bis zum Limit ausreizen.

Es gibt in der Wissenschaft gegenläufige Strömungen, was die Bewegungen der Wirbelsäule angeht. So sagt Dr. Stuart McGill, Professor an der University of Waterloo und Experte für die Biomechanik der Wirbelsäule, dass man sie am besten gar nicht beweglich halten sollte, sondern lieber nur stabil.[19] So stellt er immer wieder in Frage, ob Beweglichkeit in der Wirbelsäule wirklich ein Indikator für ihre Gesundheit darstellt. Grenier, Russel und McGill (2003) haben beispielsweise den Sit-and-Reach-Test als ungeeignet für die Feststellung von Rückengesundheit bezeichnet[25].

Die andere Strömung hingegen, vertreten durch Personen wie Ido Portal, ist der Meinung, wir sollten unsere Wirbelsäule so beweglich wie möglich halten. Spinal Waves gilt hier als die Zauberübung schlechthin. Sie hält jeden Wirbel geschmeidig und sorgt für grenzenlose Beweglichkeit.

Nun kann sich jeder selbst entscheiden, welcher dieser Strömungen er folgen möchte. Eines haben sie jedenfalls beide gemeinsam: Die Wirbelsäule sollte stabil sein können und man sollte ein gewisses Maß an Stabilitäts- und auch etwas Beweglichkeitstraining für sie absolvieren.

6.3 DIE BRUSTWIRBELSÄULE

Ein Teil der Wirbelsäule, der zweifelsohne sich bewegen sollte, ist die Brustwirbelsäule. Denn ihre Bewegung beeinflusst die Fähigkeit des Schulterblatts, auf unseren Rippen zu gleiten. Und nur, wenn es richtig gleiten kann, dann können wir unsere Schulter ohne Bewegungseinschränkungen von A nach B und von B nach C bewegen[52].

Beim Laufen hat die Brustwirbelsäule neben der Bewegung des Schultergelenks noch eine weitere wichtige Funktion.

Wenn wir uns an die Bewegung der Hüfte und des Beckens beim Laufen erinnern, dann wird uns klar, dass die Rotation des Schultergürtels gegengleich zur Rotation des Beckens stattfindet. Diese Verwringung des Torsos sorgt dafür, dass wir keine Muskelenergie zum Ausgleich der Beckenrotation aufbringen müssen.

Sie funktioniert allerdings nur, wenn die Brustwirbelsäule frei ist und gut rotieren kann, weswegen wir diese Fähigkeit im Beweglichkeitstraining unterstützen sollten.

6.4 DAS SPRUNGGELENK

Als Letztes widmen wir uns dem Sprunggelenk beziehungsweise den Sprunggelenken, denn wir Menschen besitzen zwei Sprunggelenke: das untere Sprunggelenk (USG) und das obere Sprunggelenk (OSG).

Das OSG ist für die Beugung und Streckung verantwortlich und sorgt bei der Dreifachstreckung dafür, dass wir uns energisch vom Boden abdrücken können. Das USG hingegen ist für den lateralen und medialen Ausgleich verantwortlich.[52]

Nun ist wohl jedem klar, dass auch das Sprunggelenk eine gewisse Beweglichkeit braucht. Letzten Endes brauchen wir eine gewisse Flexion und Extension. Wenn wir landen, muss sich das Sprunggelenk weit genug beugen können, damit wir optimal die Kraft abfangen. Beim Abdruck brauchen wir genügend Streckung, um uns optimal nach vorne zu treiben, deswegen sollten wir beide Bewegungsrichtungen in unser Beweglichkeitstraining mit einbinden.

7 DER FUNDAMENTAL SCREEN NACH FROBÖSE ZUR BESTIMMUNG DER KÖRPERLICHEN FÄHIGKEIT

Anstatt hier für jede einzelne Gliedmaße einen Beweglichkeits- und Krafttest aufzuführen, dient der **Fundamental Screen** einer universalen Funktion. Der Fundamentaltest ist ein grobes Ermittlungstool, um zu bestimmen, inwiefern der Sportler in der Lage ist, seinen Körper zu kontrollieren. Die folgenden 10 Übungen sind Teil des Fundamental Screens:

1. die Knie bewusst beugen;
2. krabbeln;
3. kontrolliertes Vorwärtsrollen;
4. Rolle um die Längsachse;
5. sicher in den Stütz kommen;
6. Sprint mit Richtungswechsel;
7. bewusstes Fußfedern;
8. Kontrollierter Niedersprung;
9. Ganzkörperstütz, statisch und dynamisch sowie
10. Weitsprunglandung mit Selbsteinschätzung.

Für jede dieser Übungen werden nachher Punkte zwischen 0-3 vergeben, sodass man nachher ein quantifizierbares Ergebnis hat, dessen man sich im folgenden Trainingsprogramm bedienen kann. Wiederholt man diesen Test mehrfach, so kann man gut erkennen, ob sich die fundamentalen Bewegungsfertigkeiten des Körpers verbessert haben oder nicht. Die Punktzahl von maximal 30 Punkten gibt hier eine gute Aussage darüber.[37]

Dennoch ist es wie fast alle Screeningverfahren nicht perfekt. Es unterliegt subjektiven Einflüssen und man braucht dazu einen akkuraten Beobachter, der sich das Ganze anschaut (oder man nimmt sich auf Video auf, was ich gerne tue, da ich fast immer alleine trainiere).

DIE KNIE BEWUSST BEUGEN

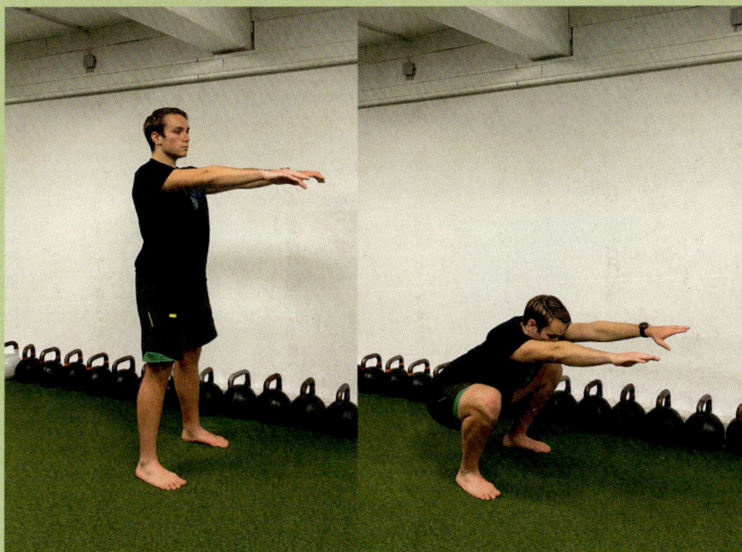

Abb 43: Kontrolliert und langsam wird sich in die Hocke abgesenkt.

Aus dem schulterbreiten Stand heraus wird eine bewusste Kniebeuge ausgeführt. Achte darauf, dass der Rücken während der Bewegung gerade bleibt.

- Null Punkte - es entstehen Schmerzen bei der Ausführung.
- Ein Punkt - eine 90-Grad-Kniebeuge mit geradem Rücken und stabilisierter Wirbelsäule ausführen.
- Zwei Punkte - eine tiefe Kniebeuge mit abgehobenen Fersen ausführen.
- Drei Punkte - eine tiefe Kniebeuge mit abgelegten Fersen ausführen.

KONTROLLIERTES KRABBELN

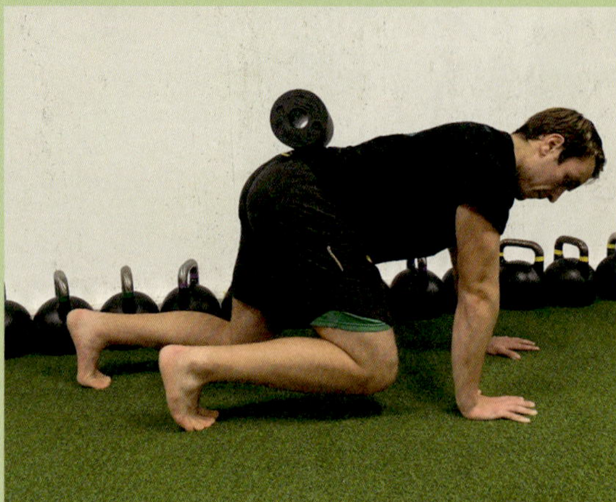

Abb. 44: Krabbeln ist nicht so einfach wie es aussieht, auf die Körperspannung kommt es an.

Im Vierfüßlerstand werden die Knie wenige Zentimeter vom Boden abgehoben. Eine Plastikflasche oder Faszienrolle wird auf den unteren Rücken gelegt. Der Blick geht nach unten und loskrabbeln.

- Null Punkte - es entstehen Schmerzen bei der Ausführung. Es ist nur Passgang möglich.
- Ein Punkt - es wird ein alternierendes Krabbeln mit den Knien auf den Boden und sichtbarer Beckenrotation (die Faszienrolle fällt herunter) ausgeführt.
- Zwei Punkte - es wird ein alternierendes Krabbeln auf den Knien mit geringer Beckenrotation (die Faszienrolle bleibt liegen) ausgeführt.
- Drei Punkte - es wird ein alternierendes Krabbeln ohne Kniekontakt und ohne wesentliche Beckenrotation (die Faszienrolle bleibt liegen) ausgeführt.

KONTROLLIERTES VORWÄRTSROLLEN

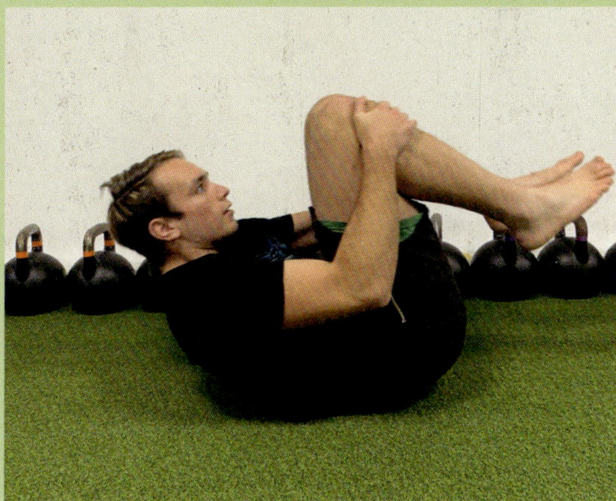

Abb. 45: Eingekrümmt wie Gregor Samsa muss sich auf dem Rücken vor und zurück gerollt werden.

Auf den Rücken liegend, werden die Knie zur Brust gezogen, der Rücken rundet sich ein. Die Hände sind unterhalb der Knie. Nur wird auf dem Rücken langsam vor und zurück gerollt.

- Null Punkte – es entstehen Schmerzen bei Ausführung und/oder es ist keine Rollbewegung erkennbar.
- Ein Punkt – es entsteht eine unrunde Rolle ohne Auf- und Abrollen der Wirbelsäule. Es erfolgt kein Rollen bis in den Sitz.
- Zwei Punkte – ein langsames Auf- und Abrollen ist möglich bis in den Sitz.
- Drei Punkte – ein langsames Auf- und Abrollen bis in die tiefe Hocke ist möglich.

ROLLEN UM DIE LÄNGSACHSE

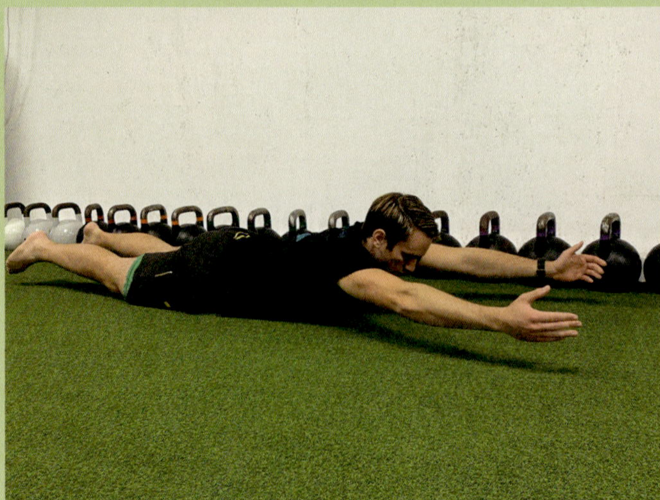

Abb. 46: Wie ein Baumstamm muss man sich rollen.

Aus der Bauch- oder Seitenlage soll einmal um die eigene Achse gerollt werden, ohne mit den Beinen oder Armen Schwung zu holen. Arme und Beine bleiben während der gesamten Übung gestreckt.

- Null Punkte – es entstehen Schmerzen bei der Ausführung und/oder es ist keine Rollbewegung erkennbar.
- Ein Punkt – die Längsrolle ist nur mit Schwung und/oder unter Zuhilfenahme der Arme und/oder Beine möglich.
- Zwei Punkte – die Längsrolle erfolgt ohne Schwung, aber mit Zuhilfenahme der Arme.
- Drei Punkte – die Längsrolle erfolgt ohne Schwungholen mit frei schwebenden Beinen und Armen.

SICHER IN DEN STÜTZ

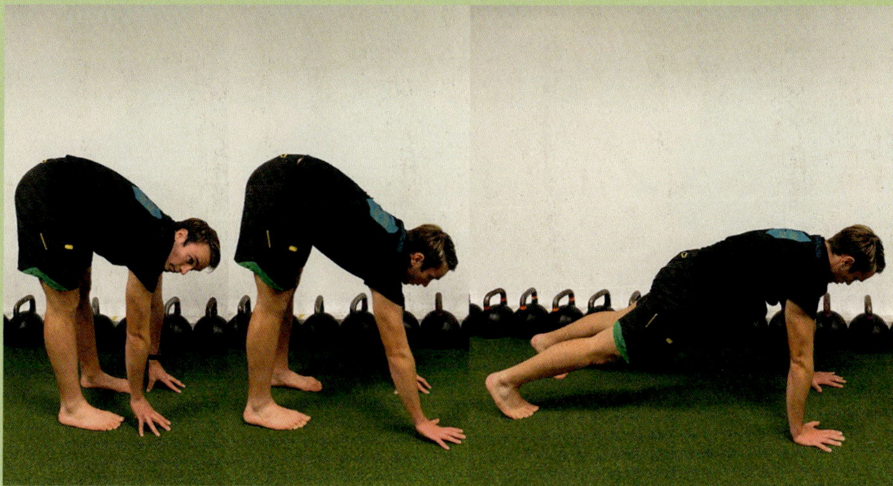

Abb. 47: Körperspannung und Kraft werden bei dieser Übung gleichermaßen benötigt.

Aus dem hüftbreiten Stand werden die Hände in Richtung Boden geführt. Mit den Armen wird nun nach vorne gelaufen, bis man die Liegestützposition erreicht hat. Der Stütz sollte ohne Durchhängen im Rücken, mit angespanntem Gesäß oder Einfallen in der Schulter gehalten werden.

- Null Punkte - es entstehen Schmerzen bei der Ausführung oder der Stütz ist nicht erreichbar.
- Ein Punkt - es lassen sich mehr als zwei Haltungsfehler beim Stütz erkennen.
- Zwei Punkte - der Stütz wird mit geringen Ausweichbewegungen erreicht.
- Drei Punkte - der Stütz wird ohne Ausgleichsbewegung erreicht.

SPRINT MIT RICHTUNGSWECHSEL

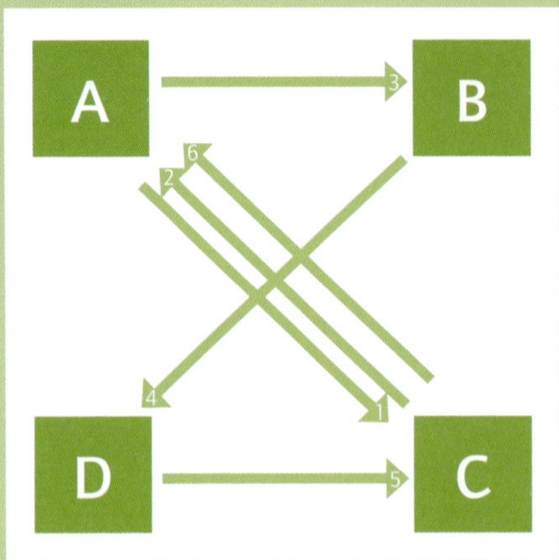

Abb. 48: Nicht die Orientierung verlieren.

Vier Gegenstände dienen als Eckpunkte jeweils im Abstand von 5-10 Metern. Dann sprintest du von A zu C (1). Dort erfolgt eine Drehung um 180 Grad; Sprint zurück zu A (2). Im Seitgalopp zu B (3), diagonal zu D (4); Seitgalopp zu C (5) und von C rückwärts zu A (5).

- Null Punkte - es ist nur langsames Gehen möglich.
- Ein Punkt - es ist nur ein Sprint ohne Seitgalopp und/oder ein Rückwärtssprint möglich.
- Zwei Punkte - es ist ein Sprint mit Seitgalopp und/oder ein Rückwärtssprint möglich.
- Drei Punkte - es ist ein Sprint mit Seitgalopp und/oder ein Rückwärtssprint möglich mit dynamischer Drehung

BEWUSSTES FUSSFEDERN

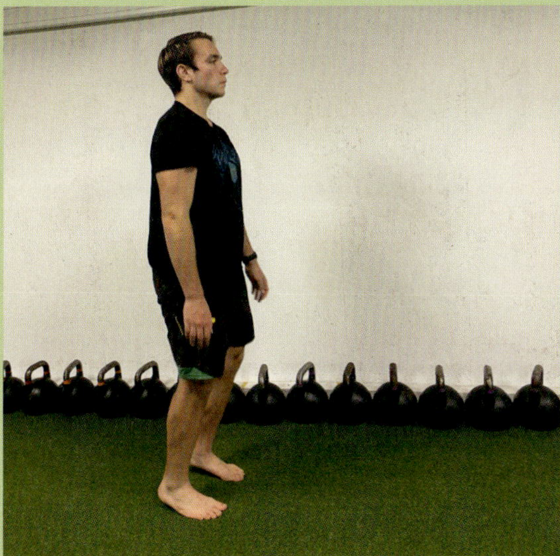

Abb. 49: Kräfte generieren und Abfangen ist wichtig im Laufen.

Aus geradem, hüftbreitem Stand wird in den Sprunggelenken gefedert. Die Fersen sollen dabei nicht den Boden berühren. Wenn das gut klappt, kann man es einbeinig probieren.

- Null Punkte - es entstehen Schmerzen bei der Ausführung. Es ist kein Federn erkennbar.
- Ein Punkt - es erfolgt ein beidbeiniges Fußfedern.
- Zwei Punkte - es erfolgt ein einbeiniges Fußfedern.
- Drei Punkte - es erfolgt ein beidbeiniges Fußfedern nach dem Herabspringen von einem Hocker.

KONTROLLIERTER NIEDERSPRUNG

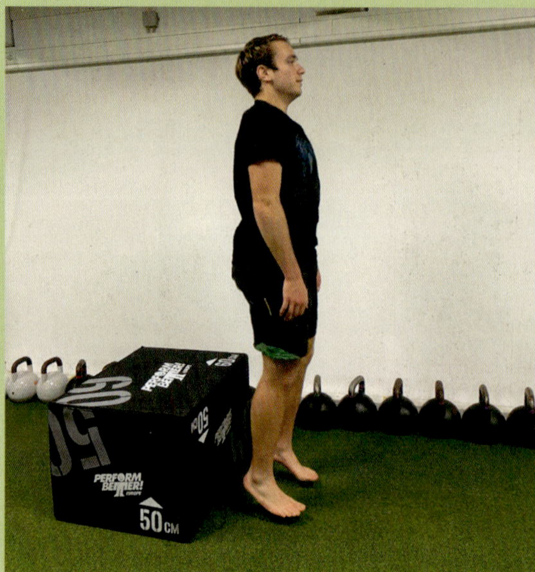

Abb. 50: Feinmotorik ist hier erforderlich.

Beim Niedersprung von einem Kasten oder einem Hocker soll versucht werden, sanft auf dem Vorfuß zu landen. Die Fersen berühren nicht den Boden. Knie und Sprunggelenk sollen die Landung abfedern („exzentrische Kontrolle").

- Null Punkte – es entstehen Schmerzen bei der Landung und/oder es ist kein Federn erkennbar.
- Ein Punkt – es ist nur eine beidbeinige Landung ohne exzentrische Kontrolle möglich.
- Zwei Punkte – es ist nur eine beidbeinige Landung mit exzentrischer Kontrolle möglich. Es folgt eine tiefe Hocke als Ausgleichsbewegung.
- Drei Punkte – eine beidbeinige Landung mit exzentrischer Kontrolle ist möglich, aber keine tiefe Hocke.

GANZKÖRPERSTÜTZ, STATISCH UND DYNAMISCH

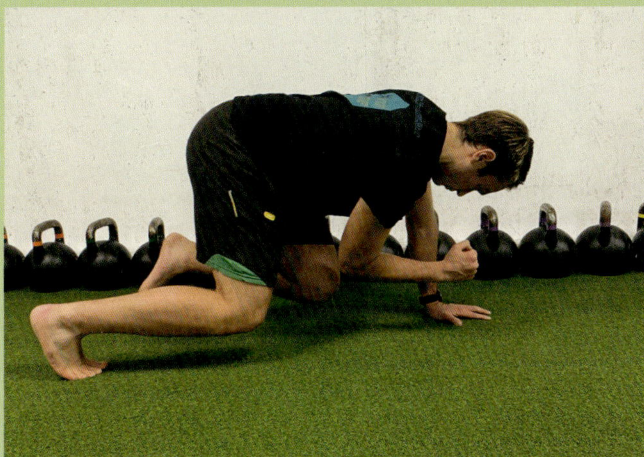

Abb. 50: Reflexive Stabilität in allen Extremitäten ist wichtig, um die Spannung zu halten.

Aus dem Vierfüßlerstand wird ein Bein und ein Arm in der Diagonale angehoben und ausgestreckt, sodass sie eine Linie mit dem Rücken bilden. Nun werden Knie und Ellbogen unter der Körpermitte zusammengeführt.

- Null Punkte – es entstehen Schmerzen bei Ausführung und/oder es ist kein Stütz erkennbar.
- Ein Punkt – im Vierfüßlerstand ist ein Abheben von einem Arm und/oder einem Bein möglich.
- Zwei Punkte – ein Abheben von Arm und Bein ist möglich. Zudem kann das andere Knie abgehoben werden.
- Drei Punkte – ein Abheben von Arm und Bein ist möglich, zudem kann das andere Knie vom Boden gelöst werden. Die freien Extremitäten können unter dem Rumpf zusammengeführt werden.

WEITSPRUNG MIT SELBSTEINSCHÄTZUNG

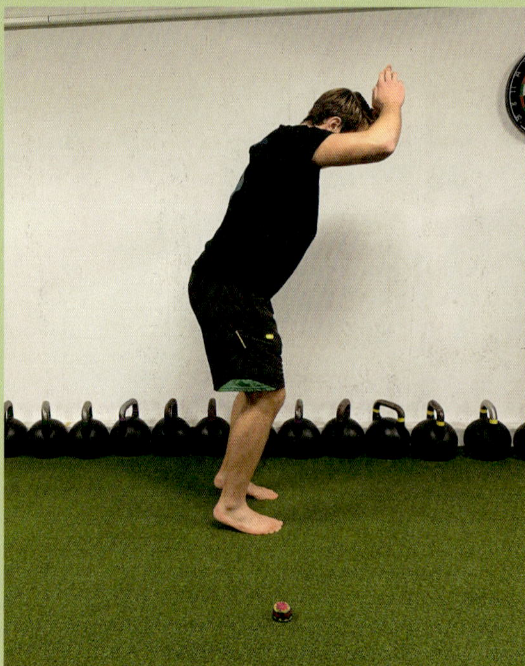

Abb. 51: Nicht möglichst weit springen, sondern präzise so weit springen, wie nötig.

Man setzt sich eine Markierung, wie weit man springen möchte und stellt sich dann entsprechend entfernt davon auf. Aus der Hocke springt man mit beiden Beinen ab und federt leichtfüßig beim Aufkommen ab. Die Fersen berühren nicht den Boden.

- Null Punkte – es entstehen Schmerzen bei der Ausführung und/oder es ist kein richtiges Landen und Abstoppen möglich.
- Ein Punkt – es ist kein sanftes Abfedern möglich.
- Zwei Punkte – das Ziel wird nicht getroffen, aber der Körper bleibt stabil; ein sanftes Abfedern erfolgt.
- Drei Punkte – es erfolgt eine präzise Landung auf dem Ziel sowie ein sanftes Abfedern aus den Sprunggelenken, ohne weiter in die Knie zu gehen.

7.1 AUSWERTUNG

Wenn wir nun alle 10 Testübungen absolviert haben, können wir das Ergebnis quantifizieren, indem wir alle Punkte zusammenzählen und aus der Summe ableiten, wie fit wir sind.

- **30-25 Punkte = sehr gute Körpergrundlagen**
- **25-20 Punkte = gute Körpergrundlagen**
- **20-15 Punkte = befriedigende Körpergrundlagen**
- **15-10 Punkte = schwache Körpergrundlagen**
- **< 10 Punkte = schlechte bis kaum ausgeprägte Körpergrundlagen**

Die absolute Zahl gibt uns eine grobe Einschätzung, wie es um unseren Körper bestellt ist, aber ebenso relevant ist die Entwicklung. Wenn wir regelmäßig Mobilitytraining und Krafttraining absolvieren, sollten wir den Test in regelmäßigen Intervallen wiederholen (1-3 Monate), um analysieren zu können, ob und was sich verbessert.

Hierbei können wir einerseits die Entwicklung der Summe betrachten, die eine vage Aussage über unsere körperliche Verfassung gibt, andererseits sollten wir aber auch die Übungen im Blick behalten, bei denen wir null oder einen Punkt erreicht haben, da hier offensichtlich ein Defizit vorliegt, welches zum nächsten Test aufgehoben werden sollte. Hier sollte man speziell sein Augenmerk drauflegen. Schwachstellen im Gesamtsystem des Körpers sollten nicht auf die leichte Schulter genommen werden, sondern langfristig ausgemerzt werden.

Mehr zum Thema Test/Re-Test, wie man das Ganze sinnvoll in den Trainingsplan einbindet und welche Lektionen man daraus mitnehmen kann für die eigene Trainingskonzeption findet ihr im kommenden Kapitel 15 zur Evaluation. Nachdem in den vorangegangenen Kapiteln oft nur einzelne Übungen und Trainings dargestellt wurden, wird in Teil 6 die eigene Konzeption des Trainings als Gesamtheit erläutert.

8 MOBILISATION

Unser Körper ist stets um größtmögliche Effizienz bemüht und funktioniert nach dem Prinzip **USE IT OR LOSE IT**. Was wir nicht benutzen, verlieren wir. Dies bemerkt man sehr gut am Bewegungsausmaß unserer Gelenke. Wenn wir längere Zeit nicht den vollen Bewegungsumfang nutzen, dann fängt er an, abzubauen und wir werden immer steifer.

Deswegen ist es umso wichtiger, regelmäßig Mobilisationen einzubauen, um das volle Bewegungsausmaß zu erhalten, oder aber das Bewegungsausmaß zu verbessern. Für uns Läufer spielt hier natürlich die Hüfte eine bestimmende Rolle, ebenso wie die Brustwirbelsäule. Die folgenden Übungen ermöglichen eine generalisierte Mobilisation dieser Körperpartien und sollten am besten *täglich* durchgeführt werden.

10-15 Minuten Beweglichkeitstraining am Tag haben einen weitaus größeren Effekt auf unsere Beweglichkeit und unser Nervensystem, als einmal die Woche uns intensiv zu dehnen für zwei Stunden. Deswegen ist mein Appell an jeden Läufer, sich 10-15 Minuten in seiner täglichen Routine zu suchen, um zumindest ein kurzes Beweglichkeitstraining zu implementieren. Sei es morgens nach dem Zähneputzen, vor oder nach dem Krafttraining oder aber nach einer Laufeinheit. Der Zeitpunkt ist nicht so wichtig, relevant ist, dass es überhaupt regelmäßig stattfindet.

Grundfertigkeit Hocken

Naturvölker benutzen die tiefe Hocke heute immer noch als natürliche Ruheposition, während die Westeuropäer und ihre Nachkommen es sich auf Stühlen bequem machen. Vor einigen Jahren gab es einen Aufschrei in der Fitnessbranche.

Kelly Starret, einer der damals führenden Mobility-Experten, veröffentlichte seinen Bestseller *Sitzen ist das neue Rauchen* (Original-Titel: *Deskbound - standing up to a sitting world*), in dem er das Sitzen auf Stühlen per se verteufelte. Alle Welt fing an, zu hocken und sich fast asketisch zu dehnen. Stühle wurden entfernt und gesündere Alternativen gesucht. Stehschreibtische waren der Bestseller.

Nun, was hat das Ganze mit Hocken zu tun?

Die Hocke schien das Allheilmittel für die kaputtgesessenen Knie und die toten Sprunggelenke. Durch die Beugung der Sprunggelenke, Knie und Hüfte bis zum Anschlag sollte diese alles besser machen. Doch ich sage euch: Starret hatte nicht recht - zumindest nicht vollständig. Er hatte die richtigen Ansätze, doch er hatte die Thematik nicht vollends verstanden. *In dubio pro reo.*

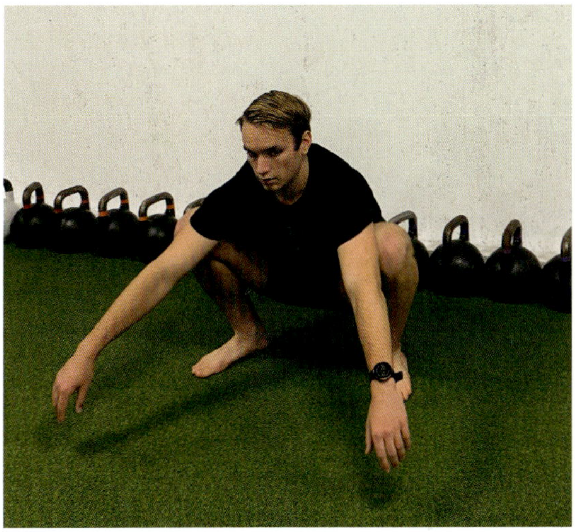

Abb. 52: Naturvölker speisen in dieser Position.

Sitzen ist nicht per se schädlich - der chronische Bewegungsmangel, der mit acht Stunden sitzen am Tag einhergeht, schon. Das Hocken ist hier nicht als permanente Alternative zum Sitzen zu sehen, sondern vielmehr als eine weitere Ruheposition und auch als elementare Grundfertigkeit. Wer nicht hocken kann, der hat ein massives Problem mit seinem Körper und sollte dringend daran arbeiten.

Hocken sollte als Übung immer ins Training eingebaut werden. Sprunggelenk, Kniegelenk und Hüftgelenk werden hier an die knöcherne Grenze der Beweglichkeit gebracht - und die Bewegung dorthin ist ein wichtiger neuromuskulärer Stimulus.

Lektion zum Mitnehmen: Lerne, wieder zu hocken und dann nutze es, so oft du kannst.

MOBILISATION 1: WORLD GREATEST STRETCH

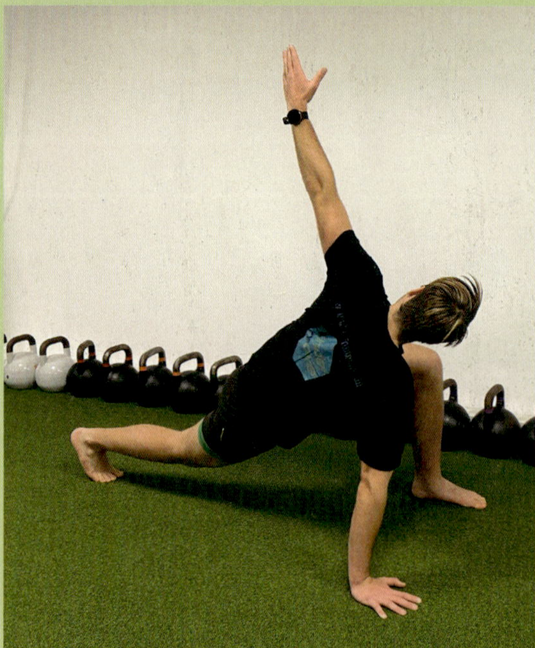

Abb. 53: Die Hüft bekommt hier alles, was sie braucht.

Der sogenannten *World Greatest Stretch* ist optimal, um unsere vom Laufen verkürzte Muskulatur wieder auf Länge zu bringen. Neben dem Hüftbeuger und der Oberschenkelrückseite wird auch die Brust aufgedehnt und gleichzeitig die Brustwirbelsäule und das Hüftgelenk mobilisiert.

Wir platzieren uns in einem weiten Ausfallschritt. Mit der gegenüberliegenden Hand zum vorderen Bein stützen wir uns jetzt auf dem Boden auf, sodass wir das Knie am Brustkorb positionieren. Von hier aus drehen wir uns mit der freien Hand nach oben auf, sodass unsere Brust jetzt zum vorderen Bein zeigt, während die Arme zueinander einen 180-Winkel-Winkel bilden sollten.

MOBILISATION 2: COUCH STRETCH

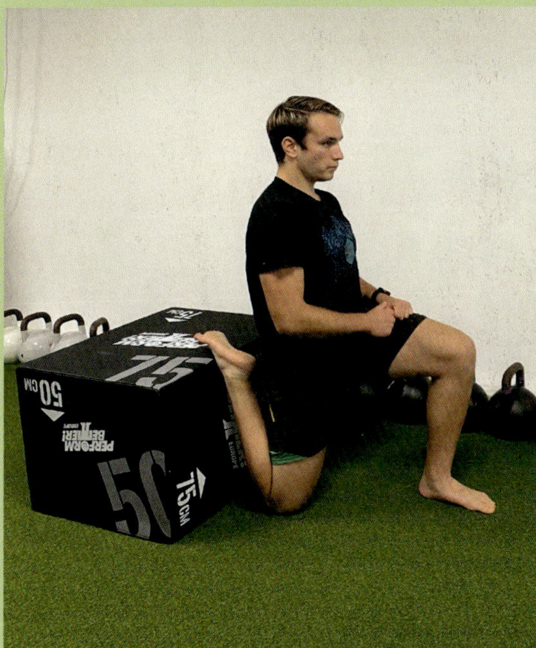

Abb. 54: Besonders abends auf der Couch zu empfehlen

Der *Couch Stretch* hat seinen Namen daher, dass er an einer Couch entwickelt wurde – alternativ ist aber jedwede Erhöhung geeignet, um den vorderen Oberschenkel aufzudehnen. Es geht sogar an einer Wand. Wichtig ist nur, dass der hintere Fuß erhöht liegt und das Knie, so weit es geht, gebeugt ist.

Nun strecken wir vorsichtig die Hüfte und öffnen damit die Vorderseite der Hüfte sowie die Oberschenkelvorderseite. Bei der fortgeschrittenen Variante heben wir zusätzlich noch den Arm auf der gleichen Seite, um noch mehr Spannung auf die Muskelkette zu geben. Das Ganze halten wir bis zu einer Minute und machen es pro Seite zweimal.

MOBILISATION 3: DOWNWARD UND UPWARD DOG

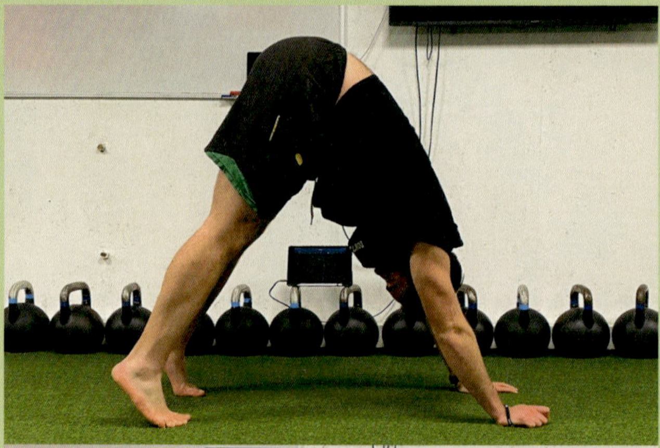

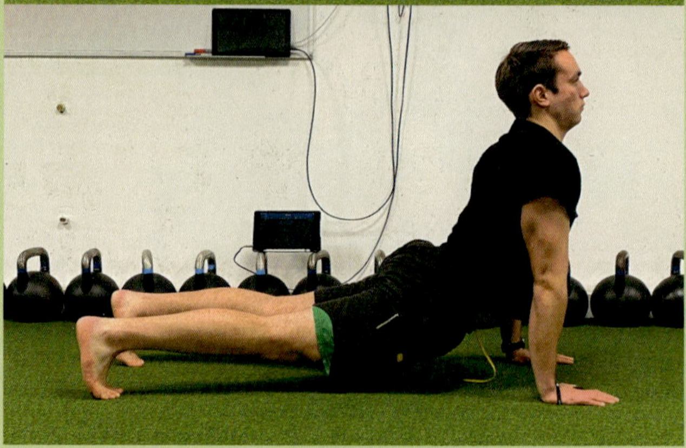

Abb. 55: Yogis kennen diese Übung.

Zur Mobilisation der Wirbelsäule benutzen wir diese beiden Haltungen aus dem Yoga. Im *Downward Dog* berühren Hände und Füße den Boden, während das Gesäß den höchsten Punkt bildet.

Von hier aus können wir den Körperschwerpunkt nach vorne verschieben und das Becken in Richtung Boden fallen lassen. Nun schieben wir den Brustkorb nach vorne, drücken uns kräftig mit den Armen aus dem Boden heraus, sodass wir in eine starke Überstreckung der Wirbelsäule geraten.

Von hier aus können wir durch ein Heben des Beckens wieder in den *Upward Dog* gelangen.

MOBILISATION 4: 90/90-SEAT-ROTATION

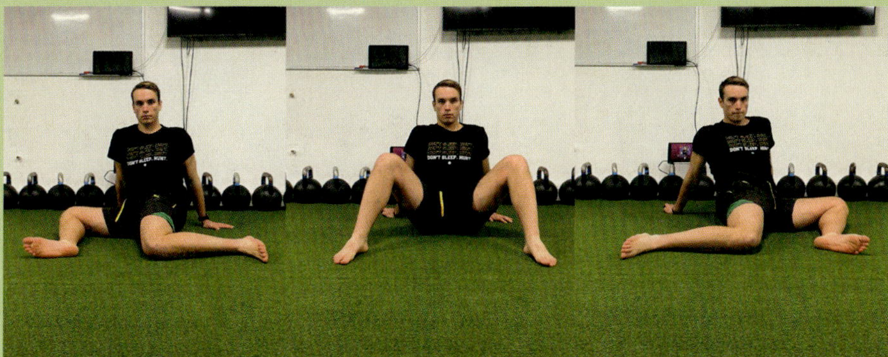

Abb. 56: Rechtwinkel in allen Extremitäten

Beim *90/90-Sitz* geht es darum, dass wir in sitzender Position die Beine im 90-Grad-Winkel zueinander ablegen, wobei wir gleichzeitig 90 Grad im Kniegelenk halten wollen.

Nun lösen wir das vordere Knie vom Boden und drehen es herüber, während sich das hintere Knie auch langsam vom Boden löst. Der Endpunkt der Bewegung ist erreicht, wenn wir in genau gespiegelter Position wieder in den Sitz kommen.

Diese Übung mobilisiert wunderbar das Hüftgelenk, da wir hier kaum durch Ausgleichsbewegungen kompensieren können. Die langsame Rotation trainiert die sonst oft vernachlässigte Innen- und Außenrotation der Hüfte.

BONUS: Z-SITZ

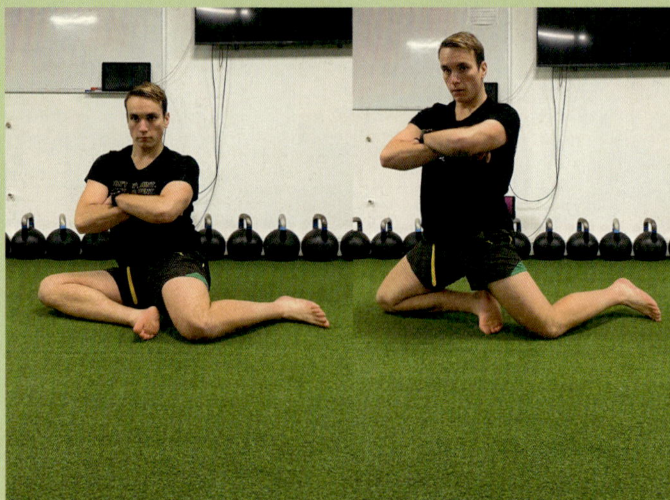

Abb. 57: Die Steigerung von 90/90

Der *Z-Sitz* ist in entferntem Sinne eine Steigerung des *90/90-Sitzes*, da wir hier die Rotation nutzen, um unser Körpergewicht in eine Art Kniestand zu befördern.

Der Unterschied in der Ausgangsposition ist, dass die Kniewinkel spitzer als 90 Grad sind, sodass der Fuß des vorderen Beins fast am Oberschenkel des hinteren Beins anliegt. Durch eine aktive Rotation in der Hüfte beider Beine wird das Gesäß nun vom Boden abgehoben und die Hüfte gestreckt.

Aus diesem Kniestand senkt man das Gesäß langsam wieder ab und rotiert zur anderen Seite und wiederholt den „Aufsteh"-Prozess.

Diese Auswahl an Übungen dient dazu, genau die Muskulatur, die durch den Alltag und das Laufen insbesondere oft „verkürzt" bzw. hypertonisch ist, wieder geschmeidiger zu machen und vor allem Verletzungen vorzubeugen.

Verkürzung in dem Sinne, wie oft von ihnen gesprochen wird, ist eine irreführende Bezeichnung. Muskeln und Sehnen können nicht ohne Operation kürzer werden, sondern nur die Spannung auf ihnen verändert sich. Meist ist nur zu viel Spannung auf den jeweiligen Muskeln und sie lassen sich nicht mehr entsprechend in die Länge ziehen.

Deswegen sollte man auch keine Angst haben, dass man durch Mobilitätstraining die Muskeln zum Reißen bringt, sondern lediglich davor, dass die Muskeln wegen zu hoher Spannung die Beweglichkeit verlieren. Optimalerweise kann man diese Übungen nach dem Laufen zum Abwärmen durchführen, um noch einmal die beanspruchte Muskulatur durchzubewegen und Spannungen, die eventuell beim Laufen entstanden sind, wieder von ihr zu nehmen.

Neben diesen Übungen kann das Rollen mit einer Faszienrolle/Blackroll über verspannte oder stark beanspruchte Muskulatur Linderung verschaffen. Mittlerweile ist zwar bewiesen, dass sie keinen funktionellen Nutzen haben und die Faszien nicht wieder geschmeidig machen, aber sie sorgen für eine kurzzeitig erhöhte Mobilität und eine Verbesserung der Regenerationsfähigkeit des Muskels. Somit hilft sie uns, uns besser von hartem Training zu erholen und kann bedingt helfen, wenn wir direkt im Anschluss an unserer Beweglichkeit arbeiten.[35]

TEIL III: IN KÜRZE

- Beweglichkeit plus Kontrolle im Endbereich der Bewegung verbessert die Mobility.
- Mobility in der Hüfte ist wichtig, vor allem für die Flexion und Extension.
- Auch die Rotation sowie die Ab- und Adduktion ist ebenfalls wichtig.
- Die Aufrichtung und die neutrale Stellung der Wirbelsäule ist essenziell, diese Beweglichkeit sollte gegeben sein.
- Stabilität und Mobilität sollte im gesunden Maße für die Wirbelsäule gegeben sein.
- Die Rotationsfähigkeit der Brustwirbelsäule ist essenziell für den Läufer.
- Führe den Fundamental Screen durch und lerne deine Schwachstellen kennen.
- Das Beweglichkeitstraining sollte in kleinen Dosen täglich erfolgen.

AUFGABEN

Werte deine Ergebnisse des Fundamental Screens aus und notiere, an welchen Schwachstellen du arbeiten solltest!

Hast du das Gefühl, du bist unbeweglich oder steif? Überlege, wann du in deinen Alltag Beweglichkeitstraining einbauen kannst!

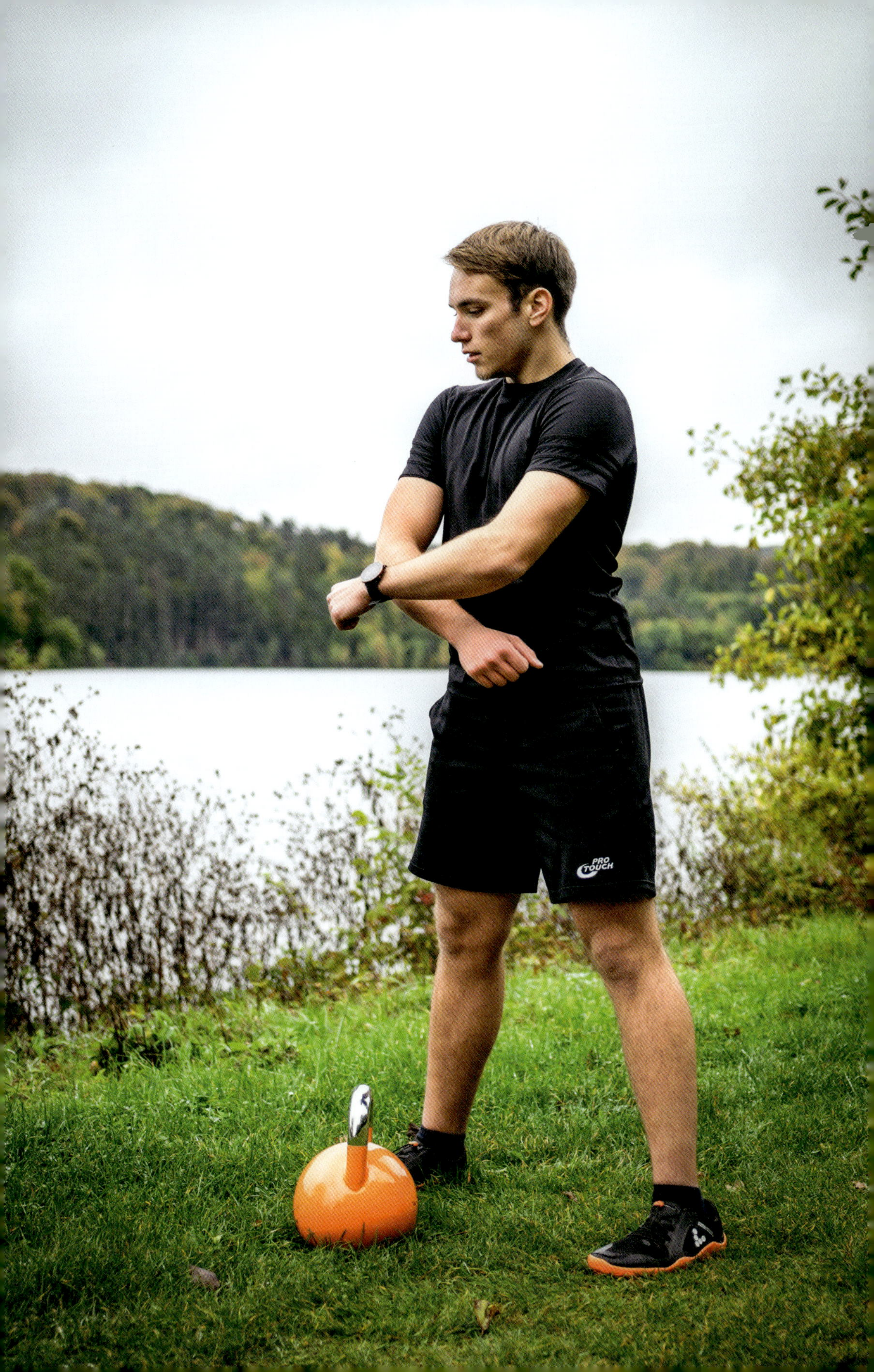

TEIL IV: TENSEGRITY

9 TENSEGRITY

Es gibt einen Grund, warum das Element Kraft immer so intensiv wie möglich trainiert werden sollte. Es gibt auch einen Grund, warum der Fundamental Screen mehr überprüft als nur die schlichte Beweglichkeit.

Der Körper ist nämlich mehr als diese Summe seiner Bausteine. Er agiert immer in seiner Gesamtheit und nicht unabhängig von unserer Psyche und unserer Umwelt.

In diesem Kapitel wollen wir den Körper in seiner Gesamtheit betrachten und nicht mehr nur isoliert denken. Wer schon einmal ein Tensegrity-Modell gesehen hat, der weiß, dass es ein mehr oder weniger stabiles System nur aus Stäben und Gummibändern bildet. Es wird dadurch zusammengehalten, dass von überall dieselbe Spannung ausgeübt wird.

Tensegrity ist ein Kofferwort, zusammengesetzt aus *Tension* (Zugspannung) und *Integrity* (Ganzheit, Zusammenhalt). Damit kann aber keiner etwas anfangen. Es hilft, besser zu verstehen, was damit gemeint ist, wenn man weiß, dass es sich aus Spannung (Tension) und Integrität (Integrity) handelt, so ist es vielleicht besser als Spannungsintegrität oder auch als Systemintegrität zu verstehen. Nur wenn alle Spannung und somit das gesamte System integer ist, dann läuft unser Körper reibungslos.

Unsere Muskeln und Faszien sind das, was unseren Körper gegen die Schwerkraft aufrecht hält, indem sie auf unsere Knochen von allen Seiten Spannung ausüben. Beim menschlichen Körper ist es allerdings genauso, wie bei den Modellbauten. Wenn an einer Stelle die Spannung zu klein oder zu stark ist, dann wird das System aus dem Gleichgewicht geworfen. Sobald wir einmal im Ungleichgewicht sind, müssen wir aus anderen Bereichen mehr Spannung generieren - wir zwingen uns, unseren Körper ungleichmäßig zu belasten.

Das ist mit Abstand einer der häufigsten Gründe, warum wir uns verletzen. Im Ungleichgewicht belasten wir gewisse Partien mehr als andere. So ist es beim Laufen beispielsweise typisch, dass die Patellarsehne stärker belastet wird, weil die Gesäßmuskulatur zu wenig arbeitet. Die Folge? Knieprobleme. Es kann aber auch sein, dass die Ursache für Knieschmerzen eine steife Schulter ist oder aber eine gebückte Haltung.

Wie ist das möglich, dass die Schulter Knieprobleme bereitet?

Das lässt sich am besten am Modell der myofaszialen-Leitbahnen erklären - oder wie es im Original heißt: **Anatomy Trains.**

9.1 ANATOMY TRAINS NACH MEYERS

Der Anatomy-Trains-Ansatz nach Meyers ist modern und ist noch nicht zu 100 Prozent in der Wissenschaft anerkannt. Allerdings ist es eines der ersten Werke, die aufhören, die Muskeln isoliert zu betrachten, sondern die myo-faszialen Leitbahnen wahrnehmen und anwenden. [10]

Diese Leitbahnen erkennt man bei der Sektion des Körpers. Das Bindegewebe, dass unsere Muskeln umhüllt - auch *Faszien* genannt - hört nämlich nicht am Muskelansatz auf, sondern läuft weiter und mündet in den nächsten Muskel. Ein Muskel ist also keine abgeschlossene Einheit, sondern grenzt unmittelbar an den nächsten Muskel an. So entsteht ein starkes Netz, das unseren Körper ganzheitlich verbindet und das Zusammenspiel der einzelnen Muskelpartien ermöglicht.

Es ist ein fundamentaler Unterschied, ob man jeden unserer 600 Muskeln als einzelne isolierte Einheit betrachtet, oder aber erkennt, dass jeder von ihnen in einer Kette arbeitet. Es fordert vor allem auch in der Therapie zum Umdenken auf, da man sich durch diesen Ansatz auf die Ursache besinnen kann.

Wenn wir Muskeln isoliert betrachten, dann kann eine Überlastung in der Wade/Achillessehne theoretisch nur davon kommen, dass dieser Muskeln überlastet ist. Nach dem Konzept der myofaszialen Leitbahnen kann die Überlastung aber auch von jedem anderen Muskel in der oberflächlichen Rückenlinie kommen. Wir müssen also weiter denken im Fortlauf dieses Kapitels.

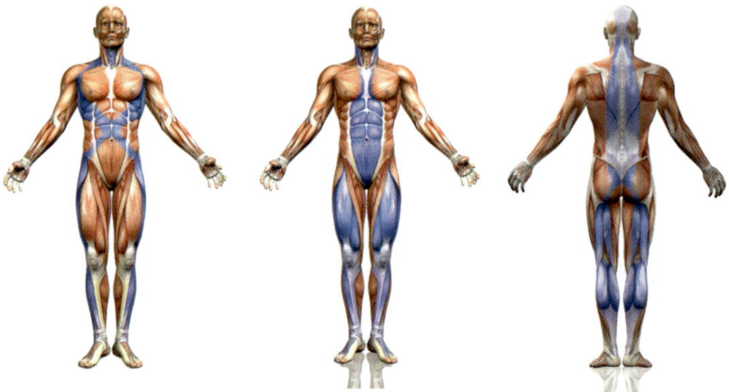

Abb. 58: Die drei wichtigsten der sieben Leitlinien nach Meyer

Meyer unterscheidet zwischen sieben essenziellen myofaszialen Leitbahnen:

1. **die oberflächliche Frontallinie,**
2. **die oberflächliche Rückenlinie,**
3. **die laterale Linie,**
4. **die Spirallinie,**
5. **die tiefe Rückenlinie,**
6. **die Armlinien und**
7. **die funktionalen Linien.**

Jede dieser Linien besteht aus mehreren Muskeln und Faszien, die miteinander verbunden sind. Die meisten dieser Linien führen vom Kopf bis zum Fuß, sodass die Kraft der Muskulatur vertikal durch unseren Körper geleitet wird.

Nun stellt sich die Frage, welche dieser Linien für den Läufer wichtig sind - und die Antwort liegt auf der Hand: alle.

Denn nur, wenn das myofasziale Netzwerk in seiner Gesamtheit funktioniert, dann funktioniert die Energiespeicherung und Wiedergabe (vgl. Newtonsche Axiome) optimal und wir laufen leicht wie eine Gazelle.

Es gibt keine Leitbahn, die wir komplett ignorieren sollten, allerdings kann man festhalten, dass sich die Laufbewegung überwiegend durch die Frontallinie und die Rückenlinien definiert, während die anderen Linien hier eine untergeordnete Rolle spielen.

Jedoch ist es extrem wichtig, sich mit dem Konzept vertraut zu machen. Wie bis hierhin vielleicht deutlich geworden ist, sollte der Körper immer als eine Einheit betrachtet werden. Natürlich kann man ihn in unterschiedliche Muskeln oder ähnliche Strukturen aufteilen. Meyers hat aber bewusst versucht, die Unterteilung aufzuheben und die Verknüpfung der einzelnen Muskeln in den Vordergrund zu stellen. Und wenn man diese Linie erkennt und ansieht, dann bemerkt man, dass man sie eigentlich schon immer gekannt hat.

Jegliche Bewegung und jedwedes Bewegungsmuster des Menschen basiert schließlich darauf, weswegen man ihre Bedeutsamkeit nicht unterschätzen sollte.

- Werfer benutzen die Spirallinie und Funktionallinie seit der Antike, ohne es zu wissen.
- Springer brauchen die Rückenlinien, um hoch und weit zu fliegen.
- Schwimmer benutzen die Armlinien, ohne aktiv darüber nachzudenken.
- Und was ist mit uns Läufern? Welche myofaszialen Leitbahnen benutzen wir, ohne es zu wissen?

Nun, die laterale Linie und die Spirallinie sorgen für die nötige Stabilität beim Laufen, damit wir nicht seitlich wegknicken. Für den Vortrieb brauchen wir die oberflächliche und tiefe Rückenlinie, aber auch die funktionalen Linien. Die Rückenlinien strecken unsere Gliedmaßen nach hinten. Die funktionale Linie bildet hier über die Querverbindung zwischen Latissimus und Gluteus einen weiteren Motor. Die oberflächliche Frontallinie dient hier dem Anziehen des Schwungbeins.

Es wird also ersichtlich, dass die meisten Linien sich hier an der Bewegung beteiligen. Dies macht klar, dass man zum Laufen nicht nur die Beine braucht. Als Läufer sollte man also nicht unterschätzen, was die restliche Muskulatur für einen Einfluss auf den Läufer hat.

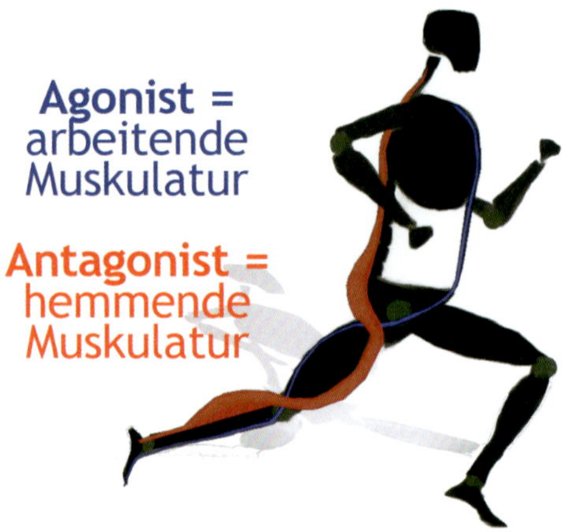

Abb. 59: Agonist und Antagonist stehen in steter Wechselwirkung.

Wenn wir uns die Agonisten (Spieler) und Antagonisten (Gegenspieler) beim Vortrieb anschauen, dann wird deutlich, dass die Agonisten fast komplett mit der oberflächlichen rückwärtigen Linie übereinstimmen. Somit sollte uns klar werden, dass die Kraft, die wir hier brauchen, nicht nur aus dem Oberschenkel kommt, sondern, dass wir die Kette insgesamt kräftigen sollten, um optimalen Vortrieb zu erzeugen.

Das bedeutet für uns, dass wir auch Kraft im Rücken und im Nacken brauchen, damit diese Leitbahn kraftvoll arbeiten kann.

Die Antagonisten sind im Wesentlichen die oberflächliche Frontallinie. Wir sollten diese Linie also beweglich und geschmeidig halten, damit wir optimal laufen können.

EXKURS: SERAPE-EFFEKT

Ein weiterer Effekt, der hier zum Einsatz kommt, ist der Serape-Effekt, welcher bei Schlagbewegungen besonders wichtig ist. Hierbei handelt es sich um das Kooperieren der Serratusmuskulatur mit der schrägen Bauchmuskulatur. Kaur, Ferreira und Bhannot (2020) haben untersucht, wie der Serape-Effekt bei Boxern zum Einsatz kommt. Sie stellten heraus, dass die muskuläre Aktivierung auf stabilem Untergrund wesentlich größer ist als die auf instabilem Untergrund.[28]

Der Serape-Effekt kommt beim Laufen in Form der Torsion des Oberkörpers zur Hüfte. Hier schiebt der Serratus die Schulter nach vorne und der Muculus obliquus externus dreht den Rumpf. Diese Rotation ist enorm wichtig, um die Ausgleichsbewegung des Oberkörpers zur Beinbewegung zu steuern. Wenn dieser Serape-Effekt bei uns ordnungsgemäß funktioniert, dann können wir durch einen guten Lastenausgleich viel Energie sparen.

Somit ist der Serape-Effekt also ein weiteres Muster beim Laufen, bei dem die Muskeln nicht einzeln arbeiten, sondern im Verbund als Muskelkette.

9.2 JOINT-BY-JOINT-APPROACH NACH BOYLE UND COOK[45][63]

Jetzt haben wir gelernt, wie die einzelnen Muskeln miteinander verknüpft sind und wie sie zusammenarbeiten, doch wenn wir den Körper in seiner Gesamtheit betrachten wollen, dann müssen wir alle Aspekte des Bewegungsapparats betrachten.

Der Joint-by-Joint-Approach nach Boyle und Cook gibt hier einen groben Leitfaden, welches Gelenke bzw. welche gelenkige Verbindung welche Funktionen im Bewegungsapparat einnimmt.[45]

Sie teilen alle Gelenke in zwei Kategorien auf:

Mobil und stabil.

Die *mobilen* Gelenke dienen der Bewegungsausführung. Sie zeichnen sich durch ziele Freiheitsgrade aus und sollten auch hauptsächlich mobilisiert werden.

Die *stabilen* Gelenke dienen der Absicherung der Bewegung. Sie zeichnen sich durch wenig Freiheitsgrade aus und sie sollten ihre Stabilität bewahren.

Von unten nach oben bilden diese Gelenke eine starke Kette, in der sich mobile und stabile Gelenke immer wieder ablösen. Doch eine Kette ist nur so stark wie das schwächste Glied.

Nun besagt der Joint-by-Joint-Approach, dass die Dysfunktion eines Gelenks – ergo ein steifes Gelenk, welches eigentlich mobil sein sollte oder aber ein instabiles Gelenk, welches stabil sein sollte – dazu führt, dass seine unmittelbaren Nachbargelenke dies kompensieren müssen.

So kann eine nicht ausreichend mobile Hüfte dazu führen, dass der untere Rücken – welcher eigentlich stabil sein sollte – nun mehr Beweglichkeit freigeben muss, um die Dysfunktion der Hüfte zu kompensieren, wodurch er nicht mehr ausreichend stabil ist. Dies kann auf Dauer zu Rückenschmerzen führen, obwohl die Ursache dafür woanders liegt.

Der Joint-by-Joint-Approach gibt uns also ein Werkzeug an die Hand, mit dem wir überprüfen können, ob unsere Systemintegrität stimmt und unsere Gelenke so funktionieren, wie sie sollten.

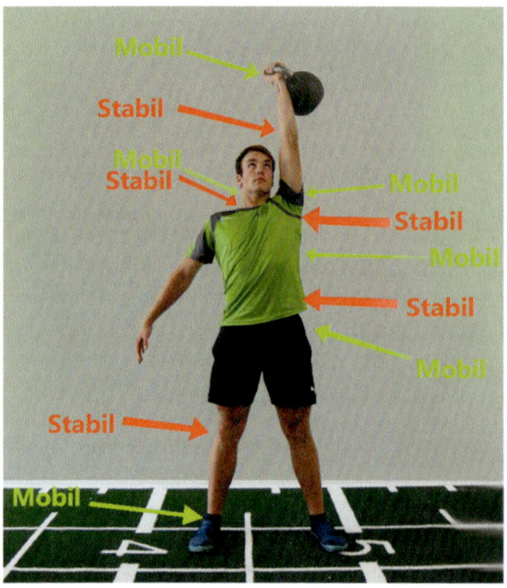

Abb. 60: Die Gelenke und ihre Funktionen

Tab. 6: Mobil und Stabil im Überblick

Folgende Gelenke sollten primär mobil sein:	Folgende Gelenke sollten primär stabil sein:
• Zehen, • Sprunggelenk, • Hüfte, • Brustwirbelsäule, • Halswirbelsäule und • Handgelenk.	• Fußgewölbe, • Knie, • Lendenwirbelsäule, • Halswirbelsäule, • Schulterblatt, • Ellbogen und • Handgewölbe.

Wir sollten also testen, ob alle Gelenke ihren Zweck erfüllen, so wie Boyle und Cook es sehen. Nach ihrer Ansicht rührt eine Überbelastung oder Schmerzen in einem Gelenk stets von einer Dysfunktion des Gelenks darüber oder darunter in der Kette her. So können Knieprobleme von einer unbeweglichen Hüfte oder einem steifen Sprunggelenk herrühren.

Dies unterstreicht wieder einmal die These, dass der Körper ganzheitlich miteinander verbunden ist. Jedes Gelenk hat eine indirekte Wirkung auf seine Nachbargelenke und dieses wiederum auf seine Nachbargelenke.

Eine steife Hüfte sorgt für eine Kompensation in der Lendenwirbelsäule. Diese Kompensation führt dazu, dass die Lendenwirbelsäule nicht mehr so stabil ist, wie wie sein sollte, weswegen die Brustwirbelsäule dieses Stabilitätsvakuum kompensieren muss. Ohne bewegliche Brustwirbelsäule wird es aber schwierig für die Schulterblätter und die Schulter.

Man sieht also, eine Kette ist nur so stark wie ihr schwächstes Glied. Deswegen kümmere dich um deine Systemintegrität und lasse keine Schwachstellen unberührt.

9.3 LOWER-CROSS-SYNDROM

Nun, wo wir die Grundprinzipien der Spannungsintegrität verstanden haben, nehmen wir uns einem weitverbreiteten Beispiel an, wie eine schlechte Spannungsintegrität zum Verlust an Leistung beim Laufen führen kann.[1]

Das sogenannte *Lower-Cross-Syndrom* beschreibt etwas komplexer das, was man in der Umgangssprache als Hohlkreuz bezeichnet. Kurz zusammengefasst, beschreibt das Hohlkreuz eine Hyperlordose der Lendenwirbelsäule, also eine zu starke Wölbung der Lendenwirbelsäule. Eine gewisse Wölbung im unteren Rücken ist vollkommen normal und auch wichtig, aber zu viel ist oft unpraktisch und das Zeichen falscher Spannungsverhältnisse.

Das Lower-Cross-Syndrom (LCS) erklärt die scheinbare Ursache dieser „Fehlstellung". Hier ist der lange Rückenstrecker (M. erector spinae) chronisch zu stark ebenso wie der Hüftbeuger (M. illiopsoas, M. rectus femoris). Hingegen ist der hüftstreckende Gesäßmuskel chronisch zu schwach (M. glutaeus maximus) ebenso wie die gerade Bauchmuskulatur (M. rectus abdominis). Wenn man nun mit einer Linie die beiden „zu starken" Muskeln und die beiden „zu schwachen" Muskeln verbindet, dann ergibt sich bildlich ein Kreuz, woher der Name dieses Syndroms kommt.

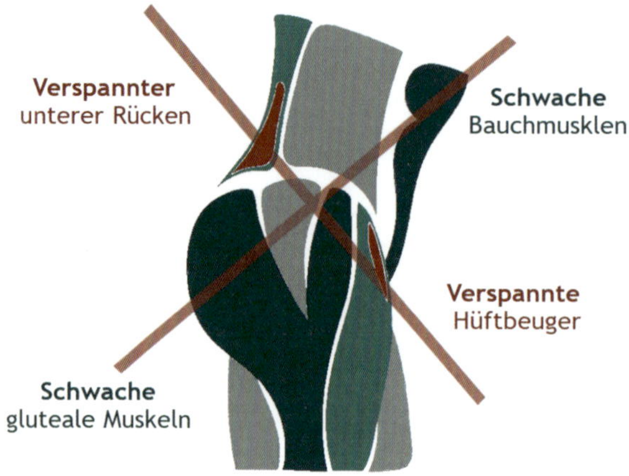

Abb. 61: Dieses Kreuz gilt es zu vermeiden (angelehnt an „Running Rewired" von Jay Dicharry).

Die Überstreckung der Lendenwirbelsäule ist allerdings nicht das einzige Problem, dass dieses Syndrom mit sich bringt, denn es ist nur der Ausgleichsmechanismus des Körpers für das eigentliche Problem: die Beckenvorkippung (Anterior Pelvic Zilt). Die muskulär bedingte Fehlstellung des Beckens sorgt dafür, dass unsere Biomechanik ineffizient wird, weil einerseits unsere Muskeln in der Hüftregion nicht so arbeiten können, wie sie sollen, andererseits aber auch, dass die gesamte myofasziale Leitbahn aus ihrem optimalen Spannungsgefüge herausgerissen wird.

Hier sind wir wieder bei unserer Tensegrity. Die Spannungsintegrität des Körpers wird durch das LCS aus dem Gleichgewicht gebracht. Wenn der Gesäßmuskel und die Beinrückseite keine normale Spannung haben, dann muss der untere Rücken und die Wade dies kompensieren, damit die myofasziale Leitbahn insgesamt noch funktioniert. Diese Kompensation führt aber dazu, dass diese Muskeln eher verspannen und nicht so viel Kraftoutput generieren können, wie sie dies normalerweise könnten.

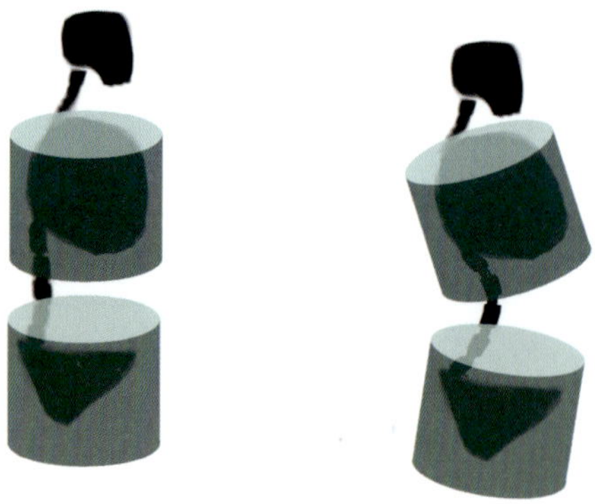

Abb. 62: Ein guter Stack ist ein gerade Stack.

Die übermäßige Wölbung der Lendenwirbelsäule führt dazu, dass unser Becken und unser Brustkorb nicht mehr übereinander ruhen, sondern wie eine Schere auseinandergehen. Dies sorgt für einen instabilen Core und dafür, dass wir die neutrale Stellung der Wirbelsäule kaum mehr herstellen können. Dies wird ein massives Problem darstellen, wenn wir sportliche Leistung abrufen wollen. Denn unser Core dient immer als Anker - bei welcher Bewegung auch immer - und wenn diese Basis instabil und ineffizient arbeitet, dann büßen wir massiv an Leistung ein und kompensieren.

Konkret beim Laufen siegt das LCS über unseren effizienten Laufstil. Die neutrale Stellung der Wirbelsäule geht weitestgehend verloren und wir haben keinen effektiven Ankerpunkt, von dem aus wir Kraft generieren können. Die Triple-Extension ist eingeschränkt, weil unsere Hüftstreckung nicht einwandfrei funktioniert und die Dreifachbeugung ist ebenfalls eingeschränkt. Unsere schöne Lauftechnik zerfällt wie ein Kartenhaus.

Dieses Beispiel des LCS zeigt, wie ein einzelnes Element im Spannungsgefüge das ganze System ruinieren kann. Dies ist allerdings kein Todesurteil fürs Laufen, sondern viel mehr ein Zeichen, dass es immer Arbeit gibt. Auch ein Läufer mit LCS kann gesund und schmerzfrei laufen, da unser Körper unglaublich viel kompensieren kann. Problemlos kann er etwas wie ein LCS ausgleichen, doch wir sollten uns bewusst sein, dass es immer Energie kostet und mehr Belastung auf den kompensierenden Strukturen schafft (wie es beim LCS der untere Rücken tut).

Deswegen sollte man durch effektives Kraft- und Beweglichkeitstraining stets am Körper arbeiten und versuchen, die Spannungsintegrität, so gut es geht, wiederherzustellen beziehungsweise zu verbessern.

Wichtig: *Man sollte keine Angst davor bekommen, ineffizient zu laufen, denn Effizienz entsteht erst durch Training und das Schlimmste, was man machen kann, ist, sich nicht zu bewegen.*

9.4 WARUM EINE SPORTART NICHT REICHT

If you specialize, you pay a price.

IDO PORTAL[71]

Im Sinne der Systemintegrität ist es sinnvoll, seinen Körper vielfältig zu fordern. Denn je vielfältiger wir unseren Körper fordern, desto weniger Schwachstellen bleiben unentdeckt. Die erfolgreichsten Athleten sind diejenigen, die verstanden haben, dass es nicht nur extrem spezialisiertes Training braucht, sondern sehr vielfältiges. Durch verschiedenste Sportarten und verschiedenste Anforderungsprofile wird einem erst bewusst, welche Defizite man möglicherweise hat und dass Laufen allein niemanden zum ausgeglichenen Sportler und perfekten Athleten macht.

In der Leichtathletik nennt man den Sieger des Zehnkampfs den König der Athleten bzw. die Siegerin des Siebenkampfs die Königin der Athleten. Dieser Titel stammt nicht von irgendwo her. Wer so viele Disziplinen beherrscht und so vielfältig trainiert, hat es wahrhaft verstanden, seinen Körper zu formen und begriffen, was einen *Student-Athlet* nach Plato ausmacht.

Jede Sportart bietet wertvolle Facetten, die den Körper formen und stärken können. Purer Spezialismus, wie ihn das Laufen fordert, führt über lang oder kurz zu Monotonie und zu einer einseitigen Belastung.

Die meisten Läufer machen ab und zu auch noch andere Sportarten. Ob es ein Training im Fitnessstudio ist oder Radfahren oder Schwimmen. Was es auch sein mag, alle Sportarten haben ihren Sinn und ihre Daseinsberechtigung. Im Folgenden setzen wir uns mit typischen Sportarten auseinander, die der Läufer als alternatives Training in Erwägung ziehen kann. Es wird analysiert, welche Vorteile sie bieten und auch welche Nachteile eventuell von ihnen herrühren.

9.5 LAUFEN UND ANDERE AUSDAUERSPORTARTEN

Zunächst sollte man definieren, dass Laufen als ausdauerbasierte Sportart natürlich von anderen Ausdauersportarten unterstützt werden kann. Radfahren, Schwimmen, Langlauf sind hier die Klassiker. Allerdings muss man sich überlegen, auf welcher Sportart der Hauptfokus liegen soll.

Zwar kann man durch ein buntgemischtes Training die allgemeine Ausdauerleistung verbessern, aber man wird sich nicht spezifisch in einer Sportart verbessern. So kann Schwimmen zum Beispiel als aktive Regeneration für den Läufer genutzt werden, wenn man aber zusätzlich zu seinen drei Läufen die Woche dreimal schwimmen geht, so könnte der Fokus vom Laufen verloren gehen.

Vorsicht sollte vor allem beim Radfahren geboten sein. Radfahren – vor allem Rennradfahren – bedeutet eine sehr unnatürliche Haltung für den Menschen. Langes und häufiges Radfahren bringt sehr viel Spannung auf die Hüftbeuger und verschlechtert so den Laufstil, deswegen ist hier entsprechende Mobilisation essenziell.

Schwimmen bzw. Kraulschwimmen hingegen erfolgt in einer gestreckten Körperhaltung und benötigt einiges an Körperspannung, weswegen es dem Laufstil durchaus dienlich sein kann.

Allerdings sollte man auch beachten, dass Ausdauersport alleine nicht das ist, was man unter breit gefächerter sportlicher Basis versteht.

9.6 LAUFEN UND SPIEL- BZW. MANNSCHAFTSSPORTARTEN

Viele Mannschaftssportler laufen. Ob Fußballer, Handballer oder auch Hockeyspieler. Hier ist es wichtig, zu beachten, dass man bei solchen Spielsportarten schon viele Laufkilometer abgespult werden, weswegen das Lauftraining vom Umfang etwas kürzer ausfallen sollte.

Das Schöne ist aber, dass wir beim Mannschaftssport viele kurze Sprints und Richtungswechsel absolvieren, während wir uns gleichzeitig im Raum orientieren und reagieren müssen. Dies sind alles Dinge, die beim Laufen so gut wie nicht vorkommen und somit für eine breitere athletische Basis sorgen. Generell ist Laufen koordinativ eine sehr simple Sportart, weswegen etwas mehr Komplexität und Forderung hier definitiv sinnvoll und wertvoll ist.

9.7 LAUFEN UND TURNEN

Aus persönlicher Erfahrung tun sich Läufer beim Turnen schwer und Turner beim Laufen – und genau deswegen macht es so viel Sinn. Turnen ist eine Sportart, die Körperspannung, kinästhetische Wahrnehmung, Kraft und Technik schult. Kurzum sie macht den Turner rundum fit.

Wenn man sich das olympische Turnen anschaut, dann können sie vermutlich alles, was die anderen Olympionikinnen auch können, allerdings werden die anderen Olympioniken nicht ansatzweise in der Lage sein, die turnerischen Elemente zu bewältigen, die die Turnerin in Angriff nimmt.

Interessanterweise verbringen auch die Zehnkämpfer einen großen Anteil ihres Trainings mit Turnen, weil sie diese Fertigkeiten beim Stabhochsprung brauchen und sie ihnen eine gute körperliche Grundlage bringen. Kurzum, Turnen ist fast so natürlich wie Laufen und hält einem rundum fit. Das Einzige, was Turner nicht haben, ist Ausdauer.

Deswegen ist Turnen ein sinnvoller Ausgleich zum Laufen und Elemente aus dem Turnen eignen sich perfekt, um sie ins Krafttraining oder in das Training der General Physical Preparedness (siehe Kap. 13) einzubinden. Man kann nur jedem Sportler und jeder Sportlerin raten, sich selbst an den Grundelementen des Turnens zu versuchen. Bodenturnen kann man eigentlich auf jeder Matte; Rolle rückwärts und vorwärts, Handstand, Rad etc. sind körperliche Fähigkeiten, die jeder beherrschen sollte.

9.8 DER REST

Generell ist es gut, neben Laufen noch irgendeine andere Sportart zu machen. Laufen ist eine zyklische Sportart mit sehr monotonen Bewegungsmustern, weswegen man dazu neigt, sehr einseitig zu trainieren. Durch eine andere Sportart – welcher Natur auch immer – kann man dem entgegenwirken und seinen Körper etwas ausgeglichener trainieren.

TEIL IV: IN KÜRZE

- Der Körper ist mehr als die Summe seiner Muskeln. Auf die gleichmäßige Verteilung von Spannungen kommt es an.
- Systemintegrität und Spannungsgleichgewicht sorgen für optimale Bedingungen.
- Aus ungleichen Spannungen folgt ein Ungleichgewicht im Körper.
- Verletzungen werden begünstigt durch Ungleichgewichte.
- Die myofaszialen Leitbahnen sorgen für ein gleiches Spannungsgefüge im Körper.
- Nicht in Muskeln, sondern in Muskelketten denken.
- Der Körper funktioniert als eine Einheit.
- Joint-by-Joint-Approach erklärt die Funktion der Gelenke.
- Dysfunktionale Gelenke zwingen Nachbargelenke (darüber oder darunter) zur Kompensation.
- Mehrdimensionales vielseitiges Training sorgt für eine gute Systemintegrität.
- Zehnkämpfer sind zu Recht die Könige der Athleten.
- Laufen kann durch Schwimmen, Radfahren und/oder Rudern gut unterstützt werden.
- Spielsportarten vertragen sich nur bedingt mit dem Laufsport.
- Turnen ist eine sehr gute Ergänzung für jede Sportart.

AUFGABE

Überlege dir, wie du dein Lauftraining ergänzen kannst, um zu vermeiden, dass es zu einseitig wird!

Was tust du, um die Spannungsintegrität deines Systems zu gewährleisten?

TEIL V: MINDSET

10 MOTIVATION – LANGFRISTIG UND ZIELGERICHTET

Ein Problem, das viele haben, ist das Aufrechterhalten der eigenen Motivation. Motivation ist essenziell für langfristigen Erfolg. In diesem Kapitel soll es darum gehen, was Motivation ausmacht, wie man sie fördern kann und was Disziplin mit ihr zu tun hat. Hier eine Sache schon vorweg: Nur, wer Freude an den Dingen hat, die er tut, wird langfristig dabeibleiben.

10.1 DIE BEIDEN GEISTER

Wenn wir uns mit unserer Einstellung zum Sport und unserem Mindset generell beschäftigen, dann stößt man laut Dr. Carol Dweck immer wieder auf zwei grundlegende Haltungen: Das starre Mindset (Eng.: Fixed Mindset), bei dem Fähigkeiten und Talente als gegeben angenommen werden und das Wachstumsmindset (Eng.: Growth Mindset, welches davon ausgeht, dass Fähigkeiten und Talente variabel und trainierbar sind.[46]

Das starre Mindset findet man oft dann wieder, wenn Sportler ein One-Hit-Wonder sind und nach einem großen Erfolg wieder verschwinden. Dies liegt daran, dass sie viel Talent haben, aber nicht wissen, wie man hart an seinen Zielen arbeitet. Das bedeutet aber nicht, dass Sportler mit viel Talent zwangsläufig schlecht sind und nach kurzer Zeit wieder in der Versenkung verschwinden. Prominente Gegenbeispiele sind Usain Bolt und Michael Phelps.

Zwei genetische Talente, die wie für ihre Disziplinen gemacht sind, aber auch über Jahre hinweg hart dafür gearbeitet haben. Man wird nicht aufgrund von Talent achtmal Olympiasieger – nein – Usain St. Leo Bolt ist ein Mann mit Ehrgeiz und Trainingsfleiß und vor allem eins: mit einem Wachstumsmindset. Er wusste ganz genau, was er tun musste, um so gut zu werden und auch, wie er locker bleiben kann, wenn er im Zentrum der Aufmerksamkeit steht.

$$1{,}00^{365} = 1{,}00$$
$$1{,}01^{365} = 37{,}8$$
$$0{,}99^{365} = 0{,}03$$

Abb. 63: Das Potenzial als Potenzrechnung

Nun könnte man denken, dass Anstrengung nie Talent schlagen kann, allerdings kann auch der untalentierteste Läufer sich sehr wohl steigern und faule Talentierte problemlos überholen. Wie? Eine simple Rechnung.

Wenn man jeden Tag dieselbe Anstrengung aufbringt, dann wird man am Ende eines Jahres (365 Tage) immer noch dieselbe Leistung erbringen. Doch wenn man sich jeden Tag um ein Prozent steigert, dann wird man am Ende des Jahres ein Vielfaches der eigenen Leistungsfähigkeit erreichen. Wenn man hingegen jeden Tag ein Prozent schlechter wird, dann wird die eigene Leistung rapide abnehmen.

Hier sei noch anzumerken, dass es eine rein hypothetische Rechnung ist und man nicht erwarten kann, ein exponentielles Wachstum der Leistungsfähigkeit zu erzielen. 3.780 Prozent der Leistungsfähigkeit sind nicht realistisch in einem Jahr zu erreichen.

Um motiviert zu trainieren, sollte man sich darüber im Klaren sein, dass Rom nicht an einem Tag erbaut wurde. Steter Tropfen höhlt den Stein und wie diese ganzen schönen Sprüche heißen. Ein Funken Wahrheit steckt in ihnen allen. Man muss seinem Körper Zeit geben und konsistent trainieren, um einen Effekt zu erzielen.

Je mehr man versucht, in kurzer Zeit zu erreichen, desto eher wird man enttäuscht. Man sollte nicht planen, innerhalb eines Monats eine gewisse Leistung zu erzielen, sondern vielmehr über Monate und Jahre hinweg sich Ziele setzen, sich Zeit lassen und den Prozess genießen.

> *Hard work is so often the answer, the question is so often irrelevant.*
>
> ROSS EDGLEY[4]

Die körperliche Fitness verbessert sich anfangs rasch, doch man wird feststellen, dass, je länger man trainiert, desto langsamer und schleppender wird sie sich verbessern. Und hierbei ist es wichtig, sich nicht im starren Mindset zu verfangen und zu denken, dass man nie mehr besser wird. Leistung ist immer steigerbar, in welchem Alter oder mit welcher Vorgeschichte auch immer. Wenn man nur lange genug daran arbeitet, dann überwindet man alle Plateaus.

Es sei noch gesagt, dass es eigentlich nie Reinformen des einen Mindsets gibt, sondern oft nur Mischformen. So kann man in manchen Bereichen starr im Mindset sein, während man in vielen anderen ein Wachstumsmindset an den Tag legt.

AUFGABE

Welches der beiden Mindsets spiegelt sich bei dir wider? Überlege dir genau, in welchen Situationen du ein fixiertes Mindset an den Tag legst und wann du eher wachstumsorientiert handelst!

10.2 DIE SELBSTBESTIMMUNGSTHEORIE

Die Motivation als Emotion oder Zustand ist schwierig zu fassen und noch schwieriger zu erforschen, da es sich um ein subjektives Empfinden handelt.

Ein Ansatz, der das Thema ganzheitlich beleuchten kann, ist die Selbstbestimmungstheorie von Deci und Ryan aus dem Jahr 1993[21]. Sie haben nicht nur die verschiedenen Arten von Motivation unterteilen können, sondern haben auch drei konkrete Bedürfnisse erkannt, die ein Mensch braucht, um motiviert zu sein.

Jeder hat vermutlich schon einmal von *intrinsischer* oder *extrinsischer* Motivation gehört. Oft denkt man, dass intrinsische Motivation der eigene Antrieb ist, etwas zu tun und extrinsische Motivation der Antrieb von außen ist, doch nach Deci und Ryan sind diese Einstufungen falsch.

Intrinsische Motivation ist es nur, wenn ich etwas tue, um der Sache selbst willen. Das heißt, ich gehe Laufen, weil ich Spaß am Laufen habe. Gehe ich hingegen Laufen, damit ich ein paar Kalorien verbrenne und womöglich abnehme, dann spricht man von *extrinsischer* Motivation.

Was braucht es, um Motivation zu fördern und sie langfristig aufrechtzuerhalten?

Auch darauf haben Deci und Ryan eine Antwort. Sie erklären, dass der Mensch drei sogenannte *Basic Needs* hat:

- das Bedürfnis nach Autonomie;
- das Bedürfnis nach sozialer Eingebundenheit und
- das Erleben der eigenen Kompetenz.

Diese Basic Needs sollten erfüllt werden, damit eine langfristige Motivation gewährleistet ist. Autonomie erlebt man dadurch, dass man selbst bestimmt, wie und wann man läuft und sich nicht durch einen starren Trainingsplan einengen lässt. Soziale Eingebundenheit ist bei einer Individualsportart schon schwieriger, kann aber durch einen Laufpartner oder eine Laufgruppe geschaffen werden, oder aber auch nur, dass man gemeinsam zu Wettkämpfen fährt. Selbst das Reden über das Training mit seinen Freunden, seiner Familie oder seinem Partner kann die soziale Eingebundenheit fördern.

Das Erleben der eigenen Kompetenz ist der dritte Basic Need und sagt aus, dass der Mensch sein eigenes Können erkennen möchte. Beim Laufen wird dies dann der Fall, wenn man merkt, wie man sich verbessert oder einfach nur merkt, wie leicht Laufen sein kann.

Wichtig ist nun, dass man diese Aspekte im Auge behält, dass das Training und der Sport damit im Einklang stehen, was man als sein Selbstbild definiert und auch den drei Basic Needs entspricht. Denn sobald man merkt, dass es sich nicht mehr in die Richtung geht, die man möchte, lässt die Motivation nach und man hört auf zu laufen.

10.3 DIE SMART-FORMEL

Ziele setzen und sie zu erreichen, ist hilfreich, um sich zu verdeutlichen, warum man etwas macht. Und um auch zu sehen, dass man auf Kurs ist, sollte man Ziele runterbrechen in kleine, messbare Zwischenschritte.

Die SMART-Formel ermöglicht es uns, Ziele konkret zu formulieren:

- spezifisch,
- messbar,
- attraktiv,
- realistisch,
- terminiert.

Langfristige Motivation durch smarte Ziele, funktioniert das?

Nun, nehmen wir als Beispiel ein laufspezifisches Ziel:

Ich möchte innerhalb von drei Monaten meine 10-Kilometer-Zeit von 46:00 Minuten auf unter 45:00 Minuten verbessern, damit ich beim Volkslauf mit einem Freund von mir mithalten kann.

Nun können wir aus diesem Ziel die einzelnen Komponenten der SMART-Formel extrahieren. Spezifisch ist es, weil es sich auf den 10-Kilometer-Lauf bezieht. Messbar ist es durch die verwendeten Zeiten. Attraktiv ist es, weil wir mit unserem Freund mitlaufen können wollen. Realistisch ist es auch, da es sich hier um eine Minute innerhalb von drei Monaten handelt, was durchaus machbar ist in dem Leistungsbereich. Terminiert ist es, weil es sich um ein Zeitlimit von drei Monaten handelt.

Ich möchte etwas schneller auf der 10-Kilometer-Strecke werden.

Dies wäre kein smartes Ziel. Wenn wir die beiden Zielsetzungen nun gegenüberstellen, wird uns deutlich, dass wir beim smarten Ziel wesentlich besser kontrollieren können, ob wir in die richtige Richtung unterwegs sind und uns auch gleichzeitig immer wieder vor Augen halten, warum wir das Ganze tun.

Dies beeinflusst natürlich unsere Motivation positiv, da wir immer kontrollieren können, ob wir auch auf dem richtigen Kurs sind, eine festgesetzte Deadline haben und uns immer wieder über den Grund des Handelns im Klaren sind. Es ist grundsätzlich sehr wichtig für unsere Motivation, die zugrunde liegenden Motive zu kennen – und da die SMART-Formel sie in unser Ziel miteinbindet, kann sie für langfristige, zielgerichtete Motivation sorgen.

10.4 ACHIEVEMENT GOAL THEORY

Wenn wir trainieren, dann ist es wichtig, auch zu wissen, welches Ziel wir mit dem Training verfolgen, was wir erreichen wollen und wie uns dieses Ziel motivieren oder demotivieren kann.

Um dies zu verstehen, entwickelte Nicholls 1984 erstmals die *Achievement Goal Theory*[64], welche bis heute in der Sportpsychologie zur Anwendung kommt und im Diskurs immer noch eine wichtige Rolle spielt. [6]

Nicholls formulierte die These, dass es zwei wesentlich unterschiedliche Zielkategorien gibt für die Ziele sportlicher Motivation. Einerseits kann es sein, dass sich der Sportler an den Mitstreiterinnen orientiert und das Ziel darauf aus ist, sich mit diesen zu messen und sie zu schlagen. Das andere Ziel sportlicher Motivation wäre die Orientierung an sich selbst und am vergangenen Ich. Also, wie die Leistung sich im Vergleich zu früher verhält und ob du dich persönlich gesteigert hast.

Diese beiden Ziele bezeichnet man als *Ego Goal*, wo das Ziel die Überlegenheit ist und der soziale Status eine wichtige Rolle spielt oder aber das *Task Goal*, in dem persönliches Wachstum und die Meisterschaft einer Fertigkeit oder Fähigkeit im Vordergrund steht.[11]

Nun würde man auf den ersten Blick denken, dass ein Ego getriebenes Ziel schlecht ist, schließlich gibt es den Spruch *„Ego is the Enemy"* nicht ohne Grund. Nun sollte man aber nicht pauschalisieren. Das *Ego Goal* führt dazu, dass man eine starke Motivation hat, da man ja ein spezifisches Ziel hat und genau weiß, woran man sich halten muss. Der Sieg über einen Konkurrenten oder Mitstreiter stärkt zudem das Selbstvertrauen.

Vor allem im Profisport, wo der Sieg oder die Niederlage auch entscheidend für die Karriere sein kann, trifft man dieses Ziel häufig an. Man sollte sich nur bewusst sein, dass der direkte Vergleich mit anderen Läufern vor allem für Einsteiger und wettkampfunerfahrene Läufer demotivierend oder sogar schädlich sein kann. Schließlich können zu große Ambitionen zu Übertraining und Verletzungen führen.

Umgekehrt steht das *Task Goal* für persönliches Wachstum, was dem Ego Goal ja auch dienlich ist. Wichtig ist hier, zu differenzieren. Wenn ich nur für mich besser werden will im Laufen, dann strebe ich einzig und allein das persönliche Wachstum an, wenn ich aber besser werden will, um andere zu schlagen, dann bin ich wieder beim Ego Goal.

Im echten Leben wird man selten Reinformen antreffen. Läufer, die nur wenige bis keine Wettkämpfe bestreiten, sollten sich demnach hauptsächlich über das Task Goal motivieren und sich hier ein klar definiertes Ziel setzen (siehe SMART-Formel). Denn die Gefahr hier ist, dass „besser werden als früher" sehr schwammig ist und man deswegen genau definieren sollte, wie und in welcher Weise man besser werden will.

Läufer, die Spaß an Wettkämpfen haben, dürfen sich einer Mischform bedienen. Sie sollten persönliches Wachstum anstreben, um konkurrenzfähig zu werden und zu bleiben. Allerdings sollte das Besiegen der Konkurrenz allein nicht als Motivation herangezogen werden, da man sonst übermotiviert auch ins Übertraining geraten kann.

Wenn man das langfristige persönliche Wachstum mit in die Gleichung nimmt, so wird man nicht versuchen, zum nächsten Rennen einen riesigen Leistungssprung zu erzwingen, sondern viel eher versuchen, sich immer Verlaufe der ganzen Saison oder des gesamten Mesozyklus langsam und kontinuierlich zu verbessern.

Profisportler müssen hier abwägen, wie schnell sie sich steigern können und mit Disziplin und Rücksprache mit dem Coach sich klar vor Augen führen, welches ihr oberstes Ziel sein soll – aber natürlich verdienen sie ihr Geld damit, dass sie besser sind als andere.

AUFGABE

Überlege, welches der sportlichen Ziele für dich infrage kommt.
Willst du eine neue persönliche Bestzeit erreichen oder willst du deine Konkurrenten im nächsten Rennen schlagen?
Oder willst du vielleicht beides?
Mache dir bewusst, welches Ziel welche Konsequenzen hat!

10.5 ACCOUNTABILITY

Ein Konzept, das denjenigen helfen kann, deren innerer Schweinehund zu groß scheint, ist die *Accountability* (zu Deutsch: Verantwortlichkeit). Hier geht es darum, sich einen Accountability-Partner zu suchen, der optimalerweise auch als Trainingspartner dient.

Der Sinn hinter dem Accountability-Partner ist es, dass jemand einen zur Rechenschaft zieht, wenn man seinem Versprechen nicht nachkommt.

Wie funktioniert das Ganze?
Zu Beginn spricht man sich mit seinem Accountability-Partner ab und hält die smarten Ziele schriftlich fest, die man hat. Ebenso verschriftlicht der Accountability-Partner seine Ziele. Die Verschriftlichungen werden kopiert, sodass jeder jeweils ein Exemplar von sich und vom Partner hat. Nun fangen beide an, gemeinsam oder alleine zu trainieren und auf ihre Ziele hinzuarbeiten. Neben ihrem eigenen Training müssen sie aber auch sicherstellen, dass ihr jeweiliger Partner seine Ziele einhält.

Beide fungieren also als Motivationsstütze für ihren Partner, sollte dieser einmal Probleme haben.

Allein die Tatsache, dass sie nicht nur sich selbst enttäuschen, wenn sie ihre Ziele nicht erreichen, sondern auch ihren Partner, führt oft dazu, dass die Accountability-Partner ambitioniert an ihren Zielen arbeiten.

Doch natürlich ist auch das kein Patentrezept. Je nachdem, was für Partner sich zusammentun, können sie ihre Motivation multiplizieren – allerdings kann es auch dazu führen, dass die Demotivation des einen den anderen mit hinunterzieht. Deswegen sollte man vorsichtig sein bei der Wahl des Partners.

10.6 DER SCHWEINEHUND

Jeder Läufer kennt ihn: den Schweinehund. Es gibt immer Tage, an denen man sich nicht fühlt, an denen man keinen Bock hat, an denen man am liebsten nur auf der Couch liegen bleiben würde. Was macht man in einen solchen Fall?

Hier sind wir beim ewigen Konflikt von Disziplin vs. Motivation. In solchen Fällen versagt die intrinsische Motivation nahezu gänzlich und es ist an der Zeit, sich auf seine Routinen, seine extrinische Motivation und andere Parameter zu verlassen.

Als extrinsische Motivation gibt es einerseits den Accountability-Partner, der einem als Stütze dient und den man nicht enttäuschen will. Andererseits gibt es aber natürlich auch das Ziel, das man vor Augen hat. Wenn man so da liegt auf der Couch und sich fragt, warum man das Ganze tut, dann sollte man sich die SMART-Formel vor Augen halten, überlegen, warum man das Ganze tut und sich dann aufraffen. Denn wenn das Warum stark genug ist, dann sollte man den Schweinehund überwinden können.

Ein weiterer Parameter, der beim Schweinehund helfen kann, ist die Reibung. Reibung? Ja, Reibung. Wenn ich nach der Arbeit nach Hause komme, mir erst einmal gemütlich etwas zu essen mache und mich auf die Couch lege, ist es extrem schwer, wieder hochzukommen und loszulaufen. Hier habe ich eine sehr hohe Reibung.

Ebenso ist die Reibung sehr hoch, wenn alle meine Freunde mir sagen, dass ich doch, anstatt zu trainieren, lieber mit ihnen in die Kneipe gehen sollte.

Das sind beides Dinge, die es mir schwerer machen, in Gang zu kommen und meine Ziele zu erreichen.

Wenn man also Probleme mit dem Schweinehund hat, dann sollte man versuchen, die Reibung zu reduzieren.

Sich nicht nach der Arbeit erst einmal zu Hause auf die Couch fallen lassen, sondern sich umziehen und direkt von der Arbeit loslaufen.

Wenn die Freunde einen mit in die Kneipe nehmen wollen, dann sollte man etwas Distanz zu ihnen suchen oder ihnen direkt klarmachen, dass man später nachkommt.

Je weniger Energie du aufbringen musst, um deinen Schweinehund zu überwinden, desto mehr Energie bleibt letzten Endes für die wichtigen Dinge übrig, wie Training, Ernährung, Arbeit und Zeit mit den Liebsten zu verbringen. Es sind viele kleine Dinge, die man tun kann.

Wenn man morgens laufen gehen möchte, kann man sich am Abend vorher die Sachen rauslegen. Man kann sich die Trainingseinheiten in den Kalender eintragen, damit man sie nicht vergisst. Oder man kann sich eine Belohnung überlegen, die man sich selbst kauft, wenn man 1/2/4 Wochen konsequent trainiert hat.

Viele kleine Schritte sorgen dafür, dass man unbeschwerter durchs Leben gehen kann und sein Training ohne große Hindernisse absolvieren kann.

AUFGABE

Zeichne dir ein Bild von deinem inneren Schweinehund, wie du ihn dir vorstellst. Überlege dir ganz genau, warum dieses Wesen so viel Macht in deinem Leben hat.

11 TOUGHEN THE FUCK UP, BUTTERCUP

28. November 2015. Mein erster Marathon. Gerade erst 18 Jahre, überhaupt keine Erfahrung auf so langen Strecken, stolpere ich durch den Wald. Zwischen Kilometer 26 und 33 war ich vollkommen verloren. Ich war so weit im Rennen drin, doch ich hatte keine Ahnung, wie ich die Kraft aufbringen sollte, um es zu Ende zu bringen. Jede Zelle meines Körpers schien zu brennen. Meine Lunge und mein Herz pumpten wie wild. Wozu hatte ich mich da angemeldet?

Jeder Kilometer zog sich wie Kaugummi, diese sieben Kilometer schienen mir ewig zu dauern. Kein Ende in Sicht. Der Wald sah überall gleich aus. Hätten die Kilometermarkierungen mir nicht angezeigt, dass ich weiter vorankomme, hätte ich geglaubt, dass ich auf der Stelle renne. Linker Fuß, rechter Fuß – alles andere versuchte ich, auszublenden.

Mit eisernem Willen habe ich mich aber weiter durchgebissen. Irgendwie ging es voran. Meter um Meter, Minute um Minute. Ich hatte das Streckenprofil im Kopf. Die Waldschmiede – ja, das war der Ort – wo die Erlösung auf mich wartete, vorletzter Verpflegungspunkt an der Waldschmiede. Ab hier schnupperte ich meine zweite Luft. Es ging dann bei Kilometer 33 bergab und in Richtung Ziel. Es lief wieder rund. Doch diese sieben Kilometer werde ich nie vergessen.

Damit so etwas nie wieder vorkommt, habe ich heute ein ganzes Repertoire an Taktiken, Strategien und Ideen, um die Grenze zu überwinden und sich dem Schmerz zu widersetzen.

Long distance Running is 90 % mental, and the other half is physical.

RICH DAVIS, Cross-Country-Trainer[72]

Was zu tun ist, wenn es hart wird, dies wissen die wenigstens. Meistens trainiert man vor sich hin und denkt, die neue Bestzeit wird von selbst kommen. Doch in Wahrheit ist Training nicht alles, um wirklich die maximale Leistung herauszuholen, muss man auch an seiner Coping-Strategie arbeiten.

Also, wie geht man mit Rückschlägen um?

Wie beißt man sich durch, wenn der Körper Nein schreit?

Wie zieht man auch unter den widrigsten Bedingungen sein Ding durch?

Diese geistige Resilienz muss ausgebildet werden, bevor man größere **Aufgaben** in Angriff nehmen kann. Denn ansonsten wird nicht der Körper an ihnen zerbrechen, sondern zuerst der Geist.

Etwas, das ich immer wieder bei Trainees erlebe, ist, dass sich zu hohe Ziele gesteckt werden und dann auf halber Strecke aufzugeben, weil der Weg noch so weit ist und die Motivation und die Resilienz schon längst aufgebraucht sind.

Dieses Kapitel soll genau das verhindern. Dieses Kapitel enthält Strategien, Taktiken und Ideen, um auch in unangenehmen Situationen durchzuhalten. Natürlich gibt es keinen Masterplan, wie man seine Grenzen überwindet und wie man auch die letzten Prozent aus sich herausholt. Wichtig ist aber, dass man sich der AUFGABE bewusst wird, die vor einem liegt. Im vorangegangenen Abschnitt ging es um Motivation im Training, wie man langfristig und zielorientiert trainiert. Nun geht es darum, was es wirklich braucht, um auch erfolgreich das Ziel zu erreichen.

11.1 DER FEIND – DIE KOMFORTZONE

Der erste Tipp, um sich abzuhärten, ist, sich regelmäßig unangenehmen Situationen auszusetzen, die Komfortzone zu verlassen und sich der bösen, offenen Welt zu stellen. Wo du in deinem Leben auch hinwillst, wenn du deine Komfortzone nie verlässt, wird es unangenehm.

Es ist einfach, sich in dieser weichen Blase an Sicherheit und Kontrolle zu verlieren. Hier ist alles einfach. Wir müssen uns nicht überwinden. Unmittelbar dahinter liegt die Furchtzone, in der alles liegt, was uns groß und unberechenbar vorkommt. Alles, was uns im ersten Moment das Gefühl von Kontrolle raubt und uns zweifeln lässt. Sie ist ein Ort, den wir am liebsten nie betreten würden. Dahinter liegt aber eine

Zone des Lernens, in der wir neue Eindrücke kennenlernen und in der wir uns neue Fähigkeiten aneignen können.

Wenn wir uns noch weiter von dem Komfort entfernen, erreichen wir die Wachstumszone. In ihr erreichen wir schließlich unsere Ziele.

Warum rede ich mit dir über Dinge außerhalb der Komfortzone?

Nun, im Sport und Wettkampf wirst du sie wohl oder übel verlassen müssen, um etwas zu erreichen, deswegen ist es wichtig, dich mit dem Unbekannten und dem Furchterregenden vertraut zu machen, ja, gar anzufreunden.

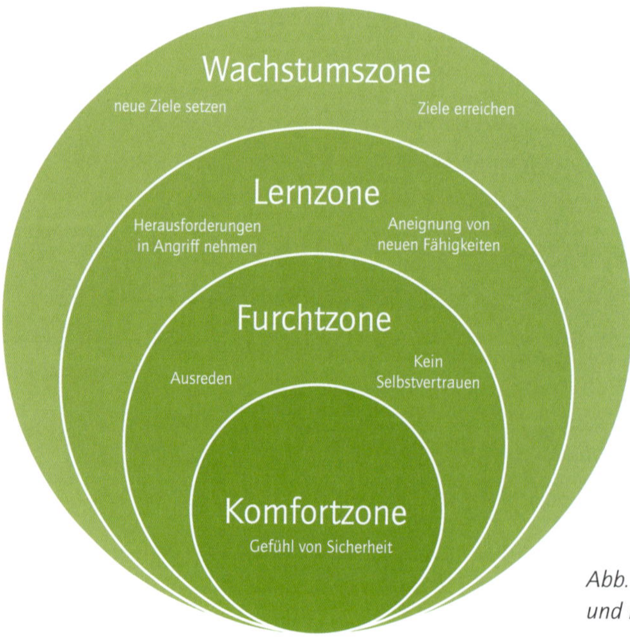

Abb. 64: Die Komfortzone und ihre Nachbarn

Das Training wird hart. Der Wettkampf wird noch härter. Also kannst du anfangen, dich an Unangenehmes zu gewöhnen. Eine kalte Dusche am Morgen, ein Lauf auf nüchternen Magen, mal durch Wind und Wetter zur Arbeit radeln, anstatt mit dem Auto zu fahren, im Dezember sich ein Loch ins Eis schneiden und im See baden gehen ...

Es gibt viele Wege, um den Körper zu fordern und belastbarer zu machen. Wichtig ist nur, dass du langsam anfängst und dich mit der Zeit steigerst. Du wirst sehen, dass deine Komfortzone mit der Zeit wächst. UND JA, ES WIRD UNANGENEHM! Das ist der Sinn dahinter. Epictetus bezeichnet diesen Vorgang als essenziell. Ohne auf etwas vorbereitet zu sein – mental und körperlich, macht es keinen Sinn.

Deswegen härte dich im Winter ab, setze dich allem Unangenehmen aus, damit du im Frühjahr und Sommer bereit bist, im Wettkampf 100 Prozent zu geben und jeden Schmerz durchzustehen.

> *Wir müssen uns einem harten Training für den Winter unterziehen und uns nicht in Dinge stürzen, auf die wir nicht vorbereitet sind.*
>
> **EPICTETUS, Lehrgespräche 1.2.32**[65]

11.2 STOISCHE SPORTWISSENSCHAFT

Was hat Stoizismus mit Sportwissenschaft zu tun?
Auf den ersten Blick hat diese Philosophie, die im alten Griechenland und Rom ihre Wurzeln hat, gar nichts mit Sportwissenschaft zu tun – aber mit Sport und körperlicher Ertüchtigung schon (siehe Epictetus-Zitat im letzten Kapitel).

Ross Edgley hat diese Denkweise mit den Prinzipien moderner Sportwissenschaft kombiniert, um erfolgreich um Großbritannien zu schwimmen und somit einen Weltrekord für die längste Schwimmeinheit im Meer aufgestellt. Wenn es darum geht, wie er diesen Erfolg errungen hat, beruft er sich auf drei wesentliche Komponenten, um jedwede Anforderung zu überstehen. [4]

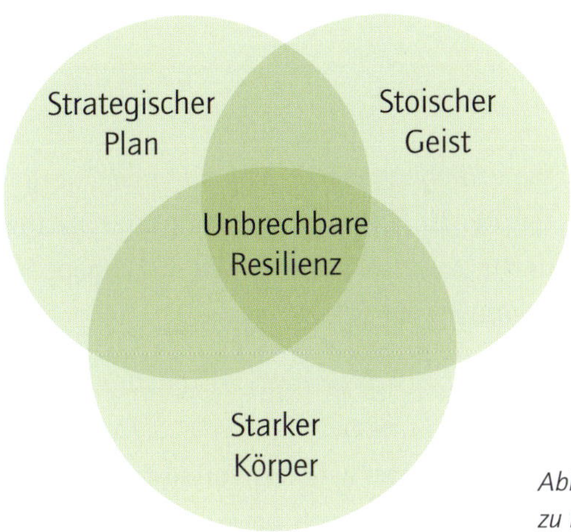

Abb. 65: Die drei Kreise, die es zu meistern gilt, nach Edgley.

Neben einem starken Körper, wie wir ihn durch die vorangegangenen Kapitel aufgebaut haben, braucht es laut Edgley [25] (2020) auch einen strategischen Plan und einen stoischen Geist, um die eigene Resilienz unbezwingbar zu machen.

Es wird deutlich, dass er der Auffassung ist, dass sportliche Höchstleistungen viel mit dem Kopf zu tun haben. Nur wer einen stoischen Geist entwickelt hat und sich einen strategischen Plan zurechtgelegt hat, der wird in der Lage sein, jenseits seiner Grenzen etwas zu erreichen. Dessen sollte man sich bewusst sein, wenn man auf die Reise nach größerer Leistung geht.

DER STRATEGISCHE PLAN

Bevor wir uns nun ins Abenteuer stürzen, brauchen wir einen Plan, einen wirklich guten Plan. Wir müssen uns überlegen, wie, wo und wann wir trainieren, wie wir die Herausforderung in ihre einzelnen Aspekte zerlegen und wie wir sie letzten Endes angehen.

Wir müssen uns ein Bild darüber machen, was uns erwarten wird und was im schlimmsten Fall eintreten könnte. Wir müssen planen, wie wir in diesem Worst-Case-Szenario agieren wollen und welche Handlungsoptionen uns bleiben. Wir müssen die Herausforderung bis ins kleinste Detail zerlegen und uns bewusst machen, was wir dafür können müssen und was unser Körper leisten muss.

Wie ein strategischer Plan aussieht, wirst du in Teil 5 erfahren.

DER STARKE KÖRPER

Jeder, der bis hierhin gelesen hat und die vorangegangenen Kapitel in die Tat umgesetzt hat, der wird schon einen starken Körper mitbringen. Wichtig ist, dass der starke Körper spezifisch auf die Bedürfnisse zugeschnitten ist, die die angepeilte Herausforderung/das bevorstehende Abenteuer mit sich bringt.

Ein Läufer braucht einen starken Körper, der aber sich aber grundlegend vom starken Körper eines Gewichthebers unterscheidet. Je besser der Körper darauf vorbereitet ist und je widerstandsfähiger er ist, desto besser wird das Vorhaben gelingen. Ein strategischer Plan und ein stoischer Geist helfen auch bei einem schwachen, gebrechlichen Körper kaum.

DER STOISCHE GEIST

Stoische Denkweise und der Stoizismus haben ihren Ursprung im alten Griechenland und haben im alten Rom ihre Blütezeit erlebt. Über die Jahre haben sich die Erkenntnisse der Stoiker immer wieder gewandelt, was auch der Grund für die Langlebigkeit dieser Philosophie gewesen ist. Weltoffenheit und Anpassungsfähigkeit sind auch wichtige Aspekte des Stoizismus. Drei Pfeiler tragen den Stoizismus und dienen als konstante Merkmale: *Physik, Logik* und *Ethik*.

Physik ist dabei die Lehre vom Kosmos, *Logik* basiert auf den Erkenntnissen, Erklärungen und der Beweisführung und die *Ethik* setzt sich mit dem menschlichen Leben auseinander.

So viel zur Lehre des Stoizismus. Im Sport müssen wir nicht alle Pfeiler in der Tiefe ergründen, wichtig ist, dass wir sportspezifisch das anwenden können, was uns nutzt.

Kerngedanken des stoischen Geistes in Bezug auf Sport ist es laut Edgley (2020), das Kontrollierbare zu kontrollieren und das Unkontrollierbare zu akzeptieren.

Wenn man also einen Marathon läuft und bei Kilometer 25 ein starker Gegenwind auftritt, dann gibt es zwei Verhaltensweisen: Läufer A regt sich tierisch über den Gegenwind auf, weil er so seine angestrebte Pace vermutlich nicht einhalten kann, er kämpft darum, irgendwie an sie heranzukommen. Läufer B akzeptiert, dass der Wind kommt, passt sein Tempo an und läuft so weiter, wie es in seinen Kräften liegt.

Was meint ihr, wer schneller im Ziel ankommt? A oder B?

Ganz klar Läufer B. Er akzeptiert die Gegebenheiten und kontrolliert das, was er noch kontrollieren kann: seine Anstrengung. Läufer A ist zu fixiert auf seinen Plan und verausgabt sich an der falschen Stelle, sodass er am Ende einbrechen wird.

Dies gilt auch in jeder Lebenslage: Wenn man wegen einer Pandemie nicht mehr im Schwimmbad schwimmen kann, hat man auch zwei Möglichkeiten: A, sich beschweren, dass man ja nicht mehr trainieren könnte und viel Energie darauf verschwenden – oder B, sich einen guten Neoprenanzug besorgen und einfach das Training in den See auslagern.

Die Pandemie lässt sich nicht von einer Einzelperson kontrollieren, aber das Verhalten, wie man mit den Maßnahmen und Sanktionen umgeht, liegt in der Hand jedes Einzelnen.

Kontrolliere das Kontrollierbare und akzeptiere das Unkontrollierbare.

11.3 DER MANN MIT DEM HAMMER

Der *Mann mit dem Hammer* ist ein Begriff, den man oft im Zusammenhang mit Marathonläufen hört. Hier erklären Mythen, dass bei Kilometer 30 alles härter wird und der Mann mit dem Hammer den Läufer ausknockt. Andere wiederum sagen, dass man bei Kilometer 30 in eine Wand hineinläuft, ab der nichts mehr geht. Fakt ist, dass die vielen (unerfahrenen) Läufer nach Kilometer 30 drastisch an Leistung einbüßen, doch warum ist das so?

Nun ein Faktor ist, dass nach einer so langen ausdauernden Belastung die Glykogenspeicher zur Neige gehen und die Energie sinkt. Da die Glykogenspeicher in unseren Muskeln für die Glykolyse verantwortlich sind, sorgen sie dafür, dass wir schnell viel Energie im Muskel zur Verfügung gestellt bekommen. Wenn sie aufgebraucht ist, bleibt uns als Energieversorgung nur noch der Energiestoffwechsel der Lipolyse, bei der Fett umständlich in Glykogen umgewandelt werden muss und dieses wiederum dafür sorgt, dass aus ADP ATP wird. Dieser Prozess ist wesentlich langsamer und braucht wesentlich länger, um Energie im Muskel bereitzustellen.

Nach circa drei Stunden im Wettkampf ist dieser Punkt bei vielen Läufern erreicht. Hinzu kommt eine wesentliche psychophysische Ermüdung. Was kann man dagegen machen und warum trifft ein Eliud Kipchoge nicht auf den Mann mit dem Hammer?

Hier gibt es ein paar Faktoren, die man berücksichtigen sollte:

1. Nimmt man genügend Kohlenhydrate während des Laufs zu sich?
2. Hat man genügend Läufe über diese Distanz durchgeführt?
3. Hat man einen entsprechend trainierten Stoffwechsel?
4. Kann man die Zähne noch zusammenbeißen und mit der Lipolyse weitermachen?

Die Fragen A-C behandeln Dinge, die mit dem starken Körper und der richtigen Ernährung zu tun haben. Wenn es an diesen Faktoren liegt, dann hat man schlichtweg falsch trainiert oder sich mit der Ernährung oder dem Pacing verkalkuliert.

Faktor D ist derjenige, mit dem wir uns in diesem Kapitel auseinandersetzen wollen.

- Was tun wir, wenn unser Körper uns das Signal gibt, dass wir nicht mehr weiterkönnen und aufhören sollen?
- Ist es überhaupt möglich, dann noch weiter Leistung zu bringen?

Nun, das liegt ganz im Auge des Betrachters. Fakt ist aber, dass man noch weiterlaufen kann - trotz Lipolyse - und dass man auch noch ein einigermaßen zügiges Tempo anschlagen kann. Hier kommt es wirklich auf die Willenskraft an. Wie sehr man sich hier noch antreiben kann, hängt allein von der mentalen Stärke ab. Es gibt viele Läufer, die sich bei Kilometer 30 aus dem Rennen ziehen, weil sie das Gefühl haben, es geht nicht mehr. Aber es gibt auch Läuferinnen, die sich nichtdestotrotz ins Ziel befördern und gute Zeiten fabrizieren.

Der Mann mit dem Hammer ist übrigens nicht nur beim Marathon anzutreffen, sondern bei jedem Ausdauerwettkampf. Es kann immer dazu kommen, dass man irgendwann einfach einbricht. Die Frage ist hier, ob man aufgeben will, oder aber mit der Mentalität „Death Before Did Not Finish" an den Start geht. Die Entscheidung ist einem ganz allein überlassen.

11.4 STRATEGIEN FÜR DEN WETTKAMPF

Wenn man nun mit der richtigen Strategie ins Rennen gegangen ist und alles Erdenkliche getan hat, um hart genug für das Rennen zu sein, steht die eigentliche Herausforderung noch an: die letzten Meter. Unterwegs werden die Beine immer schwerer und es wird immer härter, das Tempo aufrecht zu erhalten, ohne langsamer zu werden oder gar stehen zu bleiben. Hier können mentale Strategien helfen, um weitermachen zu können.

DIE 40-PROZENT-REGEL

Die erste Strategie basiert auf der Theorie, dass unser Geist einschreitet, um uns vor dem Schlimmsten zu bewahren. An dem Punkt, wo man sich fühlt, als wäre man schon völlig am Ende und der Kopf schreit, dass nichts mehr geht, hat man noch nicht all seine Reserven aufgebraucht. In Wahrheit ist man erst bei circa 40 Prozent der eigenen Leistungsfähigkeit. Das bedeutet, dass man noch 60 Prozent Leistung im Tank hat. Man muss sie nur nutzen, obwohl der Kopf nicht weitermachen will[5].

60 Prozent Leistungsfähigkeit ist eine ganze Menge, wenn man es sich überlegt. Und von diesen 60 Prozent sollte es ja wohl kein Problem sein noch 20-30 Prozent herauszuholen. Deswegen muss man einfach weitermachen.

DIE KEKSDOSE

Stelle dir vor, du läufst einen Marathon. Es ist anstrengend und hart. Am einfachsten wäre es jetzt, einfach stehen zu bleiben und aufzuhören. Doch anstatt das zu tun, machst du weiter, weil du dir in Erinnerung rufst, welche Wettkämpfe du schon bestritten hast, welche Schwierigkeiten du überwunden hast und wie du dich gegen alles durchgesetzt hast, was bisher kam.

Du hast dir eine mentale Keksdose geschaffen, in der jede Errungenschaft deines Lebens einen Keks bildet. Nun kannst du dir jeden einzelnen Keks zu Gemüte führen und dich so im Hier und Jetzt stärken.

INTERNALE VS. EXTERNALE WAHRNEHMUNG

Etwas, das man oft unterschätzt, ist der Fokus der Aufmerksamkeit. Die große Frage ist, ob sie internal liegt, also auf uns selbst und unserem Körper oder external, also auf unsere Umwelt und was um uns herum geschieht.

Natürlich nehmen wir beim Laufen immer wahr, was um uns herum passiert. Ansonsten würde es ja zu Zusammenstößen, Unfällen und Ähnlichem kommen. Aber ebenso nehmen wir wahr, was in uns vorgeht, wie unsere Muskeln, unser Herz und unsere Lunge arbeiten. Deswegen wird unsere Wahrnehmung nie 100 Prozent internal oder external sein, sondern immer gemischt.

Beim Fokus der Aufmerksamkeit geht es darum, wie sich unsere subjektive Wahrnehmung der Anstrengung verändert, wenn sich unser Fokus verschiebt.

PREMEDITATIO MALORUM

> *Wer im voraus den Blick auf zukünftige Überraschungen gerichtet hat, der bricht ihre Kraft, wenn sie sich einstellen.*
>
> SENECA[66]

Premeditatio malorum kommt von den Stoikern, und bezeichnet das Vorgehen, sich vor einem Wettkampf oder Abenteuer auf den schlimmstmöglichen Ausgang einzuschwören. Das bedeutet, man setzt sich auf den Hosenboden, geht in sich und malt sich aus, was alles schiefgehen könnte, was alles Schlimmes passieren könnte und ruft sich vor sein geistiges Auge, wie stark das Ganze entgleisen könnte.[42]

Wenn man sich mit dem schlimmsten Ausgang der, so Gott will, möglich ist, angefreundet hat, dann kann alles, was da kommt, nur leichter sein. Deswegegen ist es sinnvoll, bei schwierigen Vorhaben im Vorhinein einen Blick auf das mögliche Scheitern zu werfen.

11.5 COMPETITION ANXIETY

Hinter dem merkwürdigen Begriff der *Competition Anxiety* versteckt sich ein Phänomen, dass man bei Olympia immer wieder entdeckt. Topathleten, die im Wettkampf absolut keine Leistung abrufen können, sondern einfach weit unter ihren Möglichkeiten bleiben.

Mit *Wettbewerbsangst* würde man das Ganze auf Deutsch übersetzen. Im Wesentlichen geht es darum, dass man in Wettkampfsituationen, durch die Angst zu versagen, so gelähmt wird, dass man nicht mehr in der Lage ist, Leistung abzurufen. Bei Läufern ist dies zwar selten anzutreffen, da es eher ein Phänomen von Teamsportarten und Sportarten ist, wo nur eine einzelne Leistung bewertet wird.

Aber was kann ich tun, wenn ich einmal einem Fall von Wettkampfangst erliege? Meine Brust wird klamm, ich habe das Gefühl, ich kann jetzt keine Leistung abrufen.

Nun, für diese Fälle sollte man Strategien und Techniken einüben und anwenden, die in diesem Moment dafür sorgen, dass wir uns wieder beruhigen.

Atemtechniken wie der 4-7-Rhythmus sind in diesen Momenten gut. Vier Sekunden einatmen und sieben Sekunden ausatmen, aktiviert den Parasympathikus – den Teil unseres Nervensystems, der für Entspannung verantwortlich ist. Wer sich bewusst auf seine Atmung konzentriert, sorgt dafür, dass man sich auf den Moment konzentriert und für einen Moment den Druck vergisst. Wenn man 4-5 Minuten bewusst im 4-7-Rhythmus atmet, wird man garantiert einen Teil der Anspannung verlieren.

Andere Techniken wären etwa das Nutzen von Keywords, die einen selbst wieder zurück auf den Boden holen. Es geht hier um ein oder zwei Worte, die man sich selbst ausdenkt. Sie müssen eine gewisse Bedeutung haben, um zu funktionieren.

Ein Beispiel wäre, dass ich mir vor oder beim Laufen das Keyword „Void" flüstere (englisch für Leere). Es steht für mich symbolisch für den Spruch: *„Let go your earthly tether, empty and become wind. Enter the Void"*, aus der Serie *The Legend of Korra*. Im Wesentlichen möchte ich mich daran erinnern, dass ich leichtfüßig laufen soll und allen Ballast zurücklasse.

Keywords sind eine sehr individuelle Angelegenheit und funktionieren nur, wenn sie für einen eine wichtige Bedeutung haben.

Ansonsten können hier feste Rituale oder Routinen helfen, um sich selbst auf den Wettkampf einzustimmen und immer wieder denselben Zustand der Bereitschaft zu schaffen.

Es gibt kein Patentrezept, um gegen die Wettkampfangst vorzugehen. Jeder Mensch muss hier eine individuelle Lösung für sich finden und herausfinden, was für einen funktioniert. Meine Empfehlung wäre es, hier einen Spezialisten heranzuziehen, um gemeinsam eine Strategie zu entwickeln.

11.6 MINDFULNESS

Ein weiterer Punkt, den man nicht unterschätzen sollte, ist der Geisteszustand, mit dem man durch den Tag geht und mit dem man auch an den Start des Wettkampfs geht. *Mindfulness* ist hier das Zauberwort.

Wer unter Wettkampfangst leidet oder generell sehr hibbelig und übermotiviert oder ängstlich an die Startlinie geht, wird nie das erreichen, wozu er in der Lage ist. Hier hilft es, auch in Momenten der größten Anspannung die Kontrolle über den Körper zu behalten und vollkommen im Moment zu handeln.

Was können wir tun, um diesen Zustand der Mindfulness oder des „Im-Moment-Seins" zu trainieren?

Nun, dafür gibt es kein Anfang und kein Ende. Mindfulness startet in dem Moment, in dem wir aufwachen und hört dort auf, wenn wir ins Bett gehen. Es geht nicht darum, dass man wie ein asketischer Mönch leben soll, sondern dass man einfach etwas bewusster durch das Leben geht.

Viele Dinge, die uns tagsüber den Fokus verlieren lassen. Social Media, Nachrichten, Werbung – alles das will unsere Aufmerksamkeit auf sich ziehen und sie somit von unseren Vorhaben entziehen. Zu viel davon sorgt dafür, dass wir nicht mehr entspannt sind.

Auch Gedanken und Sorgen über die Zukunft oder Vergangenheit kosten uns den Fokus und lassen uns den Moment vergessen.

Natürlich kann man sich all diesen Dingen nicht gänzlich entziehen, sondern nur bedingt. Was wir allerdings tun können, ist, uns aktiv Zeit zu nehmen, um im Moment zu sein.

Ein Mittel dafür, dass in den letzten Jahren wieder etwas moderner geworden ist, ist die *Meditation*. Natürlich gibt es hier etliche Formen und Varianten, geführt und ungeführt. Wem das hilft, der findet auf Plattformen, wie YouTube®, Spotify® etc. zahlreiche angeleitete Meditationen. Andernfalls ist ein guter Einstieg, sich einfach auf ein bequemes Kissen zu setzen und einfach fünf Minuten lang nichts zu tun. Fünf Minuten einfach nur zu spüren, wie der eigene Atem entweicht und wieder in die Lungen einströmt. Simpel, aber effektiv. Ob morgens oder abends, ist vollkommen der eigenen Präferenz überlassen.

Neben der Meditation gibt es noch viele andere Wege, wie man im Alltag mehr im Moment verankert sein kann. Immer mal wieder anhalten, tief durchatmen und spüren, was gerade um einen passiert, ist etwas, das man oft über den Tag verteilt einbinden kann und sollte.

Im Endeffekt kommt es darauf an, für sich selbst Wege zu finden, wie man ruhig bleiben kann und nicht den Kopf verliert. Denn wer Großes erreichen will, der wird dies nur in einem ausgewogenen Geisteszustand schaffen.

11.7 ANTIFRAGILITÄT

- Wie denkst du über deine körperliche Verfassung?
- Bist du stark oder schwach?
- Dick oder dünn?
- Groß oder klein?
- Schnell oder langsam?

Wie wir mit uns selbst reden, macht einiges aus - vor allem, wenn Verletzungen mitspielen. Man sollte sich überlegen, welche Auswirkungen bestimmte Geisteshaltungen haben können.

Eine Gedankenfalle, in die die meisten tappen, ist diejenige der Fragilität:

„Mein Rücken ist hinüber."
„Ich habe ein schlechtes Knie."
„Meine Leiste ist nicht mehr das, was sie einmal war."

Viele dieser Behauptungen begegnen uns häufiger, denn solche Aussagen sind weitverbreitet und zeugen von einem Fragilitätsmindset. Man ist der Auffassung, dass dieser oder jener Körperteil Probleme hat, die die eigene Lebensqualität einschränken oder begrenzen. Die grundlegende Annahme besteht, dass irreparable Schäden vorliegen, denen man sich zu beugen hat und die neue, eingeschränkte Lebensqualität als gegeben hinzunehmen hat.

Das ist die Falle der Fragilität.

Der Körper ist ein lebendiger Organismus, der sich regenerieren kann. Jede Verletzung kann verbessert werden. Man muss sich nie mit dem Status quo zufriedengeben.

Wenn man sich neu besinnt und erkennt, dass der eigene Körper belastbar ist und durchaus Leistung erbringen kann, dann überwindet man die meisten Verletzungen leichter. Eine Heilung erfolgt nicht nur körperlich, sondern auch geistig.

Es sind aber nicht nur Verletzungen, die für ein fragiles Mindset sorgen, sondern auch Vorurteile und Ängste. Gewisse Glaubenssätze können regelrecht dazu führen, dass man Angst vor sportlicher Belastung entwickelt. Wenn man denkt, dass Laufen den Knien schadet, oder aber, dass man vom Krafttraining Rückenprobleme bekommt, wird man immer mit großer Vorsicht an diese Dinge herantreten und auch Furcht davor entwickeln.

Gut ist, wenn man erkennt, dass man durchaus belastbar ist, und nicht jeder Sport automatisch dem Körper schadet. Der menschliche Körper ist robust. Er ist adaptiv. Und er kann nahezu alles wegstecken und sich davon wieder erholen.

Antifragiliät ist das Stichwort. Erlebe dich selbst und deinen Körper als robust und widerstandsfähig und du wirst viel einfacher durch das Leben gehen.

TEIL V: IN KÜRZE

- Laufen ist mehr als nur körperliche Leistung.
- Je länger die Distanz ist, desto härter wird der Wettkampf, und desto härter sollte auch das Training sein.
- Die Komfortzone muss verlassen werden, um etwas zu erreichen.
- Die stoische Sportwissenschaft basiert auf drei Pfeilern: strategischer Plan, starker Körper, stoischer Geist.
- Kontrolliere das Kontrollierbare und akzeptiere das Unkontrollierbare.
- Der Mann mit dem Hammer kommt - und du musst vorbereitet sein, wenn er kommt.
- Strategien, die helfen können, wenn es hart wird: die 40-Prozent-Regel und die Keksdose
- Wettkampfangst ist nichts Seltenes und sie lässt sich behandeln, aber nur individuell. Keywords, feste Rituale und Ähnliches können hier helfen.
- Allgemein hilft es, einen ruhigen Geisteszustand zu haben und nicht genervt oder gestresst zu laufen, damit man auch seine Leistung adäquat abrufen kann.
- Meditation ist ein probates Mittel, um zu lernen, wie man besser im Moment sein kann.
- Fragile Denkweisen können einen einschränken, deswegen sollte man an die Robustheit des eigenen Körpers glauben.

TEIL VI: STRATEGY

12. WIE FANGE ICH MIT DEM LAUFEN AN?

Wenn du es bis hierhin geschafft hast, möchte ich dir gratulieren. Du hast bis jetzt die Grundlagen des Laufsports behandelt. Du bist konsequent genug, dass du dich mit der Materie so weit auseinandergesetzt hast.

Im Kommenden beschäftigen wir uns damit, wie du das Gelernte in dein Training einbauen kannst. Wie du den strategischen Plan, der in Teil 5 angesprochen wurde, schmiedest, das werden wir hier thematisieren.

Doch, bevor wir vollends einsteigen, hier noch eine Warnung.

Es gibt ein paar Dinge, die dich effektiv vom Laufen abhalten:

- Verletzung,
- Krankheit,
- Adipositas Grad IV,
- Herz-Kreislauf-Problematiken sowie
- Übertraining.

Alles andere ist lediglich eine Ausrede oder ein Shift der Prioritäten. Wenn man kein Profisportler ist, dann ist Laufen für gewöhnlich nicht die Priorität Nummer eins, aber trotzdem sollte man ihr eine gewisse Wichtigkeit beimessen. In Kap. 1.3

sollte dir klar geworden sein, warum du läufst - hier geht es darum, was du mit dem Training erreichen willst.

Laufen bringt viele Vorteile mit sich, doch welchen davon willst DU ausnutzen?

- Willst du fit werden oder bleiben?
- Willst du effizienter laufen?
- Willst du schmerzfrei deinen Sport betreiben können?
- Oder willst du eine neue persönliche Bestleistung aufstellen?
- Dich in nie zuvor erreichbare Stratosphären der physischen Leistungen bringen?
- Oder willst du sogar einen Weltrekord brechen?

Es liegt an dir. Gehe in dich und überlege dir, was du wirklich willst. Denn es ist alles möglich. Jedes Ziel, das du dir setzt, kannst du erreichen - aber die Ziele, die du dir nicht setzt, wirst du nie erreichen.

AUFGABEN

Was willst du mit deinem Lauftraining erreichen?

Willst du nur fitter werden, oder willst du eine neue Bestzeit laufen?

Schreibe es dir konkret auf und mache dir bewusst, was es braucht, um dieses Ziel zu erreichen.

Um es noch einmal deutlich zu sagen: Das, wovon du heute glaubst, es wäre unmöglich, kann bald schon greifbar sein - und wenn du hart arbeitest, dann kannst du es erreichen. Deine Wahrnehmung bestimmt deine Grenzen und deine Realität, also traue dich, über den Tellerrand zu schauen.

12.1 LEISTUNGSDETERMINANTEN IM LAUFEN

Wie in jeder anderen Sportart gibt es auch im Laufsport diverse Leistungsdeterminanten, sprich, körperliche Eigenschaften, die die Leistung beim Laufen begrenzen und festlegen. Über diese müssen wir uns klar werden, wenn wir erfolgreich laufen wollen. Je nachdem, welche Distanz man läuft, ist der Anteil an der Gesamtleistung ein anderer. Kurzstreckler brauchen mehr anaerobe Kapazitäten, während der Marathoni viel mehr aerobe Stoffwechselbelastung hat.

Körpergewicht

Die erste Leistungsdeterminante hat nichts mit dem Trainingszustand zu tun. Das Gewicht ist etwas, das wir mit uns herumschleppen und das uns ausbremst. Jedes unnötige Kilo verlangsamt uns zwangsläufig. Mehr dazu in den Kapitel 16 und 17.

VO_2 max

Dieses Kürzel steht für die maximale Sauerstoffaufnahme in Milliliter pro Minute. Sie gibt an, wie viel Sauerstoff (O_2) unser Köper pro Minute verstoffwechseln kann. Warum ist das wichtig? Weil Sauerstoff aus der Luft essenziell für unseren Energiestoffwechsel ist. Die VO_2max zeigt, wie viel Energie wir maximal produzieren können.

Wichtig ist hierbei, zu differenzieren zwischen der absoluten VO_2max und der relativen VO_2max. Die *absolute* VO_2max berechnet nämlich nicht das Körpergewicht mit ein, weswegen ich sie hier nicht weiter berücksichtige. Wenn es im Folgenden um die VO_2max geht, dann sprechen wir von der *relativen* VO_2max im Verhältnis zum Körpergewicht, denn nur sie spiegelt repräsentativ die Leistungsfähigkeit der Lunge wider.

Sie ist extrem wichtig, wenn es um Ausdauerleistungen generell geht. Jede Laufdistanz erfordert eine trainierte VO_2max. Je nachdem, welche Distanz unser Ziel ist, spielen die nächsten beiden Determinanten eine Rolle.

Aerober Stoffwechsel

Aerob bedeutet „mit Sauerstoff". Der aerobe Stoffwechsel bildet die Grundlage unserer Ausdauer. Wenn wir lange und langsam laufen, dann ist er es, der uns antreibt. Er hält am längsten durch und funktioniert über die Umwandlung von Glykogen (Zucker) und Fett in Energie.

Er ist davon abhängig, wie effizient dieser Prozess abläuft und wie viele dieser Reserven zur Verfügung stehen. Der einzige Nachteil hierbei ist, dass der aerobe Stoffwechsel sehr langsam abläuft, weswegen er nur für niedrige Geschwindigkeiten geeignet ist. Ein guter aerober Stoffwechsel ist Pflicht für Langstreckenläufer.

Anaerober Stoffwechsel

Der anaerobe Stoffwechsel ist der kleine (oder große) Bruder des aeroben Stoffwechsels. Er ist für höhere Belastung zuständig, da er ohne Sauerstoff funktioniert und somit auch dann ablaufen kann, wenn wir so schnell unterwegs sind, dass wir nicht genügend Luft einatmen. Der anaerobe Stoffwechsel hat allerdings ein gemeines Abfallprodukt: Laktat. Laktat sammelt sich in den Muskeln und hemmt ihre Leistung. Wenn die Konzentration zu hoch wird, dann versagen die Muskeln und wir brechen einfach zusammen.

Kraftausdauer

Zu guter Letzt steht die Kraftausdauer. Unser Muskelskelettsystem muss uns die ganze Zeit aufrecht halten. Wenn die Kraft nachlässt, dann büßen wir Leistung ein. Das bedeutet, je länger die Distanz wird, desto wichtiger wird diese Determinante.

13 DIE PFEILER DER FITNESS

Unsere körperliche Fitness ist aufgebaut wie eine Pyramide – sie kann nur so hoch sein, wie ihr Fundament breit ist –, deswegen sollte man nie die Grundlagen unterschätzen.

Edgley [3] hat in seinem *World fittest book* einen guten Überblick darüber gegeben, wie die Pyramide aufgebaut ist, und welche Ebenen sie besitzt. Hier werden die einzelnen Säulen, die er beschreibt, noch einmal genauer analysiert. Dabei fangen wir mit dem Fundament – den Körpergrundlagen – an und arbeiten uns langsam nach oben.

Jeder Pfeiler ist wichtig, doch man sollte einen nach dem anderem meistern. Denn erst kommen die Körpergrundlagen – dann kann man sich mit der progressiven Überlastung beschäftigen, dann mit dem spezifischen Training und sich dann der Erholung widmen. Und erst dann sollte man sich Gedanken um mehr machen.

Dieses Kapitel umfasst universale Prinzipien, die auf jede Sportart anzuwenden sind. Deswegen ist es unerlässlich die Pfeiler zu verstehen und sich in jeder Phase des Trainings auf sie zu besinnen. Es sollte mittlerweile deutlich geworden sein, dass der menschliche Körper nur als Einheit funktioniert.

Nach Portal ist man zuerst immer Mensch, dann bewegter Mensch, und erst dann ist man Athlet bzw. Läufer. Dementsprechend müssen wir lernen, unseren menschlichen Körper entsprechend aufzubauen, damit wir als bewegter Mensch bzw. Sportler funktionieren. Diese Basis wird mit den Pfeilern der Fitness gelegt – darauf können wir aufbauen und zum Läufer werden.

13.1 DIE KÖRPERGRUNDLAGEN

Bevor wir mit irgendeinem Training beginnen, sollten wir uns bewusst machen, wozu unser Körper in der Lage ist. Ein guter Ansatz hierfür ist es, erst einmal zu testen, was unser Körper leisten kann (vgl. *Fundamental Screen*). Dies kann auf unterschiedlichste Weise erfolgen:

- Wie hoch kannst du springen?
- Wie schnell kannst du sprinten?
- Wie viele Liegestütze und Klimmzüge kannst du schaffen?
- Kommst du in die tiefe Hocke?

Das sind alles natürliche Fähigkeiten des Menschen und es ist wichtig, sie zu beherrschen. Spezifisches Lauftraining wird dir keinen Vorteil verschaffen, wenn du nicht die allgemeinen Grundlagen geschaffen hast, dann kannst du nicht darauf aufbauen. Denke daran: *Eine Pyramide kann nur so hoch werden, wie ihr Fundament breit ist.*

GENERAL PHYSICAL PREPAREDNESS

Das Konzept der *General Physical Preparedness* (dt.: generelle physische Bereitschaft, kurz: GPD) stammt aus der ehemaligen Sowjetunion.[3] Kurz gefasst, sagt es aus, dass, bevor man mit irgendeiner Art spezifischen Trainings beginnt, man seinen Körper grundlegend fit machen sollte, indem man ihn auf verschiedenste Weise fordert. Laufen, Springen, Werfen, Krafttraining - dies alles dient dem Zweck, uns auf das vorzubereiten, was da kommen mag. Insgesamt erreichen wir dadurch etwas, dass wir *kinästhetische* Wahrnehmung nennen.

- Wie nehmen wir unseren Körper im Raum wahr?
- Wie steuern wir welche Muskeln an?
- Bei welcher Bewegung belasten wir unseren Körper wie?

All das hilft uns später in dem Sinne, unsere PS auf die Straße zu bringen. Wir können noch so stark und ausdauernd sein, wenn wir uns ineffizient bewegen und nicht wissen, was wir mit unseren Gliedmaßen anfangen sollen, dann werden wir nie unsere volle Leistung abrufen können.

Kraft, Ausdauer und Schnelligkeit sind die konditionellen Fähigkeiten, die wir immer und überall brauchen. Durch GPD trainieren wir alles in einem ähnlichen Maße und verbessern so unsere Fitness allgemein. Das Krafttraining aus Kapitel 3 entspricht dem groben Grundgedanken des GPD und bereitet dich so optimal auf spezifischere Belastungen vor.

Grundsätzlich ist es zu empfehlen, einen Block von sechs Wochen allgemeiner Vorbereitung inklusive GPD an den Anfang einer jeden Trainingsplanung zu legen, um die Grundlage zu bilden. Auch Crosstraining wie Laufen, Fahrradfahren und diverse andere Sportarten haben so ihren Platz im Training, da sie auch wieder die kinästhetische Wahrnehmung verbessern und den Köper auf unterschiedlichste Weise fordern.

Baue kinästhetische Wahrnehmung auf!

Kinästhetische Wahrnehmung ist die Fähigkeit deines Körpers, wahrzunehmen, wie welche Gliedmaßen sich im Raum bewegen und welche Muskeln für welche Bewegung angesteuert werden müssen. Sie bildet die Grundlage für jedwede Bewegung. GPD sorgt durch die Vielzahl an Trainingsreizen dafür, dass wir uns anpassen müssen und unsere allgemeine kinästhetische Wahrnehmung verbessern.

13.2 DIE PROGRESSIVE BELASTUNGSSTEIGERUNG

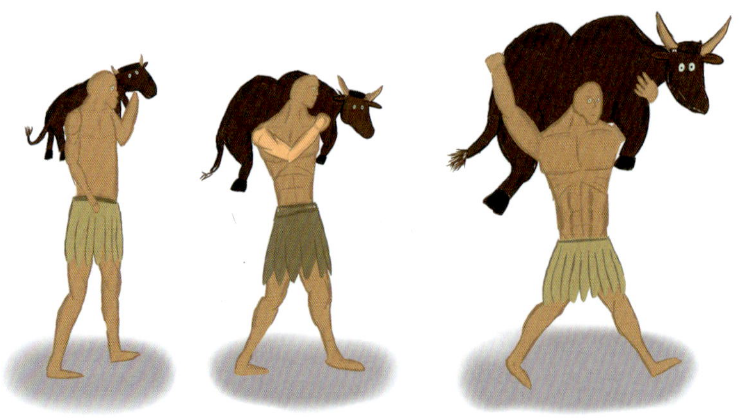

Abb. 66: Die Entwicklung des Kalbes zum Stier

Für den nächsten Pfeiler der Fitness machen wir eine kleine Reise in der Zeit zurück. Um genau zu sein, reisen wir in das antike Griechenland um 555 vor Christus, denn zu diesem Zeitpunkt hat der sagenumwobene Held im Alleingang das Prinzip der progressiven Überlastung erfunden.

Darf ich vorstellen: Milo von Crotone - der erfolgreichste Athlet der Antike[54].

Milo war bekannt für seine unangefochtene Stärke und seine unglaubliche Physis.

Doch wie erreichte Milo das alles?

Indem er die progressive Belastungssteigerung zur Perfektion brachte und kontinuierlich sein Training anpasste.

Die bekannteste Sage um Milo war seine Beziehung zu einem jungen Kalb. Milo machte es sich zur Gewohnheit, jeden Tag das Kalb zu schultern und durch das Stadion zu tragen. Über Wochen und Monate hinweg wuchs das kleine Kalb. Die Last, die Milo somit stemmen musste, wurde immer schwerer. Letzten Endes schaffte Milo es so nach vier Jahren harten Trainings, das Kalb, welches nun ein ausgewachsener Stier war, über die gesamte Stadionrunde zu tragen.

An diesem Beispiel erkennt man sehr gut, wie progressive Belastungssteigerung funktioniert. Dadurch, dass das Kalb wuchs, musste Milo jeden Tag etwas mehr Last bewältigen. Jedoch nicht viel mehr. Womöglich nur ein paar Gramm mehr, doch über Monate und Jahre hinweg wurden diese paar Gramm zu mehreren 100 Kilogramm, die er stemmen konnte. Das ist angewandte progressive, das heißt, sich steigernde Überlastung.

Diese Überlastung kann man in dreierlei Form aufteilen. Alle drei haben ihre Daseinsberechtigung und um optimale Ergebnisse zu erzielen, sollte man alle drei in sein Training einbauen[3]:

Konstanter Overload

Unter *konstant* verstehen wir hier eine stetige Erhöhung der Trainingslast. Am Beispiel von Milo kann dies gut dargestellt werden, da dieser täglich durch das Wachstum des Stiers mehr Last tragen musste.

Nicht linearer Overload

Es reicht nicht aus, jeden Tag etwas mehr zu tun. Es muss auch mit Entlastung gerechnet werden. Manchmal ist weniger mehr. Außerdem kann eine funktionelle Überlastung auch zielführend sein.

Eine angemessene Periodisierung ist hier das Beste. Laufspezifische Periodisierung findest du in Kapitel 14.

Spezifischer Overload

Es bringt uns nichts, wenn wir als Läufer einfach mehr Gewicht aufladen oder mehr Kilometer laufen. Wir müssen unseren Overload an unsere spezifischen Ziele anpassen. So sind mehr und mehr Kilometer nur sinnvoll, wenn wir so lange wie möglich laufen wollen. Wenn unser Ziel aber ist, ein Tempo über eine Distanz wie beispielsweise fünf Kilometer zu laufen, dann müssen wir unsere Überlastung spezifisch an dieses Ziel anpassen.

DAS PRINZIP DER SUPERKOMPENSATION

Wir müssen erst schlechter werden, bevor wir besser werden. Das Prinzip der *Superkompensation* besagt, dass wir durch eine Belastung unsere körperliche Leistung verschlechtern. Darauf aufbauend, steigert sich unsere Leistung wieder über das ursprüngliche Niveau hinaus. So verbessern wir unsere Leistung.

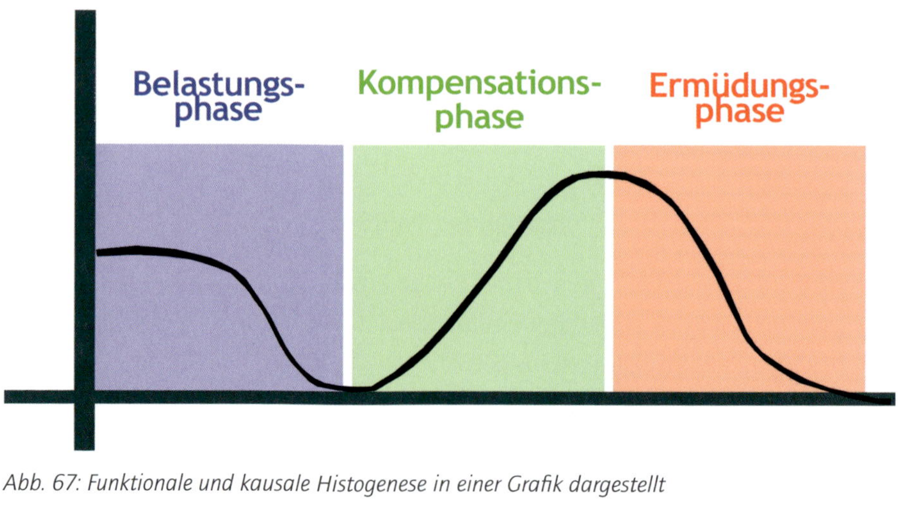

Abb. 67: Funktionale und kausale Histogenese in einer Grafik dargestellt

Wichtig ist hierbei, dass man diesen Prozess versteht und dementsprechend den Zeitpunkt für den nächsten Trainingsreiz intelligent wählt. In der Grafik erkennt man, was für einen Unterschied es spielen kann, wenn man den Trainingsreiz nicht optimal setzt, Training in die Ermüdung hinein, führt zum Leistungsverlust, anstatt zum -gewinn (vgl. blauer Bereich).

Nachdem der Trainingsreiz abgeschlossen ist, werden wir langsam besser und verbessern uns minimal über das ursprüngliche Niveau hinaus (vgl. grüner Bereich). Schließlich können wir diese Leistung aber auch wieder einbüßen (vgl. rote Kurve).

Wenn wir allerdings am Peak (= Übergang zwischen Grün und Rot) einen neuen Reiz setzen, dann schaffen wir es, unsere Leistung über längere Sicht zu steigern. Ein Trainingsreiz allein wird nie dazu führen, dass wir uns langfristig anpassen, sondern wir werden uns lediglich wieder auf dem ursprünglichen Niveau einpendeln.

MERKE

Das Timing der Trainingsreize ist extrem wichtig. Die Gleichung:

mehr Training = mehr Leistung

geht absolut nicht auf. In welchem Bereich auch immer, man muss die Relation zwischen Belastung und Erholung einhalten.

PRINZIP DER SUMMIERTEN WIRKSAMKEIT

Betrachten wir das Prinzip der Superkompensation, so fällt auf, dass dieses vereinfachte Modell immer nur von einem Stimulus ausgeht mit einhergehender Regeneration. Die Weiterentwicklung dieses Modells ist das Prinzip der summierten Wirksamkeit. Hierbei geht man davon aus, dass auch mehrere aufeinanderfolgende Trainingsreize zu einer Steigerung der Leistung führen können, wenn darauf eine entsprechende Pause folgt.

Wenn wir also auf einen nicht vollständig regenerierten Reiz einen weiteren Trainingsreiz setzen und uns nachher genug Erholung gönnen, dann können wir auch daraus eine Superkompensation erwirken. Das Ganze funktioniert natürlich auch mit drei, vier oder noch mehr Reizen. Wichtig ist eine adäquate Erholung – und nicht, zu viele Reize aufzusummieren, denn der Körper kann sich nicht endlos erholen.

WALFISCHARTIGE ARBEITSKAPAZITÄT

Arbeitskapazität ist die Fähigkeit des Körpers, Trainingsvolumen zu verkraften *und* in adäquater Zeit zu regenerieren[3]. Man kann sich die Arbeitskapazität wie ein Fass vorstellen, in das von oben die Trainingsbelastung einläuft und unten über einen Hahn (der die Regeneration darstellt) wieder abgelassen wird. Wenn wir von oben zu viel Wasser (Belastung) einlassen, dann wird unser Fass irgendwann überlaufen, das steht symbolisch für eine Verletzung, Übertraining oder Burn-out.

Wie schaffen wir es also, das zu vermeiden?
Indem wir unsere Arbeitskapazität langsam und kontinuierlich steigern und sie verbessern. Nun bedeutet eine bessere Arbeitskapazität, dass erstens das Fass etwas mehr Volumen fassen kann, aber auch, dass der Hahn größer wird und mehr Wasser ablassen kann. Man hat also wesentlich mehr Spielraum, wenn es um die Trainingsbelastung geht.

Eine größere Arbeitskapazität sorgt nicht unbedingt für mehr Anpassung und eine bessere Leistungssteigerung, aber wenn wir das Symbolbild aufgreifen, dann bestimmt die Menge an Wasser, die durch unser Fass durchläuft (ohne es zum Überlaufen zu bringen), wie stark wir uns verbessern.

Mehr Wasser = mehr Leistung.

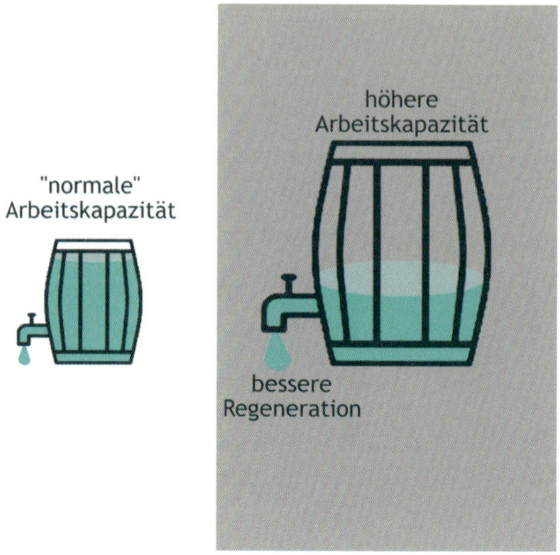

Abb. 68: Wasser als Sinnbild des absolvierten Trainings

Im Endeffekt sollte man darauf achten, nur so viel zu trainieren, wie man auch verträgt. Also nur so viel Wasser einzulassen, wie auch wieder abfließt. Wenn man über längere Zeit langsam das Volumen steigert, dann wird über kurz oder lang der Abfluss größer ebenso wie das Fass. Deswegen ist es wichtig, langsam und progressiv die Arbeitslast zu steigern, damit sich die Arbeitskapazität daran anpassen kann.

13.3 SPEZIFISCHES TRAINING

Wie beim spezifischen Overload schon angerissen, bringt uns mehr Trainingsbelastung nur bedingt voran, wenn wir sie nicht spezifisch an unsere Ziele und Bedürfnisse anpassen. Um besser zu zeigen, warum Spezifität so wichtig ist, beziehe ich mich im Folgenden auf die SAID-Formel.

DIE SAID-FORMEL

SAID ist eine Abkürzung und steht für *Specific Adaptation on Imposed Demand* (zu Deutsch: spezifische Anpassung an geforderte Leistung)[55]. Sie besagt, dass unser Körper sich an das anpasst, womit wir ihn fordern.

Wenn wir also schnell laufen, dann wird von unserem Körper schnelles Laufen gefordert und er passt sich daran an und wird besser im schnellen Laufen. Genauer bedeutet das, wenn ich fünf Kilometer in 20 Minuten laufen will, dann heißt das eine Pace von 4:00 Minuten pro Kilometer. Laut dem SAID-Prinzip muss ich also trainieren, eine Pace von 4:00 Minuten pro Kilometer zu laufen, damit ich das Tempo dann über fünf Kilometer aufrechterhalten kann.

Das Gesetz des progressiven Overloads mit einbezogen, ergibt sich eine Belastungssteigerung von einem Kilometer mit einer 4er-Pace zu fünf Kilometern im 4er-Pace.

Kurzum, man sollte so nah wie möglich am Ziel trainieren. Ein Läufer wird besser durchs Laufen, ein Kugelstoßer besser durchs Kugelstoßen und ein Schachspieler besser durchs Schachspielen.

DAS BULGARISCHE TRAININGSDOGMA

Sehr gut zu betrachten ist das Gesetz der spezifischen Fertigkeit bei bulgarischen Gewichthebern. Während das Training der meisten internationalen Gewichtheber aus Übungen wie Kreuzheben, Kniebeugen und diversen assistierenden Übungen besteht, stehen die eigentlichen Disziplinen wie das Reißen und das Stoßen allerdings nur 1-2-mal die Woche im Programm[3].

Die Bulgaren hingegen verzeichnen einen Großteil ihrer Folge hindurch ihren differenzierten Ansatz, nachdem sie in *jeder* Trainingseinheit Reißen *und* Stoßen in der einen oder anderen Form mit einbinden. Zwar nicht immer mit dem Gewicht, das sie im Wettkampf benutzen würden, doch allein die Tatsache, dass sie diese Bewegung sehr viel öfter ausführen als ihre Konkurrenten, gibt ihnen einen entscheidenden Vorteil. Dadurch, dass sie diese spezifische Fertigkeit weitaus häufiger einstudiert haben, ist sie neurologisch und neuromuskulär wesentlich besser einprogrammiert und sie wissen exakt, wie sie ihren Körper für den optimalen Output zu bewegen haben.

Man sollte allerdings nicht die Funktion der assistierenden Übungen vernachlässigen, denn sie haben auch im Training der Bulgaren ihre Daseinsberechtigung, doch sie legen ihr hauptsächliches Trainingsvolumen auf ihre Wettkampfdisziplinen.

VOLUMEN UND SPEZIFITÄT IN RELATION

Wie man am Beispiel der bulgarischen Gewichtsheber sehen kann, muss die Relation stimmen zwischen dem, was wir uns an Training auferlegen (Volumen), und der Zeit, die wir zielgerichtet unsere Sportart/Bewegung trainieren (Spezifität). Unser Körper kann nur ein gewisses Trainingsvolumen verkraften, weswegen wir sorgsam abschätzen sollten, wie wir es verteilen[3].

Die wichtigste Trainingseinheit ist hier immer die, die den größten Übertrag auf unser Ziel bietet. Danach kommen die Einheiten, die an unseren Schwachstellen arbeiten. Auf diese beiden Trainingseinheiten sollten wir circa 80 Prozent unseres Trainingsvolumen legen; die restlichen 20 Prozent sind lediglich assistierend und dienen der Unterstützung der anderen Einheiten.

Diese 80/20-Verteilung stellt sicher, dass unsere Trainingsvolumen nicht verschwendet werden, sondern der Großteil in Richtung Ziel fließt. Der größte Fehler ist es nämlich, dauerhaft unspezifisch zu trainieren und somit nie seine Ziele zu erreichen, während man sich gleichzeitig ausbrennt.

13.4 ERHOLUNG UND REGENERATION

Leistungssteigerung erfolgt nur, wenn man das fragile Gleichgewicht von Belastung und Erholung aufrechterhält. Der Schlüssel liegt darin, gerade so viel Trainingsvolumen aufzuladen, wie der Körper regenerieren kann.

Was oft unterschätzt wird, ist, dass Regeneration kein passiver Prozess ist, den der Körper für sich absolviert, sondern dass wir es in der Hand haben, wie schnell oder langsam und wie effektiv dieser Prozess abläuft.

Das Gesetz der Erholung beschäftigt sich damit, wie man die regenerativen Prozesse optimieren kann und welche Mittel und Wege es gibt, um sicherzustellen, dass unser Körper adäquat regeneriert. Wie in Kapitel 13.2 zur progressiven Überlastung bereits angerissen, besagt die Theorie der Superkompensation, dass eine Adaption unseres Organismus nur erfolgt, wenn er aus seinem natürlichen Gleichgewicht, der Homöostase, gerissen wird. Den Prozess, den wir als *Regeneration* bezeichnen, ist lediglich der Versuch unseres Körpers, diese Homöostase wiederherzustellen.

Wir unterscheiden zwischen aktiven und passiven Regenerationsmaßnahmen. *Aktive* Maßnahmen definieren sich durch ruhige, entspannte Bewegung, wie Spaziergänge, Stretching oder leichte Trainingseinheiten, um die Durchblutung der Muskulatur anzukurbeln und unseren Stoffwechsel anzutreiben. *Passive* Regenerationsmaßnahmen umfassen beispielsweise Massagen, Saunieren oder Wechselduschen, wobei von außen Einfluss auf unseren Körper ausgeübt wird.

DIE ERMÜDUNGSPHASE

Die Ermüdungsphase ist der Todfeind der Leistungssteigerung. In Kapitel 13.2 wurde bereits kurz erklärt, was es mit ihr auf sich hat. Wenn wir uns so heruntergewirtschaftet haben, dass wir die Ermüdungsphase betreten, oder aber zu spät einen Trainingsreiz setzen, benötigen wir viel Energie und viel Zeit, um wieder belastbar zu sein.

Wenn wir von der Homöostase ausgehen, dann ist die Ermüdungsphase ein kritischer Zustand, weil wir so weit vom natürlichen Gleichgewicht entfernt sind, dass wir ewig brauchen, bis wir wieder im Gleichgewicht sind. In gewisser Weise sind wir in einem Notfallmodus, der unseren Körper dazu veranlasst, jedwede Leistungserbringung zu hemmen, bis wir wieder in Homöostase sind.

Daraus lernen wir, dass hartes Training nicht automatisch gutes Training ist. Wir sollten uns im Training nur so sehr belasten, dass unser Körper sich davon auch adäquat erholen kann. Ansonsten riskieren wir einerseits Verletzungen und büßen andererseits Leistung ein.

Wenn wir immer nur fünf Kilometer laufen und auf einmal anfangen, 20 Kilometer am Stück zu laufen, dann werden wir keine optimale Leistungssteigerung erleben, sondern vielmehr uns einfach nur auslaugen und eine Woche nicht richtig trainieren können. Ein adäquater Trainingsreiz wäre es, von fünf Kilometer auf sechs Kilometer oder maximal sieben bis acht Kilometer zu skalieren. Alles darüber wäre zu viel. 10-20 Prozent ist die optimale Dosis, um von Woche zu Woche das Trainingsvolumen zu steigern.

Denn es liegt an unserem **MRV** (= **Maximal Recoverable Volume**; maximal regenerierbares Volumen), wie viel Trainingslast wir regenerieren können. Durch die Steigerung unserer Arbeitskapazität verbessern wir auch unser MRV. Somit ist die Regeneration davon abhängig, wie gut wir vorher das Gesetz der progressiven Überlastung angewandt haben. Aber natürlich sollten wir auch verstehen, was unsere Regeneration außer dem Training noch beeinflusst.

DER BIO-PSYCHO-SOZIALE KONTEXT

„Nach einem Tag langer harter Arbeit fällt es mir schwer, im Training noch Vollgas zu geben."

„Wenn ich den ganzen Tag nur von Termin zu Termin gehetzt bin und zwischendurch kaum Zeit zum Durchatmen hatte, dann habe ich das Gefühl, dass ich komplett ausgelaugt bin - und dass, ohne trainiert zu haben."

- Woran liegt das?
- Bin ich etwa nicht regeneriert?

Um zu verstehen, wie wir die Regeneration beeinflussen können, müssen wir verstehen, wie Regeneration im biopsychosozialen Kontext funktioniert. Das biopsychosoziale Modell wurde erstmals 1976 von Engels vorgestellt und bietet einen neuartigen Ansatz der Biomedizin, nach der nicht nur das Spiel auf molekularer Ebene einen Einfluss auf unsere Gesundheit hat, sondern auch unsere Psyche sowie unser soziales Umfeld diese ebenso beeinflussen. Kurz gesagt, nicht nur Training und Ernährung spielen eine Rolle für deine Fitness, sondern dein gesamtes Leben[23][31].

Cholewiki und Kollegen untersuchten 2019 welchen Einfluss die Biomechanik auf Schmerzen, und speziell auf die klassischen Schmerzen im unteren Rücken, hat. Dabei konnten sie neben den biomechanischen Faktoren auch psychologische und individuelle Faktoren sowie Gewebeschäden, das Verhalten und den Kontext als Ursachen identifzieren, so waren degenerative Erkrankungen an den Bandscheiben nur ein Aspekt. Aber auch soziale Bedingungen, wie der sozioökonomische Status, spielen nach Cholewiki et al. (2019) eine Rolle für die Schmerzen und die Qualität des Lebens allgemein. Es wird hier mehr als deutlich, dass so viele Faktoren in den Schmerz und die Lebensqualität allgemein mit hineinspielen, dass wir sie gar nicht alle messen können. Man könnte etliche Seiten damit füllen, welche Rolle die einzelnen Faktoren spielen, doch viel sinnvoller ist es, die Faktoren in ihrer Gesamtheit zu betrachten[20].

Man sieht eindeutig, dass man beim Thema Schmerzen seinen Horizont erweitern muss und nicht immer nach einer Pathologie schauen sollte.

Ebenso ist es bei der Regeneration. Es geht nicht nur um die Zeit, die ich trainiert habe, versus die Zeit, die ich nicht trainiert habe, sondern auch darum, was alles in dieser Zeit passiert ist. Wenn ich nicht trainiere, aber nur Stress habe, dann werde ich wohl kaum regenerieren können. Um den Kern des biopsychosozialen Kontexts zu verstehen, sollten wir einen Blick auf unser zentrales Nervensystem werfen und schauen, wie es auf Reize reagiert.

Im Wesentlichen hat unser Nervensystem zwei Modi: „Fight or Flight" (dt.: Kämpfen oder Fliehen), der vom Sympathikusnerv ausgeht und „Rest and Digest" (dt.: Ruhen und Verdauen), welcher vom Parasympathikusnerv bestimmt wird*.

Stress sorgt dafür, dass der Sympathikus feuert und wir Energie mobilisieren. Sinnvoll, wenn uns ein Säbelzahntiger angreift, sinnvoll, wenn wir Höchstleistung bringen wollen, aber in diesem Modus tun wir alles andere, außer regenerieren.

Wenn wir nun die Regeneration mit der biopsychosozialen Brille betrachten, dann wird uns klar, dass jeglicher Stress, jeglicher Druck, der in unserem Leben entsteht, unsere Regeneration negativ beeinflussen kann. Dies bedeutet, dass wir neben der

Trainingsbelastung, dem MRV und der effektiven Regenerationszeit auch beachten müssen, wie viel Stress wir *außerhalb* des Trainings hatten.

Denn viel Stress bei Arbeit/im Studium/privat sorgt dafür, dass wir eine erhöhte Sympathikusaktivität haben und nicht in den „Rest-and-Digest"-Modus kommen, in dem wir effektiv regenerieren. Somit kann das beste und durchdachteste Trainingskonzept aus der Bahn geworfen werden, wenn man die bio-psychosoziale Komponente missachtet. Deswegen sollte man sich nie auf einen rigiden Trainingsplan verlassen, sondern flexibel in der Trainingsgestaltung bleiben.

Denn wenn viel externer Stress einen schon auslaugt, ist das Sinnvollste, was man tun kann, den Trainingsload zu reduzieren, um die Stressbilanz möglichst gering zu halten. Dies senkt zwar die potenzielle Leistungssteigerung, sorgt aber dafür, dass wir die Ermüdungsphase, Übertraining und Verletzungen abwenden können, bevor wir sie erreichen.

BRONFENBRENNERS ÖKOLOGISCHES MODELL

Wenn wir vom biopsychosozialen Kontext sprechen, sollten wir auch über die indirekten Einflüsse auf uns sprechen. Bronfenbrenner hat hier eine gute Grundlage geschaffen, aufgrund derer man analysieren kann, welche Systeme eine Rolle in unserem Leben spielen[56].

Zunächst sind wir als Mensch immer Teil eines oder mehrerer Mikrosysteme. Die Familie, unser Arbeitsplatz oder die Universität können eigene unabhängige Mikrosysteme sein. Alles, was in diesen Mikrosystemen passiert, beeinflusst uns direkt. Hat unsere Mutter Stress oder gesundheitliche Probleme, beeinflusst uns dies auch.

Eine hierarchische Ebene höher ist das Mesosystem. Dies besteht aus einem oder mehreren Mikrosystemen und beschreibt, wie diese miteinander interagieren. So hat unsere Familie vielleicht etwas mit unserem Arbeitsplatz zu tun, wenn beispielsweise Verwandte Kollegen sind, oder der Arbeitsplatz abhängig von unserer familiären Situation ist.

Das Exosystem umfasst alles, was Einfluss auf unsere Mikrosysteme ausübt, aber nicht direkt auf uns. So hat die Familie unseres Chefs keinen direkten Einfluss auf uns, doch wenn der Chef ein besseres familiäres Verhältnis hat, dann wird sich sein Verhalten ändern und somit wird er uns besser behandeln.

Alles umfassend ist das Makrosystem, welches von Kultur über Politik alles beinhaltet, was eine Rolle in unserem Leben spielt. So werden wir von anderen Dingen beeinflusst, unterliegen anderen kulturellen Richtlinien, müssen anderen Gesetzen folgen, wenn wir in Spanien leben anstatt in Deutschland.

Nun, das Ganze scheint zwar schön und gut, doch inwiefern hat dies Einfluss auf unser Training? Es spielt eine Rolle, wie wir unsere Belastung empfinden. Wir müssen beim Versuch, sportliche Höchstleistungen zu erreichen, stets im Blick behalten, was uns beeinflusst und eventuell unser Training negativ beeinträchtigt.

An dieser Stelle appelliere ich an alle, dass sie versuchen, einen großen Blickwinkel zu behalten und stets zu überlegen, ob und wie das einzelne System den eigenen gesundheitlichen Zustand aktuell beeinflussen kann.

Denn ein gesunder Geist ist ebenso wichtig wie ein gesunder Körper.

DIE BEDEUTUNG DES SCHLAFS

Nun, da wir das biopsychosoziale Modell behandelt haben, können wir uns den unterschiedlichsten Maßnahmen zuwenden. Die erste und wichtigste Maßnahme, die man selbst in der Hand hat, ist der Schlaf.

Etwas, das komplett unterschätzt wird, ist der Effekt des Schlafs und was schlechter Schlaf alles kaputtmachen kann. Kurzgefasst, ist Schlafen **der** regenerative Prozess schlechthin. Im Wesentlichen dient nach Walker (2018) der Schlaf dem Gehirn dazu, das Erlebte vom Tag zu verarbeiten, Gelerntes abzuspeichern und alle Energiereserven wieder aufzuladen.

Wenn wir zu wenig schlafen, dann fühlen wir uns nicht nur müde und schlapp, sondern auch unsere kognitiven Prozesse leiden darunter. Regelmäßig zu wenig Schlaf vermindert unsere Reaktionszeit, unser logisches Denken und weitere wichtige kognitive Funktionen. De facto führt chronischer Schlafmangel dazu, dass wir so leistungsfähig sind wie ein dauerbetrunkener Alkoholiker[13].

Neben den vielen weiteren gesundheitlichen Nachteilen des Schlafmangels spielt für den Läufer die verminderte Regeneration und die gesunkene Leistungsfähigkeit eine wesentliche Rolle. Dies sind zwei Aspekte, die man vermeiden muss – und zwar um jeden Preis.

Wie viel Schlaf ist denn genug?

Diese Frage lässt sich nicht pauschal beantworten, da jedes Individuum eine unterschiedliche Menge an Schlaf benötigt. Grundsätzlich sollte laut Walker (2018) aber der Schlaf zwischen sieben und neun Stunden lang sein. Manche Menschen brauchen nur sieben Stunden, andere brauchen aber vielleicht auch neun oder zehn. Das sollte man individuell ermitteln.

Hierbei sollte beachtet werden, dass nur, weil man sich acht Stunden Zeit gibt, um zu schlafen, bedeutet das nicht, dass man genau acht Stunden schläft, sondern vermutlich eher sieben Stunden vielleicht siebeneinhalb. Da man nicht genau in dem Moment, in dem man sich ins Bett legt, einschläft, sondern noch etwas Zeit vergeht, bis man in das Reich der Träume entgleitet. Und es gibt auch keine Gewähr dafür, dass man die vollen acht Stunden durchschläft.

Neben der Dauer des Schlafs ist die Qualität des Schlafs ebenso wichtig. Die Einschlafdauer ist ein guter Indikator dafür, wie gut man schläft, ebenso wie die Frage, ob man durchschläft oder nachts wach wird.

Ich brauche aber nur sechs Stunden Schlaf ...

Das heißt nicht, dass du weniger Schlaf brauchst, sondern nur, dass du dich daran gewöhnt hast, dich mit einer niedrigeren Leistungsfähigkeit zu arrangieren. Jeder Mensch braucht genetisch bedingt sieben bis neun Stunden Schlaf - und nein, *man kann sich nicht antrainieren, weniger Schlaf zu brauchen*. Jede Stunde Schlaf zu wenig bedeutet weniger Leistung, weniger Energie und aufsummiert sogar einen früheren Tod. Die Länge des Schlafs ist nicht verhandelbar.

Schlaf ist nicht gleich Schlaf

2019 war ich in der Mitternachtspremiere von *Avengers: Endgame,* einem dreistündigen Filmepos, das sogar zum Highest Grossing Movie wurde. Jedenfalls mit Abspann und Heimfahrt und allem Drum und Dran kam ich erst gegen 4:30 Uhr nach Hause und habe mich dann gegen 5 Uhr morgens schlafen gelegt. Ich habe solide acht Stunden geschlafen und bin mittags gegen 13 Uhr aufgewacht.

Eigentlich sollte man ja meinen, dass ich topfit aus dem Bett gesprungen wäre – leider nein, leider gar nicht. Trotz der acht Stunden Schlaf habe ich mich gefühlt wie vom Trecker überrollt. Ich habe den Abend vorher noch einen Kaffee getrunken und eine Dose Energydrink, damit ich beim Film auch noch wach bin.

Koffein ist Gift für einen gesunden Schlaf. Und dann natürlich die Tatsache, dass ich, statt wie sonst gegen 23 Uhr schlafen zu gehen, ich erst gegen 5 Uhr die Augen zugemacht habe. Mein Körper war vollkommen verwirrt und in einem komplett anderen Rhythmus. Ich hatte zwar acht Stunden Schlaf, doch keine davon war wirklich erholsam.

Was man daraus lernen kann, ist, dass die Schlafqualität mindestens genauso wichtig ist, wie die Schlafdauer. Es bietet sich an, einen regelmäßigen Schlafrhythmus zu haben, der nahezu deckungsgleich mit dem Tag-Nacht-Rhythmus ist. Denn das Schlafhormon Melatonin wird nur dann ausgeschüttet, wenn die Sonne langsam anfängt unterzugehen. Das heißt, wir werden automatisch müde, wenn es dunkel wird. Unsere innere Uhr passt sich an die Verfügbarkeit von Sonnenlicht an. Deswegen kann man tagsüber nur sehr schwer schlafen und abends/nachts schwerer wach bleiben.

Koffein setzt in unserem Gehirn an den Adenosinrezeptoren an und verhindert, dass wir müder oder schläfrig werden. Da es eine Halbwertzeit von fünf bis sieben Stunden hat, brauchen wir so lange, bis die Hälfte des Koffeins aus unserer Blutbahn verschwunden ist. Es verschlechtert unseren Schlaf und hemmt die Ausschüttung von Melatonin. Deswegen sollte man nachmittags und vor allem abends auf Kaffee, Tee, Energydrinks und Ähnliches verzichten, wenn man auf die eigene Schlafqualität Wert legt.

Die Bedeutung von Naps

Nap oder auch Nickerchen sind etwas, dass man oft mit Kleinkindern oder älteren Menschen in Verbindung bringt, da der Rest der Bevölkerung oft zu beschäftigt dafür ist. Dieser kurze Schlaf mitten am Tag wird häufig unterschätzt. Die Hochkulturen der Antike - die Griechen und Römer - pflegten jedoch ein Nickerchen, die Siesta, nach dem Essen einzulegen, zurecht.

Man glaubt gar nicht, was 30 Minuten Schlaf am Tag bewirken können. Sofern möglich, kann ich nur jedem raten, Nickerchen am Tag einzubauen, um die Wirkung des Schlafs so gut wie möglich auszunutzen. Es gibt keine bessere Regeneration als Schlaf.

Tipps und Tricks für einen besseren Schlaf

1. *Sonnenlicht am Morgen*
   Sonnenlicht synchronisiert unseren zirkadianischen Rhythmus und sorgt dafür, dass wir morgens wach werden und unsere innere Uhr so gestellt wird, dass wir abends rechtzeitig müde werden und Melatonin produzieren.
2. *Kein Koffein nachmittags zu sich nehmen.*
3. *Kein blaues Licht nach Sonnenuntergang einschalten.*
   Blaues Licht von künstlichen Bildschirmen hemmt die Produktion des Schlafhormons Melatonin,
4. *Schlafroutine*
   Eine Routine vor dem Schlafengehen, um runterzukommen, hilft, die Schlafqualität zu verbessern.
5. *Keinen Sport vor dem Schlafengehen ausüben.*

REGENERATIVE ERNÄHRUNG

Eine Sache, die die Regeneration unterstützen kann, ist die Ernährung. Das hier wird das einzige Mal sein, dass in diesem Buch das Thema angeschnitten wird, weil es in seiner Komplexität den Rahmen deutlich sprengen würde.

Was die Regeneration angeht, kann die Ernährung einen deutlichen Unterschied machen. Einerseits durch das Auffüllen der Energiespeicher nach dem Training, andererseits durch entzündungshemmende Lebensmittel.

1. Die Energiedepots auffüllen

Training verbraucht Energie. Es gibt zwei wesentliche Energiestoffwechsel beim Laufen: die Glykolyse - der Kohlenhydratstoffwechsel - und die Lipolyse - der Fettstoffwechsel. Es werden also Kohlenhydrate und Fett verbraucht, um uns Energie zu liefern. Fettreserven haben wir am Körper für gewöhnlich genug. Aber unsere Glykogenspeicher sind begrenzt, weswegen wir diese nach dem Training zwangsläufig auffüllen müssen.

Außerdem wird bei jedem Training unsere Muskulatur beansprucht, weswegen wir auch Eiweiß oder Aminosäuren nach dem Training zuführen sollten, damit die Muskeln sich entsprechend erholen können. Es gibt unzählige Nahrungsergänzungsmittel, Recovery-Shakes und Ähnliches, die der Kundin versprechen, das Optimum an Regeneration zu schaffen, allerdings gibt es auch hier keine eierlegende Wollmilchsau, die für das Individuum das Maximum herausholt.

Im Endeffekt ist Ernährung etwas Individuelles, und jeder muss für sich den besten Weg finden. Zu Beginn hilft erst einmal ein Toast mit Erdnussbutter und Marmelade, um die Speicher wieder aufzuladen. Fine Tuning kann man später betreiben.

2. Entzündungshemmende Lebensmittel

Training ist Stress. Stress kann zu kleinen Entzündungen im Körper führen. Das ist vorerst nichts Schlimmes. Jeder Muskelkater ist eine kleine Entzündung. Es wird nur dann problematisch, wenn es zu viele Entzündungen werden und unser Körper nicht mehr die Kontrolle darüber behalten kann.

Deswegen sollten wir unseren Organismus mit entzündungshemmenden Lebensmitteln füttern, wie Omega-3-Fetten oder Lebensmittel mit einem hohen ORAC-Score. *ORAC* steht für *Oxygen Radical Absorbance Capacity* (dt.: Absorbtionskapazität für Sauerstoffradikale). Die freien Radikale, die von diesen Lebensmitteln absorbiert werden, richten Schaden in unserem Körper an und lassen uns schneller altern.

Wenn wir also einen hohen Anteil von Lebensmitteln mit hohem ORAC-Score essen, dann können wir die Zahl der freien Radikale in unserem Organismus reduzieren. Es ist erwiesen, dass eine hohe Zufuhr an ORAC-Lebensmitteln die *DOMS* (*Delayed Onset Muscle Soreness*; dt.: verzögerte Muskelschmerzen) reduzieren.

Eine Liste von Lebensmitteln und dem zugehörigen ORAC-Score des U.S. Departments of Agriculture (USDA) findest du unter orac-info-portal.de.

3. Autophagie

Unser Körper lebt davon, dass sich unsere Zellen reproduzieren und wachsen, doch dabei vergessen wir, dass er auch noch etwas anderes kann: Er kann sich selbst regenerieren. *Autophagie* bezeichnet den Zustand unseres Körpers, in dem er keine Nährstoffe von außen aufnimmt, um zu wachsen, sondern vielmehr alte Zellreste vernichtet und auflöst, um sich zu regenerieren.

Wichtig ist, zu wissen, dass diese Autophagie nur dann eintritt, wenn wir von außen keine Nährstoffe hinzufügen. Nun tritt die Autophagie aber nicht sofort nach dem Essen ein, sondern erst, wenn ein konstant niedriger Insulinspiegel dem Organismus signalisiert, dass er nicht ausreichend mit Nährstoffen versorgt wird. Dann beginnt der Körper bzw. die einzelnen Zellen, auf körpereigene Reserven zurückzugreifen.

Hier stehen zunächst die Glykogenspeicher der Muskeln und Fettreserven auf dem Speiseplan. Erst zuletzt werden die Zellstrukturen auf mögliche Reserven untersucht und die schädlichen Strukturen recycelt. Bis dahin vergehen Stunden. Deswegen machen Fastenphasen Sinn, bzw. Intervallfasten kann Sinn machen, wenn man gezielt die Autophagie auslösen will und somit auch seine Zellen regenerieren will.[57]

SINNVOLLE PASSIVE REGENERATION

Vorweg: Aktive Regeneration ist immer besser als passive Maßnahmen, aber passive Regeneration kann uns trotzdem sinnvoll unterstützen und dafür sorgen, dass wir die Trainingsbelastung besser verkraften. Als *passive* Regeneration versteht man alles, dass von außen auf unseren Körper einwirkt und unsere regenerativen Prozesse beeinflusst.

Training sorgt zwangsläufig immer für kleine Entzündungen in unserem System. Das heißt, etwas in unseren Körper geht kaputt und wir versuchen, es wieder aufzubauen. Passive Regeneration soll den Prozess des Entzündens und Ausheilens beschleunigen, jedoch nicht die Entzündung an sich eindämmen, denn sie ist ein notwendiger Anpassungsmechanismus.

Sauna

Die von den Finnen erfundene Sauna ist eine Holzhütte mit Ofen im Inneren, der den Raum auf Temperaturen zwischen 60 Grad Celsius und 110 Grad Celsius erhitzt.

Die erhöhte Temperatur des Raums regt unsere Durchblutung an und sorgt dafür, dass die oben genannten Entzündungsprozesse mit genügend Nährstoffen versorgt werden, um entsprechend abzulaufen.

Eistonne/Eisbad

Das Eisbaden ist in den letzten Jahren immer bekannter geworden. Nicht zuletzt durch den Iceman Wim Hof, der mit seiner Methode eine Kultur der physischen Abhärtung geschaffen hat. Bei all den positiven Effekten des Eisbaden auf das Immunsystem, die Bildung von BAT (Brown Adipose Tissue; dt.: braunes Fettgewebe) und einigen anderen, sollte man sich fragen, ob es nicht auch die eierlegende Wollmilchsau in puncto Regeneration ist.

Kurzer Spoiler: NEIN, ist es nicht.

Wie bereits erwähnt, führt jede Art von Training zu einer gewissen Entzündung im Gewebe. Regeneration ist der Prozess, diese Entzündung stattfinden zu lassen, um anschließend wieder auszuheilen. Damit dieser Prozess stattfinden kann, benötigen wir möglichst viel Blutzirkulation in den Extremitäten.

Eisbaden sorgt dafür, dass unsere Venen und Kapillaren in den Extremitäten verengt werden, damit weniger Blut dort hinkommt und der Körper das warme Blut besser am Herzen halten kann, ohne es in den Extremitäten auskühlen zu lassen. Natürlich weiten sich diese Gefäße wieder, wenn wir zurück ins Warme gehen, doch für den Moment haben wir kaum Blut dort.

Dies hemmt zwar den Entzündungsprozess, sorgt aber auch dafür, dass wir unser regeneratives Potenzial nicht gänzlich ausschöpfen.

Wann macht Eisbaden also Sinn?
In der Wettkampfsaison. Wenn ich möglichst schnell regeneriert sein will, für den nächsten Wettkampf und gar nicht so viel an der Leistung noch ändern kann/sollte, dann macht Eisbaden nach dem Training Sinn, um zu verhindern, dass ich ohne Regeneration in den nächsten Wettkampf gehe.

Massage

Massage fördert die Regeneration, weil sie normalerweise die Durchblutung des bearbeiteten Gewebes anregt, weswegen der Prozess des Entzündens und Wiederausheilens beschleunigt wird. Aber Massage hat noch einen weiteren Nutzen in Bezug auf die Regeneration: Wir halten mal für eine halbe Stunde inne und machen nichts anderes, als zu spüren, wie unser Körper bearbeitet wird und wie wir zur Ruhe kommen.

13.5 ES GIBT NOCH MEHR ...

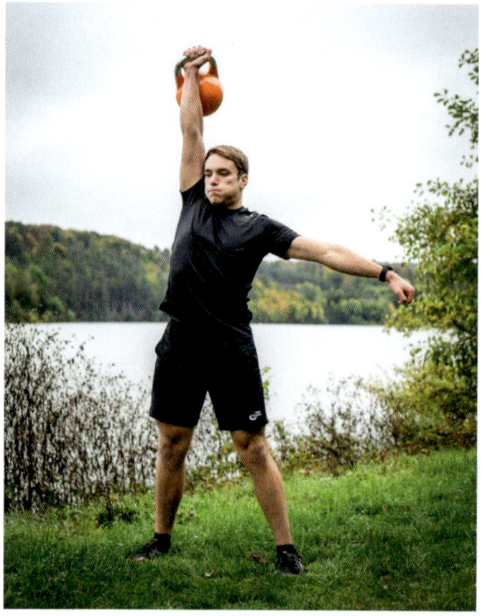

Abb. 69: Diese Reise hat erst begonnen. Es gibt noch mehr zu tun.

Es gibt immer mehr zu tun.

Als ich 2016 nach einer erfolgreichen Saison in die Off-Season wechselte, überlegte ich mir, wie ich nächstes Jahr noch besser werden könnte. Läuferisch hatte ich mich gut gesteigert, doch es ging noch mehr. Mir fehlte die Geschwindigkeit. Also beschloss ich, den ganzen Winter hindurch harte Intervalle zu laufen.

Das war ein Fehler.

Denn ich hatte zwar im Jahr 2016 gute Leistungen gezeigt, an die ich nie gewagt hätte, zu träumen, doch mir fehlte eine langjährige Basis an soliden Grundlagen, auf denen ich aufbauen konnte.

Die harten Intervalle und das viele hochintensive Training sorgten nicht dafür, dass ich besser wurde. Ich stagnierte im Jahr 2017 mit meinen Leistungen, quälte mich extrem und verletzte mich schließlich. Ich hatte im Jahr 2017 nur einen einzigen Wettkampf, mit dem ich zufrieden war. Und ich würde mich die nächsten zwei Jahre intensiv mit den nötigen Grundlagen auseinandersetzen müssen, um 2021 das erste Mal wieder eine ordentliche Saison absolvieren zu können.

Wenn du bis hierhin gelesen hast, dann kennst du die anderen vier Gesetze der Fitness bereits. Da wir immer noch an einer Pyramide arbeiten, sollten die vier unteren

Schichten bereits solide stehen, damit wir nun mit dem Gesetz für mehr anfangen können.

Eine Pyramide kann nur so hoch werden, wie ihr Fundament breit ist. Deswegen sollten wir uns nun überlegen, ob wir genügend körperliche Grundlagen geschaffen haben, auf denen wir aufbauen können.

- Trainieren wir schon progressiv und haben unsere Belastung gesteigert?
- Trainieren wir spezifisch genug?
- Regenerieren wir adäquat?

Wenn du all diese Fragen mit Ja beantworten konntest, dann bist du bereit für mehr!

Nun ist es an der Zeit, zu sehen, was du noch tun kannst für deine sportliche Leistung. Gibt es irgendwelche Schwachstellen in deinem System? Beispielsweise kann man nun an Beweglichkeitsproblemen und Verspannungen arbeiten, die man durch das gewöhnliche Training noch nicht in den Griff bekommen hat.

Tab. 7: Sport-Four-Point-Training-System[3]

Unspezifisch	Teilweise verbunden	Semi-verbunden	Direkt spezifisch
Sehr allgemein gehaltenes, interdisziplinares Training, bestehend aus Laufen, Springen, Klettern und Spielen	Training, das eine gewisse Relevanz für die eigene Sportart hat. Medizinballwerfen, Traktorreifenkippen etc.	Training, das deine Sportart direkt unterstützt. Kniebeugen, Drückübungen und Gewichtheben.	Training, das auf deine Sportart und deinen Wettkampf maßgeschneidert ist.

Wenn es um dein Training geht, dann solltest du dir vor Augen führen, in welchem Bereich du viel tust, und in welchem du wenig tust. Das Sport-Four-Point-Training-System zeigt auf, in welchen Bereichen man sein Training noch entwickeln kann.

Je nach Phase der Periodisierung sollte der Fokus auf einen der vier Punkte liegen und sich dementsprechend verschieben. Je mehr Zeit man auf den unspezifischen Part und den damit teilweise verbundenen Abschnitt verwendet hat, desto eine bessere Grundlage wird man geschaffen haben für das, was da kommen mag.

Abschließend kann ich zu den fünf Gesetzen der körperlichen Fitness nur sagen, dass man nie das Fundament unterschätzen darf. Nur wer seine körperlichen Grundlagen ehrt und sie langfristig auf- und ausbaut, der wird weit kommen. Progressive Überlastung und Spezifität ermöglichen es, sich ein Leben lang weiterzuentwickeln und besser zu werden.

Ich habe Edgleys (2018) Struktur genommen und sie um noch einige wichtige Punkte ergänzt, damit die Pyramide noch stabiler wird – und weil vor allem der biopsychosoziale Kontext oft vergessen wird. Arbeitet man langfristig an der eigenen körperlichen Fitness wird man Großes erreichen.

14 PERIODISIERUNG UND RENNSTRATEGIEN

Trainingsplanung und -steuerung sind essenziell, wenn man langfristig Erfolg haben will. Denn es ist bei Weitem nicht so, dass viel *viel* hilft. Das Gesetz der progressiven Überlastung gibt einen guten Überblick darüber, welche Aspekte zu beachten sind, wenn es um Trainingsbelastung geht.

Alles in allem geht es darum, langfristig zu denken und langsam, aber sicher die Dosis zu erhöhen. Intelligentes Training ist das Schlüsselprinzip zu langfristigem Erfolg.

Periodisierung besteht dabei nicht nur aus simpler progressiver Überlastung, sondern vielmehr aus der intelligenten Steuerung, wann welches Training auf dem Programm stehen sollte, wann regeneriert werden muss, wann man seine Höchstleistung erreicht.

Neben der Periodisierung spielt aber auch die individuelle Rennstrategie eine wichtige Rolle. Denn mit schlechter Rennstrategie kann man sich trotz guter Fitness um seine Bestleistung bringen.

14.1 PROGRESSIVE ÜBERLASTUNG IM LAUFEN

Laufen unterscheidet sich in der progressiven Überlastung nur marginal von anderen Sportarten. De facto haben wir ein paar wesentliche Stellschrauben für unsere Trainingsbelastung:

1. Trainingsvolumen – wie viele Kilometer laufen wir insgesamt in der Woche und wie viel Zeit verbringen wir mit Training in der Woche?
2. Trainingsintensität – wie schnell und wie hart laufen wir?
3. Reizdichte – wie viel Zeit liegt zwischen den einzelnen Trainingseinheiten?
4. Spezifität – wie nah ist die Belastung an der Wettkampfbelastung?

14.2 EFFEKTIVE PERIODISIERUNG

Periodisierung ist nichts anderes als angewandte Trainingssteuerung.

- Wie und mit welchem Umfang und welcher Intensität trainiere ich wann?
- Und vor allem auch: Wann erhole ich mich?

Periodisierung passt diese Trainingssteuerung an deinen Saisonplan an und zeigt dir ganz genau, wann du wie trainieren sollst.

Innerhalb einer Periodisierung unterscheidet man zwischen dem Mikrozyklus (eine Woche), dem Mesozyklus (ein Monat) und dem Makrozyklus (eine Saison). In allen Zyklen gibt es Phasen der Be- und Entlastung. Im Folgenden beziehe ich mich auf das grundlegende Werk von Bompa und Haff, der Periodisierung allumfassend beleuchtet haben.

Folgendermaßen baut sich eine Saisonplanung auf[58]:

PREPARTORY PHASE/VORBEREITUNGSPHASE

Wenn wir mit einer Periodisierung beginnen, fängt sie ganz klassisch mit einer Vorbereitungsphase an, die drei bis sechs Monate dauert, und damit ungefähr doppelt so lang ist, wie die darauffolgenden Wettkampfphase. Ziel der Vorbereitungsphase ist es, grundlegende Arbeitskapazität für körperliches Training zu schaffen, biomotorische Fähigkeiten zu entwickeln und sich auch psychologisch an die Anstrengung zu gewöhnen. Sie wird wiederum unterteilt in diverse Subphasen:

die generelle und die spezifische Vorbereitungssubphase.

Die **generelle Vorbereitungssubphase** wird durch eine hohe Arbeitslast, General Physical Preparedness und Techniktraining definiert. Sie macht 15-25 Prozent der gesamten Vorbereitungsphase aus und beinhaltet ein hohes Maß an Conditioning, also grundlegendes Ausdauer- und Krafttraining. Hier trainieren wir zu 70-80 Prozent der Zeit im aeroben Bereich.

Für das Laufen bedeutet das, dass wir viele lange, ruhige Läufe absolvieren, Lauf-ABC in so gut wie jede Einheit integrieren und auch sehr viel Zeit im Kraftraum/ Fitnessstudio verbringen, um unseren Körper grundlegend vorzubereiten auf die hohen Belastungen, die in den folgenden Phasen noch kommen.

Die **spezifische Vorbereitungssubphase** hat einen erhöhten Fokus auf die bevorstehenden Wettkämpfe. Sie dient einerseits der Erhaltung der erworbenen Fitness und der Beibehaltung der Weiterentwicklung der Fitness. Im Laufen unterscheidet sie sich insofern von der generellen Vorbereitungssubphase, dass wir mehr Tempotraining einbauen, etwas weniger Zeit mit der Grundlagenausdauer verbringen, während das Krafttraining und andere Sportarten überwiegend gleichbleiben.

COMPETITIVE PHASE/WETTKAMPFPHASE

Das Herzstück der Periodisierung ist und bleibt die Wettkampfphase. Während wir in der Vorbereitungsphase die Pflanzen säen, düngen und wässern, damit sie groß und stark wachsen, geht es darum, in der Wettkampfphase dafür zu sorgen, dass die Früchte ordentlich reifen können und genügend Sonne bekommen. Denn am Ende der Phase wird geerntet.

In ihr wird die Arbeitslast langsam, aber sicher weniger oder bleibt nahezu gleich, während wir die Intensität erhöhen. Während wir aus der Vorbereitungsphase kommen, haben wir zwar schon einen großen Schritt in Richtung Peak Performance getan, brauchen wir in der Wettkampfphase nur noch kleine Schritte gehen und den Feinschliff erledigen.

So müssen wir unsere psychologischen Fertigkeiten verbessern, um der Belastung im Wettkampf standzuhalten. Außerdem ist es wichtig, Testwettkämpfe und Ähnliches zu bestreiten, denn es dauert im Schnitt sieben bis zehn Wettkämpfe, bis wir unsere höchste Leistungsfähigkeit erreicht haben. Die Technik sollte perfektioniert werden und so sport- bzw. wettkampfspezifisch wie möglich trainiert werden. Außerdem sollte, je weiter die Phase voranschreitet, die Ermüdung reduziert werden, indem man die Umfänge reduziert.

Verbesserung, Stabilisierung und Konsistenz stehen hier im Fokus, damit man sich darauf trimmt, immer wieder Spitzenleistungen abzurufen. Wichtig ist es auch, die Dauer der Wettkämpfe und die daraus resultierende Regenerationszeit einzuplanen.

Wie die Vorbereitungsphase kann man die Wettkampfphase ebenfalls in mehrere Subphasen unterteilen: die Vor-Wettkampf-Subphase, die Taperingsubphase und die Hauptwettkampfphase.

DIE VOR-WETTKAMPF-SUBPHASE

Hier wird mit voller Intensität trainiert, während man die ersten Test-/Vorbereitungswettkämpfe bestreitet. Hier geht es nicht darum, bei den Wettkämpfen schon 100 Prozent Leistung abzurufen, sondern viel mehr ein Gefühl dafür zu bekommen, sich auszupowern, an die Grenze zu gehen und sich an dem Flair von Wettkämpfen zu gewöhnen.

Im Laufsport bietet es sich an, ein paar Volksläufe über fünf Kilometer oder zehn Kilometer mitzunehmen und wenn man etwa einen Marathon als Saisonziel hat, dann kann man auch einen oder zwei Halbmarathons im Vorfeld laufen. Wichtig ist es, zu beachten, dass die Wettkämpfe das Trainingsregime nicht drastisch abändern sollten.

Die **Taperingsubphase** ist im Wesentlichen eine kleine Zwischenphase vor den Hauptwettkämpfen. Hier wird das Volumen drastisch reduziert, um regenerieren zu können. Die Intensität bleibt hoch, während das Volumen sehr stark reduziert wird.

In sie kann man die **spezielle Vorbereitungsperiode** integrieren, in der drei bis sieben Tage lang die Taktik in den Vordergrund gestellt wird. Hier geht es darum, die Renntaktik einzuprägen und in das Training mit einzubinden.

In der **Hauptwettkampfphase** stehen die wesentlichen Wettkämpfe der Saison an. Hier sollte die Leistung auf dem höchsten Niveau sein. In dieser Phase liegt die meiste Belastung auf uns, weil wir nun abrufen wollen, was in uns steckt. Dazu müssen wir physisch und psychisch auf absoluter Höhe sein. Unser Training sollte so spezifisch wie möglich sein und wir sollten das Tapering abgeschlossen haben. Wir halten im Training weiterhin die Intensität hoch.

Die nun folgenden Wettkämpfe sollten progressiv ansteigen - sowohl von der Belastung als auch von der Leistung her, die wir abrufen. Haben wir uns also einen Marathon als Ziel gesetzt, so sollten wir vorher auch noch ein richtiges 10-Kilometer-Rennen oder einen Halbmarathon oder beides absolvieren, um uns vollends für den Marathon vorzubereiten.

TRANSITIONPHASE AKA OFF-SEASON/ÜBERGANGSPHASE

Nach der Spannung folgt die Entspannung. Die TransitionpPhase oder auch Off-Season sieht vor, dass wir Leistung abbauen und uns von den Strapazen der letzten Monate erholen. Der Fokus in dieser Phase liegt auf Entspannung und Erholung, jedoch sollte das Training nicht ganz gestoppt werden, sondern mit deutlicher Reduktion fortgesetzt werden.

Insgesamt geht es darum, ein akzeptables Level beizubehalten.

Die Off-Season ist der Teil der Periodisierung, in der wir fünfe gerade sein lassen und die Beine hochlegen. Hier soll bewusst die Form verschlechtert werden. Fokus ist hier die Regeneration. Die eigentliche Zielsportart wird hier in den Hintergrund gestellt und wir trainieren bewusst komplett anders als sonst. Crosstraining und andere Sportarten sollten hier fokussiert werden, während das grundlegende Krafttraining das Einzige ist, was noch mit einer gewissen Konstanz fortgeführt wird.

Allerdings sollte man nicht denken, dass man hier einfach sechs bis acht Wochen nichts tut. Eine bis maximal zwei Wochen nichts tun, ist erlaubt, aber nicht mehr, da sonst die Leistung, die wir so mühsam aufgebaut haben, sehr schnell verloren geht. Zwar kommen wir in adäquater Zeit wieder an sie heran, allerdings kostet uns jede Woche, die wir nichts tun, mehrere Wochen harten Trainings, um wieder zu alter Form aufzulaufen.

Deswegen sollte man, statt nichts zu tun, ein bisschen tun. Zwei/drei lockere Läufe oder Radtouren helfen uns, zu regenerieren und nicht alles an Leistung komplett zu verlieren.

Insgesamt sollte die Phase eins bis zwei Monate lockeren Trainings und Erholung beinhalten, bevor man in die Vorbereitung für die nächste Saison einsteigt. Und zwar langsam und locker. Sich und seinen Körper Zeit zu geben, ist essenziell bei der Periodisierung.

KRITERIEN ZUR ERSTELLUNG EINER PERIODISIERUNG

Nun, da wir die einzelnen Phasen kennen, müssen wir uns darüber klar werden, dass eine Periodisierung immer so langfristig wie möglich gedacht werden sollte. Das bedeutet, dass sie mindestens vom Ende der einen Saison bis zum Ende der nächsten gehen sollte – wenn nicht sogar über drei bis fünf Jahre geplant werden soll.

Bevor man nun aber festlegen, wann welche Phase beginnt, und wie lange sie geht, müssen wir uns am jeweiligen Höhepunkt bzw. an der Wettkampfphase ausrichten.

Wichtig ist hierbei, sich darüber klar zu werden, wie die Saison gestaltet werden sollte. So kommt es stark darauf an, wie viele Höhepunkte bzw. Wettkampfphasen man plant. Im Laufen finden die Wettkämpfe meist zwischen März und Oktober statt, sodass man sich überlegen kann, wie man das Ganze gestaltet. Eine ein-gipflige Periodisierung würde beispielsweise die Wettkämpfe nur im Juni/Juli setzten und danach in die Off-Season gehen.

Zweigipflig könnte man einerseits im April/Mai und dann noch einmal im August/September die Wettkämpfe legen. Wer richtig ambitioniert drauf ist, könnte auch dreigipflig fahren und Wettkämpfe im März/April, Juni/Juli und September/Oktober angehen.

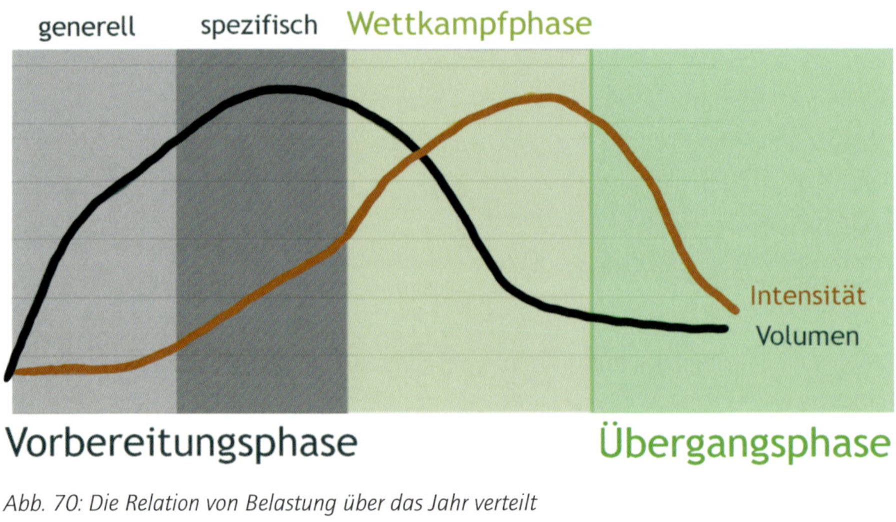

Abb. 70: Die Relation von Belastung über das Jahr verteilt

Wichtig bei einer effektiven Periodisierung sind die beiden Parameter Volumen und Intensität. Sie sind die beiden wichtigsten Regler einer guten Periodisierung. Bevor man sich einen Saisonplan erstellt, sollte man sich fragen, wann man viel Volumen trainieren will und wann man viel Intensität trainieren will. Man sollte sich ins Bewusstsein rufen, wie man diese beiden Stellschrauben dreht. Man kann nicht beides auf Anschlag hochdrehen und man sollte auch nicht beides auf ein Minimum runterschrauben.

Die Phase, in der es auf den Wettkampf/Höhepunkt zugeht, zeichnet sich durch eine sehr hohe Intensität aus. Hohes Volumen wird normalerweise im Winter gefahren, wenn die Wettkämpfe noch in weiter Ferne sind.

Checkliste zur Erstellung eines Saisonplans:

1. *Schreibe dir auf, wann du deinen Saisonhöhepunkt hast.*
2. *Die Wettkampfphase beginnt zwei bis drei Monate vor dem Höhepunkt. Hier wird die Intensität progressiv gesteigert, während das Volumen langsam zurück geht.*
3. *Drei bis sechs Monate vor der Wettkampfphase beginnt die Vorbereitungsphase. Hier wird von Monat 1 bis Monat 6 das Volumen progressiv gesteigert.*
4. *Deloads und Vorbereitungswettkämpfe einplanen.*

14.3 TRAININGSARTEN IM LAUFEN

Nun, da wir gelernt haben, wie Makro- und Mesozyklen funktionieren, ist es an der Zeit, sie zu strukturieren und zu füllen sind, bleibt noch die Frage, wie ein Mikrozyklus abläuft und mit was für Trainingsarten man ihn füllt. Grundsätzlich gibt es unzählige Trainingsmethoden im Laufen, hier werden die wesentlichen vier erklärt. Alles Weitere ist erst einmal zweitrangig.[15]

Dauermethode

Die Dauermethode erklärt sich eigentlich von allein. Es geht hier um eine dauerhafte, ununterbrochene Belastung mit kontinuierlicher Pace. Hierbei unterscheidet man zwischen intensiver und extensiver Dauermethode.

Die *extensive* Dauermethode (aka der Long Run) erfolgte über eine lange Strecke, typischerweise länger als eine Stunde und je nach Wettkampf bis zu vier Stunden (bei Ultraläufen sogar noch länger) und strebt dabei ein lockeres Tempo an. Ziel ist es, die aerobe Grundlagenausdauer auszubauen und somit die Arbeitskapazität zu erhöhen. Der Long Run bildet die wichtigste Grundlage für den ambitionierten Läufer. Er ist wichtig, für alle langen Distanzen, ergo Halbmarathon, Marathon und Ultramarathon.

Die *intensive* Dauermethode oder auch *Tempodauerlauf* erfolgt über eine mittlere Distanz bei moderatem bis mittelschnellem Tempo. Diese Variante dient dazu, um eine gewisse Tempohärte aufzubauen und zu lernen, ein erhöhtes Tempo über einen längeren Zeitraum aufrechtzuerhalten. Der Tempodauerlauf ist relevant für alle Distanzen von 10 Kilometer bis Marathon.

Intervalltraining versus Wiederholungsmethode

Intervall- und Wiederholungsmethode dienen beide der Tempoentwicklung. Im Wesentlichen umfassen sie beide gewisse Intervalle, die schnell gelaufen werden, gefolgt von einer Pause. Der einzige Unterschied ist die Härte der Intervalle und die Dauer der Pause.

Die *Intervallmethode* setzt hier auf harte Intervallläufe mit lohnender Pause, das heißt, es wird keine vollständige Pause geben, sondern man erholt sich in etwa ein Drittel der Zeit, die man für den Lauf gebraucht hat (typischerweise im Trab), sodass man circa Zwei Drittel seiner Energiereserven wieder auflädt.

Die *Wiederholungsmethode* setzt auf maximale bis submaximale Intervalle, will also, dass man fast sein ganzes Pulver verschießt, während sie eine vollständige Pause vorsieht, bis man sich zu fast 100 Prozent wieder von der Belastung erholt hat, bevor man die nächste Serie antritt.

Die Intervallmethode bietet sich in der Vorbereitung an und erlaubt es, ein schnelles Tempo zu laufen, während man die anaerobe Ausdauer verbessert. Hingegen ist die Wiederholungsmethode probat in der direkten Wettkampfvorbereitung. Intervalltraining/die Wiederholungsmethode hat mehr Relevanz für kurze Distanzen von drei Kilometer bis Halbmarathon, hat aber auch Sinn im Marathontraining.

Wettkampfmethode

Die *Wettkampfmethode* ist etwas seltener in Gebrauch. Im Wesentlichen sieht sie vor, einfach möglichst viele Wettkämpfe in der Vorbereitung zu nutzen, um dadurch die Tempohärte und das Tempo an sich zu trainieren. Die Wettkampfmethode bietet sich somit nur für kurze Distanzen wie drei oder fünf Kilometer an, da sonst die Belastung für den Läufer zu groß wird, wenn er beispielsweise mehrere Marathons pro Saison absolvieren will.

Fartlek

(von Schwedisch: **Fartlek**, von fart = Geschwindigkeit und lek = Spiel)

Das *Fahrtspiel* bezeichnet eine unkonventionelle Trainingsform, bei der das Tempo während des Laufs regelmäßig gewechselt wird. Von schnell zu mittelschnell zu langsam zu schnell zu Sprint zu Trab und so weiter und sofort.

Im Endeffekt geht es darum, den Körper mit möglichst unterschiedlichen Geschwindigkeiten vertraut zu machen und es ihm so zu ermöglichen, abzuhärten. Fartlek kann durch die Bank weg für alle Wettkampfstrecken benutzt werden, wobei eine Fünf-Kilometer-Läuferin wohl eher ein Fartlek zwischen vier bis acht Kilometer laufen wird, während eine Marathoni Fartleks um die 15 bis 20 Kilometer anvisieren sollte.

BEACHTE DAS SAID-PRINZIP

Es stellt sich die Frage, welche Methode wann zum Einsatz kommt. Auch hier gilt das *SAID-Prinzip* („*Specific Adaptation on Imposed Demand*"). Wie bei der Vorstellung der Periodisierung und dem daraus resultierenden Ablauf der Saison hervorgeht, hat jede Trainingsart ihre Daseinsberechtigung und ihre Zeit.

So bieten sich lange Dauerläufe an, wenn man in der Vorbereitungsphase ein hohes Volumen anschlägt. Intervalltraining und die Wiederholungsmethode finden ihren Platz, wenn es näher in Richtung der Wettkampfphase geht.

Tab. 8: Überblick über den Umfang der Trainingsmethoden in Relation zur Zielstrecke

Methode	5.000 Meter	10 Kilometer	Halbmarathon	Marathon
Extensive Dauermethode	10-15 Kilometer	10-20 Kiloemter	15-25 Kilometer	20-40 Kilometer
Intensive Dauermethode	3-7 Kilometer	3-12 Kilometer	5-15 Kilometer	7-25 Kilometer
Intervall-/ Wiederholungsmethode	200 Meter, 400 Meter	400 Meter, 800 Meter, 1.000 Meter	400 Meter, 800 Meter, 1.000 Meter, 2.000 Meter	400 Meter, 800 Meter, 1.000 Meter, 2000 Meter, 3.000 Meter, 5.000 Meter
Wettkampfmethode	3.000 Meter 5.000 Meter	3.000 Meter 5.000 Meter	5.000 Meter 10 Kilometer	10 Kilometer, Halbmarathon
Fartlek	4-8 Kilometer	8-10 Kilometer	12-16 Kilometer	Circa 20 Kilometer

Die Wettkampfmethode bietet sich natürlich nur in der Wettkampfphase an (7-10 Wettkämpfe braucht es, um optimale Performance zu erreichen.)

Insgesamt sollte man darauf achten, die einzelnen Trainingseinheiten so nah wie möglich am Wettkampfziel zu halten, wie möglich. So braucht ein 5000-Meter-Läufer keine 30 Kilometer langen extensiven Dauerläufe.

Aus der Tabelle kann man entnehmen, welche Methode wie und in welchem Umfang für die einzelnen Distanzen zum Einsatz kommen kann. Natürlich sollte man nicht alle parallel trainieren, sondern abgestimmt aufeinander in den einzelnen Phasen der Periodisierung.

Neben den Einheiten als Trainingsarten gibt es auch verschiedene Trainingsbereiche im Laufen, die man den einzelnen Trainingsarten zuordnen kann.

Im Wesentlichen gibt es vier verschiedene Trainingsbereiche GA 1, GA 2, WSA und REKOM. GA 1 und GA 2 findet man in den extensiven und intensiven Intervallmethoden. Die Abkürzung steht für Grundlagenausdauer 1 und 2 und bezeichnet ein langsames bis moderates Tempo. Wobei GA 1 das langsamste Tempo beschreibt, dass noch einen Trainingseffekt hat. GA 2 benutzt man für die intensive Dauermethode, wo man an der aeroben Schwelle unterwegs ist.

WSA steht für wettkampfspezifische Ausdauer, bei der es darum geht, ein wettkampfähnliches Tempo anzuschlagen, wie man es bei der Intervall- oder Wiederholungsmethode tut.

Letzter im Bunde ist der REKOM-Bereich, welche für Rekompensation steht, also aktive Erholung. Dieser Bereich sollte sich so anfühlen, als hätte man gar keinen Sport gemacht, ist je nach Fitness etwas schneller als entspanntes Spazierengehen.

14.4 DELOAD HEISST ENTLADUNG

Regeneration ist wichtig. Und um während der Periodisierung noch genügend Regeneration zu bekommen, braucht man einen *Deload*.

Etwas, das oft unterschätzt wird, ist, wie wichtig regelmäßige Deloads in der Periodisierung sind. So sollte in jedem Mesozyklus ein Deload-Mikrozyklus eingebaut werden – ohne Wenn und Aber.

Deload bedeutet, dass man das Trainingsvolumen deutlich reduziert auf circa 50 Prozent des Volumens, das man sonst für sein Training aufwendet. Die Intensität darf aber in etwa gleichbleiben. In dieser Woche geht es darum, etwas Abstand zum

Sport zu gewinnen, damit man körperlich wie auch mental entspannen kann. Das Problem, das im Zusammenhang mit Deloads immer wieder auftaucht, ist, die Füße stillzuhalten. Oftmals fällt es einem schwer, nichts zu tun und sich nicht zu bewegen.

14.5 TAPERING

Tapering beschreibt die Reduzierung des Trainingsumfangs unmittelbar vor einem Wettkampf, um mit vollen Energiereserven und vollkommen regeneriert in den Wettkampf zu gehen.

Elf Tage brauchen wir bis zum vollständigen Abschluss der funktionalen und kausalen Histogenese, also den Umbauprozessen in unserem Körper. Das bedeutet, dass die letzte harte Trainingseinheit mindestens elf Tage vor dem Wettkampf beendet werden sollte. Danach wird nur noch leicht bis gar nicht trainiert.

Anderthalb Wochen lässt man es also sehr ruhig angehen, bis dann an den Vortag des Wettkampfs eine Vorbelastung eingeplant wird. Hier geht es nicht darum, eine möglichst große Belastung zu schaffen, sondern lediglich dem Körper zu zeigen, dass er noch leistungsfähig ist und das angedachte Renntempo zu testen.

14.6 KAMPF UND WETTKAMPF

Es ist dieses nervöse, hibbelige Gefühl. Diese Anspannung, gepaart mit Vorfreude, die jeder Läufer an der Startlinie spürt, bevor der Startschuss ertönt. Dies sind Gefühle, die unvergleichlich sind.

Ich habe schon bei so vielen Wettkämpfen am Start gestanden, doch ich habe mich immer noch nicht daran gewöhnt. In diesem Moment geht einem vieles durch den Kopf.

- Hat man sich adäquat vorbereitet?
- War man auch noch einmal auf Toilette?
- Wie wollte man das Ganze noch einmal angehen?

Bevor man sich darauf konzentrieren konnte, geht es schon los und man findet sich mitten im Chaos wieder.

Deshalb sollte man sich vor jedem Wettkampf überlegen, wie das Ganze ablaufen soll, worauf man achten möchte, welche Besonderheiten man beachten sollte und vieles Weiteres. Diese Wettkampfstrategie ist essenziell, wenn man seine Leistung steigern möchte.

WETTKAMPFSTRATEGIEN

Wenn ich ein einen Wettkampf hineingehe, sollte ich mir zuvor Gedanken machen, wie ich das Ganze angehen möchte.

- Worauf muss ich bei diesem Wettkampf achten?
- Wo geht die Strecke entlang?
- Welches Tempo möchte ich anschlagen?
- Was sind meine Durchgangszeiten?

Das sind alles Dinge, die man im Vorhinein geklärt haben sollte, damit man nicht während des Rennens anfängt, zu überlegen, wie, wo, was man machen soll.

Proper Preparation Prevents Pain ist hier die Zauberformel. Adäquate Vorbereitung verhindert Schmerz. Wenn man sich also ordentlich auf einen Wettkampf vorbereitet, dann verhindert man viel Schmerz. Folgende Aspekte sollte man dabei beachten:

Das Streckenprofil beachten

Bevor man sich überlegt, was für ein Tempo man angehen möchte oder was für eine Zielzeit man erreichen möchte, sollte man sich das Streckenprofil ansehen. Steigung und Untergrund sind Faktoren, die das Tempo stark beeinflussen. Aber man sollte sich auch klar werden, ob es ein Rundkurs oder eine Wendepunktstrecke ist.

- Läuft man mehrere Runden?
- Wenn ja, wie viele?
- Wie ist der Streckenverlauf allgemein?

Das wirkt auf den ersten Blick wie Kleinigkeiten, aber wenn man wirklich Höchstleistung erbringen will, dann sollte man sich voll auf das Rennen konzentrieren können, ohne überlegen zu müssen, wo es langgeht.

Tempo/Zielzeit

Ich weiß noch, als wäre es gestern gewesen. Wie ich 2016 meine persönliche Bestleistung über 10 Kilometer aufgestellt habe. Es war bei einem kleinen Volkslauf, der aber eine DLV-vermessene 10-Kilometer-Strecke hatte.

An der Startlinie schaute ich mich um, um erkennen zu können, wer von meinen altbekannten Kontrahenten und Mitstreiterinnen diesmal am Start war. Ich erkannte aber niemanden von denen, die gewöhnlich die Volksläufe bei mir in der Region gewonnen hatten. Und wie ich damals so war, stieg es mir in den Kopf, dass ich ja den Lauf gewinnen könnte, wenn ich nur mein volles Potenzial ausschöpfe.

Der Startschuss ertönte. Ich rannte los wie ein Berserker. Eigentlich hatte ich eine 4:00er-Pace anschlagen wollen, doch den ersten Kilometer lief ich in 3:45 Minuten und hielt den ersten Platz. Doch natürlich war dies viel zu schnell für meinen Trainingszustand.

Bei Kilometer 2 musste ich einsehen, dass der mir unbekannte Läufer, mit dem ich den ersten Kilometer noch Schritt gehalten hatte, nun den längeren Atem hatte. Er hielt das 3:45er-Tempo bei, während ich mich zurücknehmen musste. 4:10 Minuten pro Kilometer zeigte meine Uhr.

Die folgenden acht Kilometer waren eine Tortur. Ein weiterer Läufer sammelte mich ein und letzten Endes schaffte ich es erst als Dritter ins Ziel.

42:09 Minuten war meine Zielzeit. Es war zwar eine neue Bestleistung, aber ich war weit unter meinen Möglichkeiten geblieben. Eigentlich hätte ich die Form gehabt, um die „Schallmauer" von 40 Minuten zu brechen und eine 39er-Zeit zu laufen, wenn ich mich meine angedachte Pace gehalten hätte und stetig und gleichmäßig gelaufen wäre.

Diese kleine Anekdote soll euch zeigen, dass eine gute Planung wichtig ist, wenn man eine bestimmte Zielzeit erreichen möchte. Was extrem kraftraubend ist, sind Tempowechsel und ungleichmäßiges Laufen. Nichts ist frustrierender, als unter seinen Möglichkeiten zu bleiben.

Deswegen sollte man sich im Vorhinein genau überlegen, welche Zielzeit man anpeilt. Wenn man die 10 Kilometer als Beispiel nimmt und hier eine Zeit von 45 Minuten anpeilt, dann ist das eine Pace von 4:30 Minuten pro Kilometer, den man im Durchschnitt laufen muss. Jetzt könnte man denken, dass man ja einfach konstant 4:30 Minuten pro Kilometer durchlaufen kann und alles ist gut.

Nun, so einfach ist es nicht ...

Dies wäre eine Strategie, die man allgemein als gleichmäßiges Pacing versteht, welche auch im Ausdauersport zur Anwendung kommt. Die anderen drei Pacingstrategien, die nach Thompson[14] im Laufen zur Anwendung kommen, sind das *positive* wie *negative* Pacing als auch das *parabolische* Pacing. *Letzteres* kommt hauptsächlich auf Mittelstrecken, wie 1500 Meter zum Einsatz, doch ich habe es unbewusst 2016 eingesetzt. Dabei geht es darum, dass man schnell losläuft, im Mittelteil sich verlangsamt, um dann gegen Ende des Laufs wieder schneller zu werden.

Positives Pacing beschreibt eine hohe, aber nicht maximale Anfangsintensität, wobei das Tempo gegen Ende des Wettkampfs nachlässt.

Negatives Pacing

Eine Technik, die sich über die Jahre beim Pacing bewährt hat und im Profisport zur Anwendung kommt, ist das *negative* Pacing. Die Idee dahinter ist es, dass man die erste Hälfte des Laufs langsamer zurücklegt als die zweite Hälfte. Typischerweise ermüdet man gegen Ende des Laufs. Um zu vermeiden, dass man hier aufläuft und ausbrennt, nimmt man in der ersten Hälfte etwas raus, um die wertvollen Körner für die zweite Hälfte aufzuheben.

Wenn man also das Beispiel von 45 Minuten auf 10 Kilometer nimmt.

Würde man die ersten fünf Kilometer in 23 Minuten laufen, um die zweiten fünf Kilometer in 22 Minuten zu laufen. Also eine durchschnittliche Pace von 4:36 Minuten in der ersten Hälfte und eine durchschnittliche Pace von 4:24 Minuten in der zweiten Hälfte.

Etwas, das hilft, in der zweiten Hälfte schneller zu sein, ist die Tatsache, dass man weniger Risiko hat, einzubrechen, wenn man näher am Ziel ist. So kann man sich bei Kilometer 8 ruhig quälen. Sollte man einbrechen, hat man lediglich noch 1-2 Kilometer vor sich. Wenn man aber, wie ich 2016, bei Kilometer 2 feststellt, dass man sich überpaced hat, dann hat man noch acht Kilometer vor sich, die man irgendwie zu Ende bringen muss.

Außerdem bleibt uns noch der Runners High. Dieser Boost an Endorphinen, Endokannabinoiden und gabaergischen Signalen sorgt dafür, dass die letzten Meter die leichtesten des gesamten Laufs werden.

Durchgangszeiten

Ein letzter wichtiger Punkt beim richtigen Pacing sind die Durchgangszeiten. Zwar können die meisten Uhren mittlerweile eine halbwegs genaue und aktuelle Pace anzeigen, aber nichts ist verlässlicher als Durchgangszeiten. So sollte ich mir vorher überlegen, welche Zeit ich bei welchem Kilometer auf der Uhr haben möchte.

Die folgende Tabelle zeigt, wie bei einem 10-Kilometer-Lauf die Durchgangszeiten aussehen könnten. Natürlich wird man sich nicht 10 einzelne Zeiten merken, aber wenn man sich die Zeiten bei Kilometer 3,6 und 9 beispielsweise merkt, dann sieht man ja, wie man auf Kurs ist.

Wichtig ist hierbei, zu erwähnen, dass man vermutlich nie auf die Sekunde genau die angegebene Zeit erreicht, sondern vermutlich eine Abweichung von 3-5 Sekunden plus/minus haben wird. Das ist unbedenklich. Wenn man allerdings 20 Sekunden länger braucht als die angegebene Zeit, dann sollte man einen Gang hochschalten, wenn man die Zielzeit noch erreichen will.

Tab. 9: Durchgangszeiten bei einem 10 Kilometer Lauf für Zielzeiten zwischen 50 & 35 Minuten

Kilometer	50 Minuten	45 Minuten	40 Minuten	35 Minuten
1	5:06	4:36	4:06	3:42
2	10:12	9:12	8:12	7:24
3	15:18	13:48	12:18	11:06
4	20:24	18:24	16:24	14:48
5	25:30	23:00	20:30	18:30
6	30:24	27:24	24:24	21:48
7	35:18	31:48	28:18	25:06
8	40:12	36:12	32:12	28:24
9	45:06	40:36	36:06	31:42
10	49:59	44:59	39:59	34:59

14.7 ERNÄHRUNGSSTRATEGIEN

Wenn man sich als Ziel setzt, längere Distanzen zu bewältigen, sei es ein Halbmarathon, Marathon oder ein Ultramarathon, muss man sich auch über Ernährung im Wettkampf Gedanken machen.

Wie viel Flüssigkeit brauche ich während des Laufs?
Wie viele Mineralien sollte ich zuführen?
Wie viele Kohlenhydrate sollte ich zu mir nehmen?
Wann nehme ich was?
In welcher Form nehme ich was zu mir?

Das sind Fragen, auf die es keine pauschale Antwort gibt, die Lösung dieser Probleme erhält man meist nur durch Testen, Ausprobieren und Experimentieren. Flüssigkeit kann man noch abschätzen, indem man sich vor und nach einem 60-minütigen Lauf wiegt. Dadurch kann man abschätzen, wie viel Flüssigkeit man innerhalb einer Stunde verliert und daraus hochrechnen, wie viel man innerhalb eines Vier-Stunden-Marathons zuführen sollte.

Bei Kohlenhydraten und Elektrolyten kann man sich mittels bestimmter Formeln sicher annähern, doch im Endeffekt ist jeder Körper individuell und jeder muss selbst herausfinden, was für einen funktioniert.

Deswegen sollte man im Training testen, was funktioniert und was nicht, damit man im Wettkampf dann optimal vorbereitet ist.

14.8 TRACKING DES TRAININGS

Mittlerweile gibt es Fitnesstracker und -apps wie Sand am Meer. Deswegen stellen sich die Fragen:

- Sollte ich mein Training tracken und wenn ja, womit?
- Welche Metriken sind wichtig?

Nun zuallererst: JA! Du solltest dein Training tracken bzw. aufzeichnen, damit du nachvollziehen kannst, an welchem Tag du wie lange trainiert hast. Diese Daten sind relevant für eine langfristige Trainingsplanung. Die Wahl des Trackers richtet sich danach, welche Metriken du aufzeichnen möchtest. Die meisten Apps fürs Smartphone verfügen über eine Zeit und GPS-Funktion, alles Weitere ist schwer bis gar nicht zu messen per Smartphone, außer vielleicht die Schrittzahl.

Welche Metriken sollte ich aufzeichnen?
Zeit ist die allerwichtigste Metrik. Wie lange hast du dich belastet? Dies macht einen gravierenden Unterschied für die Trainingssteuerung, aber sie allein reicht nicht.

GPS oder die Strecke, die du läufst, sollte auch aufgezeichnet werden, damit du aus ihr und der Zeit einerseits dein durchschnittliches Tempo berechnen kannst, aber auch die gesamte Trainingslast in Zeit und Kilometer berechnen kannst.

Die beiden genannten Metriken sind schon die halbe Miete, wenn es um die Trainingssteuerung geht. Folgende Metriken sind zudem auch noch sinnvoll und können einen Unterschied machen:

- **Höhenmeter** (entweder per Barometer gemessen, sonst meist aus GPS-Daten im Nachhinein ermittelt);
- **Schrittfrequenz;**
- **Pace** (kann bei GPS-Signal meist direkt mitbestimmt werden);
- **Herzfrequenz;**
- **Anstieg (%)** (kann meist aus der Strecke berechnet werden);
- **EPOC;**
- **verbrannte Kilokalorien** (wird meist aus Strecke, Dauer und Herzfrequenz berechnet) sowie die
- **vertikale Oszillation.**

Nun können wir uns also überlegen, welche Metriken wir festhalten wollen. Daraus ergibt sich dann automatisch, was unser Trackinginstrument können sollte. So kann die Schrittfrequenz, der EPOC-Wert und die vertikale Oszillation meist nur von einer fortgeschrittenen Multisportuhr ermittelt werden. Die Herzfrequenz kann man sowohl per optischer Messung am Handgelenk von neueren Sportuhren erfolgen oder aber per Pulsgurt, der entweder mit einer solchen Uhr oder dem Smartphone verbunden werden muss.

Hier sei aber gesagt, dass im Zweifelsfall der Pulsgurt genauere Daten liefert als die Messung am Handgelenk. Vor allem in hohen Pulsbereichen variieren hier die Werte teilweise sehr stark. Deswegen ist ein Pulsgurt zu empfehlen, wenn man diese Metrik in seine Trainingsplanung mit einbeziehen möchte. Denn nur, wenn eine gewisse Reliabilität der Daten gegeben ist, kann man sie verwenden.

Was verwende ich?

Ich verwende seit fünf Jahren zum Training stets eine Multisportuhr mit optischer Herzfrequenzmessung. Zwar mittlerweile das dritte Modell (vom dritten Hersteller), aber ich hatte bisher keine, die vom Funktionsumfang zu niedrig war. Eher ist es so, dass die Uhren zu viele Funktionen haben, welche man sowieso nie benutzt. Die optische Herzfrequenzmessung benutze ich nicht zur Trainingssteuerung. Hauptsächlich verlasse ich mich auf die Metriken von Zeit, Distanz und Pace – beziehe aber auch die Höhenmeter mit in die Planung ein und nutze die ermittelte Schrittfrequenz zur Überprüfung, ob mein Laufstil den Anforderungen genügt.

AUSSAGEKRAFT VON DATEN

Jede gemessene Metrik sollte überprüft werden hinsichtlich ihrer Aussagekraft. Die Dauer oder die Strecke sowie die Höhenmeter, Pace und Anstieg sind normalerweise immer exakt, wobei je nach GPS-Signal die Strecke auch minimale Unterschiede aufweisen kann.

Wenn es aber um Herzfrequenz, Schrittfrequenz, EPOC, vertikale Oszillation und verbrannte Kalorien geht, dann lohnt es sich, genauer hinzuschauen. Einerseits sollte man sich fragen, ob der Tracker diese Werte wirklich genau bestimmt und wenn ja, wie aussagekräftig sie sind und inwiefern sie anderen Störfaktoren unterliegen. Beispiel hierfür ist die Herzfrequenz.

Am Handgelenk wird sie nicht so genau gemessen wie mit Pulsgurt und mit diesem nicht so genau wie per EKG beim Arzt, sodass man sagen muss, dass die Laiendaten nicht zu 100 Prozent aussagekräftig sind. Wenn wir nun mit unseren leicht ungenauen Daten arbeiten wollen, sollten wir uns überlegen, welche Faktoren (außer unser Training) Einfluss auf sie haben.

Schlaf, Stress, Ernährung, Koffein, Alkohol etc. beeinflussen sie alle, was dazu führt, dass wir keine reproduzierbaren Daten erzeugen. Wir schlafen jeden Tag anders, wir essen jeden Tag anders und so weiter. Die Steuerung des Trainings durch Pulsmessung ist also nur zu geringen Teilen reliabel, weswegen ich grundsätzlich davon abraten würde.

Was dann?

Nun ist es so, dass man wenig reliable Daten verwenden kann, weswegen man sich anderer Metriken bedienen muss. In diesem Fall sollte man sich auf die wahrgenommene Anstrengung beziehen. Ein gutes Tool ist hier die *Borg-Skala* als Einschätzungstool.

Anhand von ihr kann man jede Trainingseinheit einschätzen. Dies bietet sich an für alle Läufe, die nicht unter kontrollierten Bedingungen stattfinden (wie etwa im Feld oder Wald).

Wenn ich allerdings auf der Bahn Intervalle laufe, dann kann ich mich per Pace kontrollieren – könnte dies aber zusätzlich mit der Borg-Skala abgleichen. Hat sich der Kilometer in 3:45 Minuten genauso angefühlt, wie letzte Woche?

LAUFEN MIT HERZFREQUENZ

Das Bestimmen der Trainingsintensität nach der Herzfrequenz ist ein seit langer Zeit erprobtes Mittel und hat über die Jahre im Längsschnitt betrachtet, auch vielen Athleten geholfen, ihre Leistung langfristig zu steigern und Übertraining zu umgehen.

Laufen nach der Pulsbereichen erfordert eine eingehende Diagnostik, in der die maximale Herzfrequenz, die Laktatschwelle, die ventilatorisch-respiratorische Schwelle oder Ähnliches bestimmt wird, um danach anhand der gemessenen Parameter die verschiedenen Trainingszonen zu bestimmen. Eine unblutige und für Laien einfach anzuwendende Methode ist der Conconi-Test. Mehr dazu steht in Kapitel 15.

Festgelegt werden sollten die folgenden Trainingsbereiche:

REKOM,
GA 1
GA 1/2 (aerobe Schwelle),
GA 2,
WSA (anaerobe Schwelle) und
SA.

Mit diesen festgelegten Bereichen kann man dann jede Trainingseinheit präzise pulstechnisch ansteuern und sicherstellen, dass man auch in dem entsprechenden Trainingsbereich bleibt und den Reiz setzt, den man setzen möchte.

Die Problematik beim Training nach Puls ist es, dass der Puls ein ständig wandelbarer Parameter ist. Das heißt, wie die meisten anderen biologischen Eigenschaften des Körpers passt er sich den Gegebenheiten unseres Lebens an.

Wenig Schlaf oder schlechter Schlaf beeinflussen ihn, ebenso wie mangelnde Regeneration, Stress und Ähnliches. Deswegen sollte man davon absehen, immer den Puls als Trainingsmaxime zu sehen.

Wenn eine Nacht mit wenig Schlaf und viel Alkohol vorangegangen ist, wird man nicht in der Lage sein, einen hohen Puls zu erreichen oder überhaupt Bereiche jenseits der aeroben Schwelle zu erreichen und zu halten.

Teilweise ist der Puls so verschoben, dass man bei einem vermeintlich lockeren Lauf schon in den GA-1/2-Bereich übergeht. Wenn so etwas der Fall ist, dann sollte man nicht versuchen, nach Puls zu trainieren, da der Körper Regeneration benötigt.

Grundsätzlich empfiehlt es sich, neben dem Puls auch auf die Pace zu achten. Denn bei einer Diagnostik werden die Parameter gemeinsam beurteilt, also sollten sie auch beim Training aneinandergekoppelt sein. Wenn der Puls ohne Beschleunigung des Pace stark ansteigt, dann sollte man sich Sorgen machen, sofern man nicht gerade an einem steilen Berg anläuft. Wenn die Pace schneller wird, dann sollte auch der Puls steigen.

Außerdem sollte man nie das Körpergefühl verlieren. Zahlen sind gut und schön, doch der menschliche Organismus ist zu komplex, als dass man ihn auf einige wenige Zahlen und Parameter herunterbrechen könnte. Deswegen sollte man immer auf die Bedürfnisse des Körpers hören und verstehen, dass er nicht immer nur wie ein Uhrwerk funktionieren kann.

LAUFEN MIT POWER

Etwas, das in den letzten Jahren seinen Weg in den Laufsport gefunden hat, ist die Wattmessung. Per kleinem Sensor am Schuh wird hier gemessen, wie viel Leistung man de facto beim Laufen aufbringt. Das klingt vielleicht erst einmal komisch, da man Watt oftmals nur von elektrischen Geräten kennt, doch Wattmessung im Sport ist nichts Neues.

Ergometer geben für gewöhnlich immer an, wie viel Wattleistung man beim Training aufbringt und Wattmessung beim Fahrradfahren ist beim professionellen Radsport nicht mehr wegzudenken.

Wenn man sich auf eine Metrik verlassen will, dann auf die Wattleistung. Allerdings sollte man auch hier Messfehler im Auge behalten.

Wer zu diesem Thema mehr lesen möchte, dem empfehle ich das Buch *Run with power* von Jim Vance.

15 EVALUATION UND RE-EVALUATION

Um zu überwachen und zu kontrollieren, ob sich die eigene Leistung entsprechend den Erwartungen entwickelt, ist das Testen der Leistung und das Re-Testing essenziell. Nur anhand regelmäßiger Tests kann man langfristig betrachten, wie sich die Leistung entwickelt. Neben den Tests ist die Evaluation dieser Daten wichtig. Anhand der Daten kann man interpretieren, welche Trainingsformen und Trainingsumfange effizient zur Leistungssteigerung führen.

15.1 COOPER-TEST

Im Bereich des Laufsports gibt es zahlreiche Tests, deren Daten mehr oder weniger gut verwertbar sind. Das Problem bei den meisten Tests ist, dass sie nicht allein durchführbar sind und meist nur in einem Labor ausgewertet werden können. Daraus folgt, dass sie in einem Makrozyklus zwar eins bis zweimal durchgeführt werden können, aber für den Trainingsalltag einfach zu komplex sind bzw. hauptsächlich von Leistungssportlern genutzt werden können.

Es gibt allerdings einen Test, der erprobt ist und auch eine relativ präzise Aussage über die Leistung des Athleten und seine Leistungsentwicklung. Der Cooper-Test ist ein Feldtest und lässt sich relativ leicht durchführen. Alles, was man braucht, ist eine Laufbahn (400 Meter) und eine Stoppuhr. Gelaufen werden zwölf Minuten so schnell, wie man kann. Das Ergebnis sind die Distanz in Metern, aus der man dann wie folgt seine VO_2max berechnen kann:[39]

$$\mathrm{VO_2max} = \frac{(s - 504{,}9m)}{44{,}73\dfrac{m\,\mathrm{min}}{\mathrm{mlO_2}}} = x\,\frac{\mathrm{mlO_2}}{\mathrm{min}}$$

Zurückgelegte Distanz = s (in Meter)

$$\text{Beispiel: } \frac{(3000 - 504{,}9m)}{44{,}73\frac{m\,\text{min}}{\text{mlO}_2}} = 55{,}8\frac{\text{mlO}_2}{\text{min}}$$

Somit können wir in regelmäßigen Abständen überprüfen, wie es um unsere maximale Sauerstoffaufnahmekapazität bestellt ist. Daraus ergibt sich auch, ob unser Training zielführend ist und auch die gewünschten Anpassungserscheinungen hervorruft. Dementsprechend kann man sein Training überdenken und gegebenenfalls anpassen.

15.2 CONCONI-TEST

In der Leistungsdiagnostik gibt es zahlreiche Verfahren, um individuelle Trainingsbereiche festzustellen. Neben einer Blutlaktatuntersuchung und einer Spiroergometrie, die zumeist nur von Medizinern durchgeführt werden, gibt es auch unblutige Methoden.

Der Biochemiker und Amateur-Radrennfahrer Francesco Conconi hat sich dazu Gedanken gemacht und hat dafür den nach ihm benannten Test entwickelt.

Der Conconi-Test ist ein diagnostisches Verfahren, dass es schafft, die anaerobe Schwelle relativ genau zu bestimmen ohne die Entnahme von Blut. Dafür macht er sich das Prinzip des „Leveling-off"zunutze.

Bei steigender Belastung passt sich die eigene Herzfrequenz proportional dazu an. Das bedeutet, wenn man linear seine Belastung steigert, dann sollte eine formschöne Gerade in der Herzfrequenzkurve entstehen. Doch ab einem gewissen Punkt setzt das „Leveling-off" ein. Im submaximalen Leistungsbereich knickt die Herzfrequenzkurve ab. Sie steigt nur noch schwach im Vergleich zur erbrachten Leistung. In diesem Bereich ist es nicht lange möglich, die Leistung aufrechtzuerhalten.

Der „Knick" in der Kurve wird als *Deflektionspunkt* bezeichnet und ist nahezu deckungsgleich mit der anaeroben Schwelle, dem Punkt, ab dem unser Körper mehr Laktat aufbaut, als er abbauen kann. Sprich, über diesen Punkt hinaus sind keine langen Ausdauerleistungen möglich, da die Akkumulation von Laktat im Blut unweigerlich dazu führt, dass die Belastung abgebrochen werden muss, da die Muskelfunktion durch zu viel Laktat gehemmt wird.

Neben der anaeroben Schwelle können wir aber auch die verschiedenen Trainingsbereiche aus dem Deflektionspunkt und der damit einhergehenden conconischen Schwelle ableiten. So liegt nach Hottenrott[59] der REKOM-Bereich unter 70 Prozent der conconischen Schwelle. Der GA-1-Bereich bei 70-85 Prozent, der GA-1/2-Bereich bei 85-90 Prozent, der GA-2-Bereich bei 90-95 Prozent und der WSA-Bereich bei 95-100 Prozent. Alles darüber würde man Schnelligkeitstraining oder Schnelligkeitsausdauertraining bezeichnen. Je nach Genauigkeit der conconischen Schwelle wird der WSA-Bereich auch teilweise bis 105 Prozent des Deflektionspunkts angegeben.

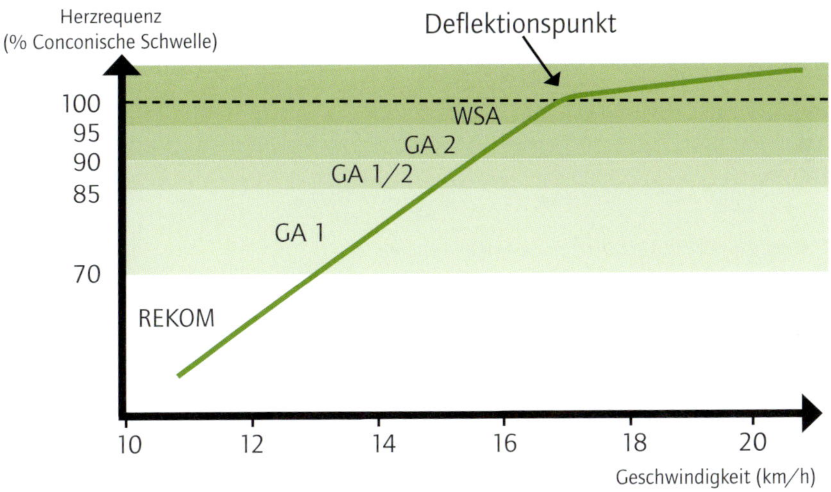

Quelle: HOTTENROTT, K., ZÜLCH, M., Ausdauertrainer Laufen. 6. Auflage. Reinbek 2002

Abb. 71: Trainingsbereiche im Kontext zur conconischen Schwelle

Der Test kann für unterschiedliche Sportarten durchgeführt werden. Da Conconi selbst aus dem Radsport kam, ist die ursprüngliche Variante die des Radsports, doch in diesem Fall soll nur die Laufvariante thematisiert werden.

Auf einer 400-Meter-Bahn startet die zu testende Person bei einem Tempo zwischen acht und 12 Stundenkilometer. Nun wird alle 200 Meter (oder 400 Meter) das Tempo um 0,5 Stundenkilometer erhöht. Parallel wird die Herzfrequenz mittels eines Pulsgurts aufgezeichnet. Abbruchkriterium für den Test ist es, wenn die zu testende Person es nicht mehr schafft, dass Tempo adäquat zu steigern.

Es bietet sich an, den Test mit einer weiteren Person durchzuführen, die kontrolliert, ob das Tempo passt und gegebenenfalls Feedback gibt, ob beschleunigt oder abgebremst werden muss. In der Praxis hat es sich erwiesen, alle 50-100 Meter akustisch ein „schneller" oder „langsamer" zu zurufen. Gegebenenfalls kann auch ein „Jawoll" ergänzt werden, wenn das Tempo stimmt.

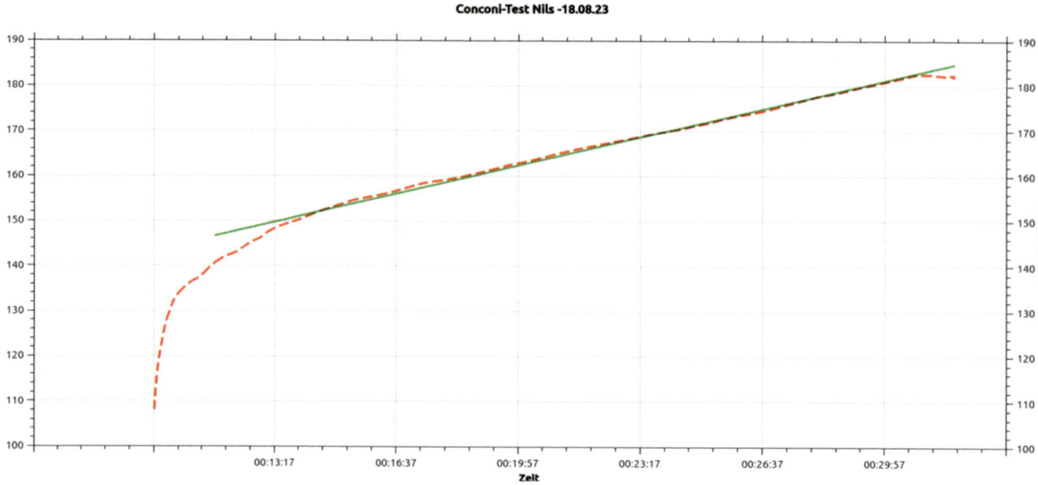

Abb. 72: Ausgabe der Herzfrequenz nach einem Conconi-Test

In der Auswertung erhält man von den meisten Trackingtools eine Herzfrequenzkurve als Funktion der Zeit. Wenn man sauber gearbeitet hat und die Geschwindigkeit regelmäßig gesteigert wurde, dann kann die Zeitachse wie die Geschwindigkeitsachse betrachtet werden.

Die Auswertung erfolgt nun grafisch. Man muss eine Gerade (hier grün) an die Herzfrequenzkurve (rot) anlegen. Nun erkennt man, dass die ersten Datenpunkte zu Beginn des Tests aus dem Schema fallen, weil sich der Körper erst in einen Steady State einfinden muss. Nun ist zu erkennen, dass bis auf einige Schwankungen die Herzfrequenz linear steigt. Erst bei einer Herzfrequenz von 183 bpm trennen sich die grüne Gerade von der Herzfrequenzkurve.

Danach ist zu beobachten, dass die Herzfrequenzkurve fast parallel zur X-Achse verläuft, weil kaum noch eine Leistungssteigerung zu erkennen ist. Somit ist in diesem Beispiel eine conconische Schwelle von 183 bpm festzuhalten. Es sei zu beachten, dass im Vergleich zur Musterabbildung der Testabbruch deutlich früher nach dem Erreichen der conconischen Schwelle stattfand. Außerdem wurde zur Veranschaulichung die Kurve geglättet. Die ungeglättete Kurve findet sich am Ende des Kapitels.

Aus der Schwelle von 183 bpm kann man nun ermitteln, bei welchem Intervall diese erreicht wurde. In diesem Beispiel war es bei einer Geschwindigkeit von 15 Stundenkilometern. Nun lassen sich aus diesem Wertepaar für alle Trainingsbereiche die zugehörige Herzfrequenz und das Tempo ermitteln, analog zu den Bereichen, die Hottenrott und Zülch angegeben haben.

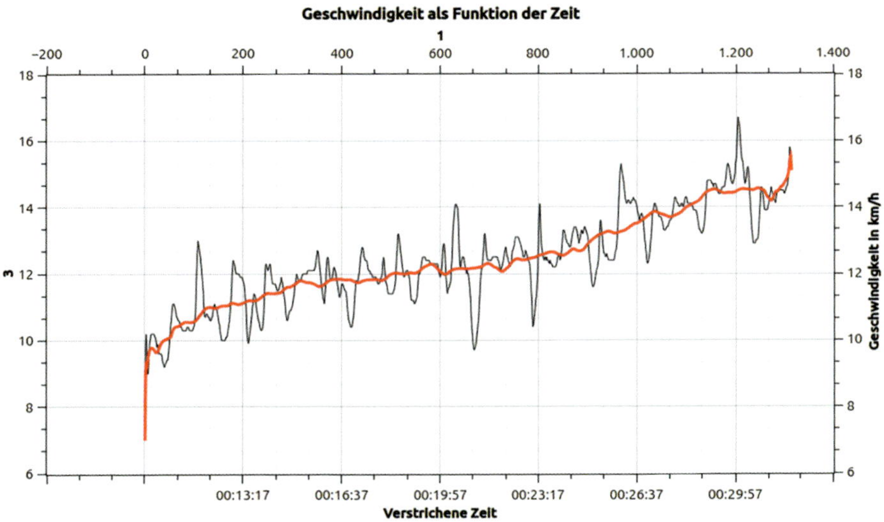

Abb. 73: Geschwindigkeit als Funktion der Zeit für das Testbeispiel.
Schwarze Kurve: aufgezeichnete Werte [km/h] (Polar Vantage M)- Rote Kurve: geglättete Werte.

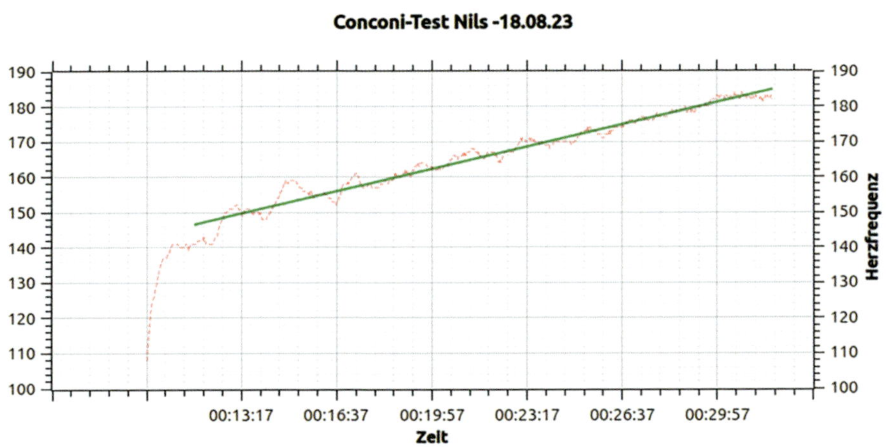

Abb 74: Reelle Werte (rot) mit einer linearen Regression (grün) zur Feststellung des Deflektionspunkts

16 RELATIVKRAFT

Relativkraft ist ein Zauberwort, wenn es ums Laufen geht. *Relativkraft* beschreibt das Verhältnis von Körperkraft zu Körpergewicht. Ein Problem, das viele Läufer haben, ist, dass sie entweder das Krafttraining komplett vernachlässigen und somit ein niedriges Körpergewicht mit niedriger Kraft haben oder aber sie übertreiben es mit dem Krafttraining und haben genau das Gegenteil: hohes Gewicht mit hoher Körperkraft.

Beides ist suboptimal für das Laufen.

Wie eingangs bereits erwähnt, muss unser Körper in etwa das 2,5-3-fache unseres Körpergewichts abfangen und stabilisieren können. Die unten stehende Tabelle gibt einen kleinen Überblick, welche Last unser Körper aushalten muss, bei entsprechendem Körpergewicht.

Tab. 10: Körpergewicht und daraus resultierende Kräfte

Körpergewicht	Langstreckenlauf	Sprint
50 Kilogramm	125-150 Kilogramm	200-400 Kilogramm
60 Kilogramm	150-180 Kilogramm	240-480 Kilogramm
70 Kilogramm	175-210 Kilogramm	280-560 Kilogramm
80 Kilogramm	200-240 Kilogramm	320-640 Kilogramm
90 Kilogramm	225-270 Kilogramm	360-720 Kilogramm
100 Kilogramm	250-–300 Kilogramm	400–800 Kilogramm

Ziel eines jeden Läufers sollte es sein, die Kraft, die er generieren kann, zu maximieren, während sein Körpergewicht ähnlich bleibt. Die Kraftausdauer der Beine ist direkt von der Maximalkraft abhängig, weswegen in diesem Fall die Kraft einen direkten Einfluss auf die Ausdauerleistung hat.

Dies bedeutet allerdings nicht, dass man durch Kraftdreikampf zum Marathonmonster wird.

Der Schlüssel ist hier, einen **niedrigen Körperfettanteil**, mit einer **mittleren Muskelmasse** und einer **guten intramuskulären Koordination** zu kombinieren[9].

Niedriger Körperfettanteil leuchtet vermutlich jedem ein, doch was mit einer mittleren Muskelmasse und einer guten intramuskulären Koordination gemeint ist, muss ich wohl näher erklären:

Niedriger Körperfettanteil: Körperfettanteil zwischen acht und 15 Prozent (mehr dazu in Kap. 17).

Mittlere Muskelmasse: Oft nimmt man an, dass Läufer dünn und zierlich sein müssen. Ein Stück weit stimmt das auch, das bedeutet aber nicht, dass Läufer keine Muskelmasse mitbringen sollen. Vor allem eine starke Rumpfmuskulatur und solide Beinmuskeln sind essenziell, um erfolgreich zu laufen. Deswegen erkläre ich hier auch eindeutig, dass eine mittlere Muskelmasse zielführend ist. Sie ist deutlich davon abhängig, welche Strecke man läuft, wie groß man ist und so weiter und sofort.

Intramuskuläre Koordination: Muskelmasse allein reicht nicht. Elementar für den Läufer ist es, dass die Muskelmasse auch richtig zum Einsatz gebracht wird. Intramuskuläre Koordination bezeichnet hier die Rekrutierung der einzelnen Muskelfasern. Das bedeutet, dass wir die wenige Muskelmasse, die wir haben, auch voll zum Einsatz bringen können und ordentlich feuern lassen können. Die kinästhetische Wahrnehmung spielt hier auch eine maßgebliche Rolle.

Kurzum geht es bei der Relativkraft darum, die optimale Relation zwischen Motorpower, Renngewicht und Energieverbrauch zu finden - und das ist sehr individuell. Je kürzer die Strecke ist, desto mehr Motorpower darf es sein, weil hier der Energieverbrauch auf Dauer nicht so stark ins Gewicht fällt. Beim Marathon hingegen muss jedes Gramm über 42,195 Kilometer getragen werden, weswegen hier die Devise ist: so wenig Gewicht wie möglich.

Im Endeffekt muss jeder für sich die Konstellation finden, die für ihn am besten funktioniert.

17 GEWICHTSMANAGEMENT

Nun, da die Bedeutung der Relativkraft klar geworden ist, wird es Zeit, sich mit dem Thema *Gewichtsmanagement* auseinanderzusetzen. Denn eines ist klar: Man kann eine schlechte Ernährung nicht durch Sport ausgleichen. Das bedeutet, dass man, um Gewicht zu verlieren oder zu erhalten, sich auch zwangsläufig mit dem Thema Ernährung auseinandersetzen muss.

Das bedeutet nicht, dass man automatisch auf alles verzichten muss, sondern nur, dass man die eigene Ernährung so weit kontrollieren sollte, dass sie die eigenen Trainingsbemühungen nicht zunichtemacht. Denn wenn ich schwerer werde, werde ich automatisch langsamer und das Laufen wird schwerer.

Miller (2016) hat einen guten Ratgeber zum Gewichtsmanagement bei Triathleten geschrieben. Die Kernaussagen, die auch fürs Laufen gelten, lauten wie folgt:

1. Magerer ist schneller: Je weniger Fett, also tote Masse, man hat, desto besser kann man performen und desto schneller ist man.
2. Das Verbrennen von Kalorien ist keine Ausrede, um alles hemmungslos zu essen. Man sollte trotzdem noch die Kontrolle über die eigene Energiezufuhr behalten.
3. Es geht nicht darum, sich runterzuhungern oder spezifisch das Gewicht für einen Wettkampf anzupassen, sondern langfristig einen gesunden Lebensstil zu wählen und sein Gewicht konstant zu halten. Große Schwankungen im Körpergewicht zeugen von Unterernährung und Binge-Eating. Hier sollte langfristig das Essverhalten analysiert werden.

Insgesamt sollte man sich als Läufer oder Sportler generell bewusst machen, das Sport und Ernährung immer Hand in Hand gehen. Wenn man große Leistungen mit seinem Körper vollbringen will, dann muss man ihm auch den entsprechenden Treibstoff geben, aber auch den richtigen Treibstoff und genau so viel, wie er braucht.

Beim Laufen ist aufgrund der wiederholten Gewichtseinwirkungen das Körpergewicht eine starke Leistungsdeterminante. Ein hohes Körpergewicht bremst den Läufer nicht nur aus, nein, es sorgt auch dafür, dass er sich schneller verletzt, weil wesentlich mehr Kraft auf ihn und seine Gelenke einwirkt.

Deswegen gilt es, sich jeglicher toten Masse zu entledigen und nur so viel wie nötig mit sich herumzutragen.

Was ist tote Masse?
Subkutanes bzw. Unterhautfett. Also das Körperfett, dass unter unserer Haut abgelagert wird und wir im Spiegel sehen. Wir besitzen auch noch viszerales Fett, welches man nicht so einfach sehen und fühlen kann. Dieses ist aber wichtig zum Schutz der Organe und für die Vitalfunktionen. Außerdem wird noch zwischen weißem und braunem Fettgewebe unterschieden.

Wie stell ich fest, ob ich zu viel Unterhautfett besitze?
Es gibt zahlreiche Methoden, um seinen Körperfettanteil zu bestimmen über Bioimpedanz, Hautfaltenmessung, DEXA-Scan und Ähnliches. Eine exakte Bestimmung kann im Profisport Sinn machen, da hier wenige 100 Gramm schon einen Unterschied machen können – für den Alltagsathleten ist es mehr teure Spielerei als alles andere. Hier ist der Spruch von Schwarzenegger aus seinen Bodybuildingzeiten wohl die einfachere Bestimmungsmethode:

> *It's simple – if it jiggles, it's fat.*
>
> ARNOLD SCHWARZENEGGER[73]

Der Spiegel ist gnadenlos und zeigt gut, ob man zu viel auf den Rippen hat. Alles, was wackelt, ist das besagte Unterhautfett und in dem Sinne tote Masse, die nach Möglichkeit reduziert werden sollte.

17.1 FAQ ZU GESUNDER ERNÄHRUNG

Was ist gesunde Ernährung?
Es gibt schlichtweg keine allumfassende Definition von gesunder Ernährung und ebenso wenig kann man genau sagen, was für dich persönlich funktioniert. Grundsätzlich kann man nur eine grobe Richtung vorgeben: **Iss möglichst unverarbeitete Lebensmittel – hauptsächlich pflanzlich.**

Wie nehme ich ab?
Iss weniger Kalorien, als du verbrauchst, nichts anderes hilft. Kein Intervallfast, kein Detox, kein EMS oder was auch immer dir die Werbung verspricht.

Wie reduziere ich meinen Körperfettanteil?
Natürlich wäre es schön, wenn man ganz gezielt Fett an dieser oder jener Körperpartie reduzieren könnte, ohne dabei Muskeln zu verlieren. Lasse mich dir diese Illusion sofort nehmen. Gewicht verlieren, bedeutet, dass man immer Muskeln verliert und gleichzeitig auch Fett – und, nein, man kann nicht steuern, wo man das Fett verliert. Eiweißreiche Kost und ordentliches Krafttraining können dazu führen, dass man eher Muskeln behält, während man Körperfett abbaut.

Wie halte ich mein Gewicht?
Nimm so viele Kalorien zu dir, wie du in etwa verbrauchst.

18 LAUFEN IM GELÄNDE

Laufen im Gelände unterscheidet sich vom Laufen in der Ebene im Wesentlichen dadurch, dass man bergauf und bergab läuft und oft auch unterschiedlichen Untergrund hat.

Die Ausrüstung

Im Gelände lohnt es sich, Schuhwerk mit Profil anzuziehen, nicht umsonst gibt es Traillaufschuhe, die mit ihrem Profil einen sicheren Halt auf unebenem Untergrund und Schlamm bieten. Vor allem in der nassen und kalten Jahreszeit lohnt es sich, in ein Paar gute Trailschuhe zu investieren, um eine Verletzung durch Ausrutschen oder Umknicken zu vermeiden.

Die Technik

Wenn sich die Steigung verändert, verändert sich auch die Lauftechnik. So verkürzen sich unsere Schritte nach vorne automatisch, wenn es bergauf geht. Hier sollten wir darauf achten, kurze, schnelle Schritte zu setzen und uns kräftig nach hinten herauszudrücken. Ein häufiger Fehler, der hierbei auftritt, ist, dass man sich zu weit nach vorne beugt und leicht in der Brust einfällt. Dadurch kann die Lunge nicht ihr ganzes Volumen verwenden und wir haben Probleme, genügend Sauerstoff aufzunehmen. Hier sollte man gegensteuern und aktiv die Brust herausschieben und aufrecht atmen.

Bergab werden die Schritte nach vorne länger und nach hinten kürzer. Hier ist Vorsicht geboten, dass man sich nicht einfach passiv in die Gelenke reindonnern lässt, sondern kontrolliert abfedert.[3]

19 ATHLET VS. ABENTEURER

Wenn es um sportliche Höchstleistungen geht, dann blickt man gerne auf Weltrekorde, Meilensteine in der Geschichte und unglaubliche Leistungen. Um zu erklären, was ein Athlet ist und was ein Abenteurer ist und wo die beiden auseinandergehen, schauen wir zwei Briten an, die unglaubliche Leistungen vollbracht haben: Sir Roger Bannister und Ross Edgley.

Beide haben in ihrem Feld der Expertise Unglaubliches erreicht.

Bannister ist vermutlich vielen ein Begriff: Er war der erste Athlet, der die Meile unter vier Minuten gelaufen ist. Sein Rennen vom 6. Mai 1954 wird wohl nie vergessen werden. Wie hat er diese Leistung geschafft?

Einerseits hatte er das richtige Mindset, andererseits hat er ganz spezifisch daraufhin trainiert und alle Bedingungen im Training kontrolliert. Er hatte Mitstreiter, die ein hartes Tempo anschlugen und ihn zogen. Er kannte die Bahn, auf der er lief, ganz genau. Kaum ein Wind wehte. Die Iffley-Road-Kampfbahn ist bis heute ein legendärer Ort, weil Bannister im richtigen Moment seine optimale Leistung abrief und die Schallmauer von vier Minuten durchbrach[33].

Und Edgley? Edgley umschwamm Großbritannien. Allein. 157 Tage hat er keinen Fuß aufs Land gesetzt, sondern ist im Meer geschwommen. Gegen jede Strömung und gegen jedes Unwetter. Er war komplett hilflos den Gezeiten ausgesetzt und trotze auch Haien und Quallen problemlos. Er legte die 1792 Meilen komplett im Alleingang zurück. Er kannte die Gewässer vorher nicht und wusste nicht, was ihn zu welcher Jahreszeit wo erwarten würde[41].

Nun, stellt man die beiden nebeneinander, dann wird man denken, dass sie beide Großes vollbracht haben, doch auf komplett unterschiedlichen Ebenen. Bannister ist ein Athlet, wie er im Buche steht. Er sucht sich eine Disziplin, in der er gut ist – und legt dann alles daran, in dieser Disziplin so gut zu werden, wie nur irgend möglich. Sein Training, seine Ernährung und sein Leben richten sich komplett darauf, in dieser Sportart besser zu werden. Alles muss kontrolliert werden.

Edgley hingegen ist ein Biest. Er formte seinen Körper und machte ihn kugelsicher gegen alles, was da kommen mag. Er musste lernen, sich an alles anzupassen. Seichte Wellen, starke Wellen; Schnee; Quallen, Haie; reißerische Strömungen, riesige Tanklaster und so weiter und sofort. Er steckte sich ein Ziel so groß, dass kaum ein Normalsterblicher wagen würde, es in Angriff zu nehmen. Mit eisernem Willen, Disziplin und einen stahlharten Körper kämpfte er sich durch. Das ist es, was einen wahren Abenteurer ausmacht.

Die Frage, die sich nun jeder stellen muss, ist:

- Was möchte man sein - Athlet oder Abenteurer?
- Möchte man in einer Sportart sehr gut werden und hier nach Bestleistungen jagen und sehr spezialisiert und kontrolliert trainieren?
- Oder aber möchte man vieles ausprobieren, sich immer wieder neue Ziele setzen, neue Grenzerfahrungen machen und seinen Körper dem Unbekannten aussetzen?

Jeder muss sich darüber im Klaren sein, denn das Training ist gänzlich anders für den Abenteurer als für den Athleten. Der Athlet steckt sich einen festen Rahmen, in dem er versucht, unter so sterilen Bedingungen wie möglich zu trainieren. Der Abenteurer muss dies in jedem Fall meiden und sich den Gezeiten aussetzen. Jede harte Einheit und jede Trailrunde macht ihn stärker, während der Athlet auf der Tartanbahn schneller wird. Doch beide profitieren von intelligenter Trainingssteuerung nach sportwissenschaftlichen Erkenntnissen.

Welches Ziel auch immer die eigenen sportlichen Bemühungen haben, wichtig ist, dass man stets danach trachtet, sich zu steigern. CITIUS - ALTIUS - FORTIUS (lateinisch für: schneller - höher - stärker) ist nicht ohne Grund das Motto der Olympischen Spiele. Fitness ist etwas, das sich immer in jede Richtung bewegen kann. Weder für den Athleten noch für den Abenteurer sollte es ein Ende der Leistung geben - verbessern kann man sich immer.

Fitness is a journey everyone should start, but no one should finish.

ROSS EDGLEY[3]

20 DIE LETZTEN 0,1 PROZENT

Dieses Kapitel ist ein Sammelsurium an allen Techniken und Methoden, die keinen Platz in den anderen Abschnitten hatten, die aber dennoch erwähnenswert sind für alle Fanatiker, die wirklich die letzten Prozente an Leistung herausholen wollen. Wohlgemerkt sollte man zunächst alles Vorangegangene in diesem Buch ausprobiert und durchexerziert haben, bevor man sich dieser AUFGABE annimmt und anfängt, an diesen kleinen Stellschrauben zu drehen.

DAS RUNNER'S HIGH

Das *Runner's High* ist ein Zustand, über den sich die Wissenschaft noch nicht ganz einig ist. Bekannt ist, dass es ihn gibt und dass er in Zusammenhang mit großen Belastungen ausgelöst wird. Es ist der Zustand des Läufers, in dem alles federleicht scheint und die Anstrengung von einem abfällt.[26]

Boecker, Sprenger, Spilker, Henriksen, Koppenhoefer, Wagner, Valet, Berthele und Tolle (2008) haben hier eine sehr interessante Untersuchung angestellt, um herauszufinden, welche Substanzen im Gehirn ausgestoßen werden, wenn man das sogenannte *Runner's High* erreicht[18].

> "It can be assumed that euphoria is associated with reward, especially in runners with repetitive experiences of euphoric sensations related to endurance training. Hence, one might have expected changes in opioidergic neurotransmission in the nucleus accumbens, a key structure for reward processing with known opioid--dopamine interactions. Although we did not observe relevant running-related opioidergic changes in this brain structure, it might be feasible to detect such changes in the dopaminergic system" (Boeker et al., 2008).

Kurz gesagt konnten sie feststellen, dass ein massiver Cocktail an Botenstoffen und Neurotransmittern ausgeschüttet wird. Die Forscher vermuten sogar, dass dies zu einer Veränderung des Nucleus accumbens führen kann.

Das Runner's High ist also von seiner Wirkung her nicht zu unterschätzen, sondern ist ein letzter Mechanismus unseres Körpers, um gegen völlige Erschöpfung anzukommen. Diese 0,1 Prozent können wir uns natürlich im Rennen zunutze machen.

ATEMTECHNIKEN

Die Atmung ist unser Antrieb. Ohne Sauerstoff geht nichts. Doch wer hat schon einmal wirklich seine Atmung trainiert? Apnoetaucher tun dies regelmäßig, um ihr Lungenvolumen zu steigern.

Doch auch der Läufer kann von einer soliden Atmung profitieren, schließlich ist Sauerstoff der wichtigste Stoffwechseloperant unseres Körpers. Vielfach verfällt man in eine sehr hohe Brustkorbatmung und vernachlässigt dabei das Zwerchfell komplett. Dabei ist das Zwerchfell für den Großteil der Lungenfunktion verantwortlich. Deswegen sollte jedem daran gelegen sein, dieses Zwerchfell auch zu trainieren und zumindest gelegentlich eine tiefe Atmung in den Bauch zu üben. Langfristig sorgt dies für eine ausgeglichenere Atmung und kann die Leistung steigern.

21 INSPIRATION

21.1 WIE SINNVOLL IST EIN FESTER TRAININGSPLAN FÜR DICH?

Ich habe es an der einen oder anderen Stelle schon angerissen, dass ich kein Fan von starren und rigiden Trainingsplänen bin. Doch ich muss sagen, sie haben ihre Daseinsberechtigung, weswegen auch in diesem Werk zumindest eine Handvoll auftaucht. Diese sollen aber nicht als stupide Anleitung angesehen werden, sondern viel mehr als Inspiration.

Jeder Mensch ist anders. Jedes Individuum reagiert anders auf Trainingsreize. Deswegen sollte jedes Trainingsprogramm auch angepasst werden darauf, was der Einzelne braucht, wo er steht und wohin er sich entwickeln will.

Um zu erklären, wie unterschiedliche Trainingspläne für unterschiedliche Niveaus aussehen können, habe ich im Folgenden sieben Level der Fitness definiert und für jedes der Level einen Mikrozyklus der Vorbereitungsphase erstellt, exemplarisch dafür, wie eine Vorbereitung auf einen 10-Kilometer-Lauf aussehen könnte.

LEVEL I

Non-Runner. Absolut keine Lauferfahrung. Keine körperliche Fitness vorhanden. Start von null.

Tab. 11: Level I Trainingsplan

Montag	Einheit 1: Krafttraining 60 Minuten General Physical Preparedness	
Dienstag	Einheit 2: Laufen Extensive Dauermethode 3 km GA 1	Einheit 3: Mobility 15 Minuten
Mittwoch	Ruhetag	
Donnerstag	Einheit 4: Krafttraining 60 Minuten General Physical Preparedness	
Freitag	Einheit 5: Laufen Extensive Dauermethode 5 km GA 1	Einheit 6: Mobility 15 Minuten
Samstag	Ruhetag	
Sonntag	Ruhetag	

LEVEL II

Beginner. Hat gewisse Grundlagenfitness. Geht unregelmäßig bis selten zum Laufen.

Tab. 12: Level 2 Trainingsplan

Montag	Einheit 1: Krafttraining 60 MinutenGe-neral Physical Preparedness	
Dienstag	Einheit 2: Laufen Extensive Dauermethode 5 km GA 1	Einheit 3: Mobility 15 Minuten
Mittwoch	Ruhetag	
Donnerstag	Einheit 4: Krafttraining 60 Minuten General Physical Preparedness	
Freitag	Einheit 5: Laufen Extensive Dauermethode 7 km GA 1	
Samstag	Einheit 6: Krafttraining 60min General Physical Preparedness	Einheit 7: Mobility 15 Minuten
Sonntag	Ruhetag	

LEVEL III

Novize. Hat eine gewisse Grundlagenausdauer und geht regelmäßig zum Laufen. Keine konkrete Trainingsplanung/-steuerung.

Tab. 13: Level 3 Trainingsplan

Montag	Einheit 1: Krafttraining 60 Minuten General Physical Preparedness	
Dienstag	Einheit 2: Laufen Extensive Dauermethode 7 km Rekom	Einheit 3: Mobility 15 Minuten
Mittwoch	Einheit 4: Krafttraining 60 Minuten General Physical Preparedness	
Donnerstag	Einheit 5: Laufen Intensive Dauermethode 5 km GA 2	Einheit 6: Mobility 15 Minuten
Freitag	Ruhetag	
Samstag	Einheit 7: Laufen Extensive Dauermethode 10 km GA 1	Einheit 8: Mobility 15 Minuten
Sonntag	Ruhetag	

LEVEL IV

Intermediate. Hat eine gute Grundlagenausdauer und geht regelmäßig zum Laufen. Er hat eine grobe Struktur im Training. Keine übergreifende langfristige Trainingsplanung/-steuerung.

Tab. 14: Level 4 Trainingsplan

Montag	Einheit 1: Krafttraining 60 Minuten General Physical Preparedness	
Dienstag	Einheit 2: Laufen Extensive Dauermethode 7 km Rekom	Einheit 3: Mobility 15 Minuten
Mittwoch	Einheit 4: Krafttraining 60 Minuten General Physical Preparedness	
Donnerstag	Einheit 5: Laufen Intervallmethode 6 x 800 Meter WSA	Einheit 6: Mobility 15 Minuten
Freitag	Einheit 6: Crosstraining 60 Minuten	
Samstag	Einheit 7: Laufen Extensive Dauermethode 12 km GA 1	Einheit 8: Mobility 15 Minuten
Sonntag	Ruhetag	

LEVEL V

Advanced. Gute Grundlagenausdauer. Regelmäßiges Training (Laufen plus Athletik). Konkrete Struktur. Mittelfristige Trainingsplanung.

Tab. 15: Level 5 Trainingsplan

Montag	Einheit 1: Krafttraining 60 Minuten General Physical Preparedness	
Dienstag	Einheit 2: Laufen Intensive Dauermethode 7 km GA 2	Einheit 3: Mobility 15 Minuten
Mittwoch	Einheit 4: Krafttraining 60 Minuten General Physical Preparedness	Einheit 5: Laufen Extensive Dauermethode 8 km GA 1
Donnerstag	Einheit 6: Laufen Intervallmethode 6 x 800 Meter WSA	Einheit 7: Mobility 15 Minuten
Freitag	Einheit 8: Crosstraining 60 Minuten	
Samstag	Einheit 9: Laufen Extensive Dauermethode 15 km GA 1	Einheit 10: Mobility 15 Minuten
Sonntag	Ruhetag	

LEVEL VI

Experte. Solide Grundlagenausdauer. Regelmäßiges Training (Laufen plus Athletik). Intelligente Struktur, umfassende langfristige Trainingsplanung.

Tab. 16: Level 6 Trainingsplan

Montag	Einheit 1: Krafttraining 60 Minuten General Physical Preparedness	Einheit 2: Laufen Extensive Dauermethode 8 km Rekom
Dienstag	Einheit 3: Laufen Intensive Dauermethode 9 km GA 2	Einheit 4: Mobility 15 Minuten
Mittwoch	Einheit 5: Krafttraining 60 Minuten General Physical Preparedness	Einheit 6: Laufen Extensive Dauermethode 12 km GA 1
Donnerstag	Einheit 7: Laufen Intervallmethode 8 x 800 Meter WSA	Einheit 8: Mobility 15 Minuten
Freitag	Einheit 9: Laufen Intensive Dauermethode 9 km GA 2	Einheit 10: Krafttraining 60 Minuten General Physical Preparedness
Samstag	Einheit 11: Laufen Extensive Dauermethode 15 km GA 1	Einheit 12: Mobility 15 Minuten
Sonntag	Einheit 13: Crosstraining 60 Minuten	

LEVEL VII

Professional. Rennen auf nationaler oder internationaler Ebene. Massive Ausdauer.

Tab. 17: Level 7 Trainingsplan

Montag	Einheit 1: Krafttraining 60 MinutenGeneral Physical Preparedness	Einheit 2: Laufen Fartlek 8 km GA 1/GA 2/WSA	Einheit 3: Mobility 15 Minuten
Dienstag	Einheit 4: Laufen Intensive Dauermethode 9 km GA 2	Einheit 5: Mobility 15 Minuten	Einheit 6: Laufen Extensive Dauermethode 8 km Rekom
Mittwoch	Einheit 7: Krafttraining 60 Minuten General Physical Preparedness	Einheit 8: Laufen Extensive Dauermethode 15 km GA 1	
Donnerstag	Einheit 9: Laufen Intervallmethode 16 x 800 Meter WSA	Einheit 10: Mobility 15 Minuten	Einheit 11: Crosstraining 60 Minuten
Freitag	Einheit 12: Laufen Intensive Dauermethode 12 km GA 2	Einheit 13: Krafttraining 60 Minuten General Physical Preparedness	Einheit 14: Laufen Extensive Dauermethode 9 km GA 1
Samstag	Einheit 15: Laufen Extensive Dauermethode 20 km GA 1	Einheit 16: Mobility 15 Minuten	
Sonntag	Einheit 17: Crosstraining 60 Minuten	Einheit 18: Laufen Extensive Dauermethode 8 km Rekom	Einheit 19: Krafttraining 60 Minuten General Physical Preparedness

Profisportler bewegen sich in gänzlich anderen Atmosphären als der Hobbysportler, deswegen wird es hier immer schwieriger, einen Trainingsplan vorzuschlagen, der noch Sinn macht. Alle anderen Pläne dienen auch nur als Inspiration. Es gibt da draußen tonnenweise Laufratgeber, die vor Trainingsplänen nur so überquellen.

Zum Beginn meiner Läuferkarriere fand ich das auch *mega*cool, doch rational betrachtet, ist ein vorgefertigter Trainingsplan für niemanden hilfreich. Deswegen ist dieses Buch auch so konzipiert, dass jede Leserin und jeder Leser am Ende die Werkzeuge in der Hand haben sollte, sich selbst einen Trainingsplan zu gestalten. Deswegen interpretiere nicht so viel in diese Trainingspläne hinein, sondern überlege dir selbst, wie du dein Training gestalten kannst.

TEIL VI: IN KÜRZE

- Baue kinästhetische Wahrnehmung auf.
- Progressive Überlastung – als Vorbild ist Milo von Crotone zu nennen.
- Langfristige Leistungssteigerung wird durch progressive Überlastung erzielt.
- Das Gesetz der Spezifität beachten.
- Die Relation zwischen Volumen und Spezifität muss stimmen.
- Specific adaptation on imposed demand (SAID-Prinzip).
- Die 80/20-Regel beachten.
- Den biopsychosozialen Kontext beachten.
- Schlaf ist die beste Erholung.
- Aktive Regeneration ist besser als passive.
- Effektive Periodisierung besteht aus Mikro-, Meso- und Makrozyklen.
- Die Vorbereitungsphase ist definiert durch lange, langsame Einheiten und geringe Intensitäten.
- Die Wettkampfphase beinhaltet hohe Intensität und wenig Volumen.
- Es braucht 7-10 Wettkämpfe, um optimale Leistung zu erreichen.
- Die Übergangsphase ist für die Regeneration da.
- Trainingsarten:
    - die extensive und die intensive Dauermethode;
    - die Intervallmethode und die Wiederholungsmethode und
    - die Wettkampfmethode.
- Trainingsbereiche:
    - GA 1: Grundlagenausdauer 1 – ruhig;
    - GA 2: Grundlagenausdauer 2 – aerobe Schwelle,
    - WSA: wettkampfspezifische Ausdauer und
    - REKOM: Rekompensation.

- Wichtigste Metriken zum Tracking sind Dauer und Strecke.
- Der Cooper-Test dient zur Überprüfung der Leistungsfähigkeit.
- Der Conconi-Test hilft bei der Festlegung von Trainingsbereichen.
- Die Aussagekraft von Daten sollte überprüft werden.
- Die Relativkraft ist wichtig für den Läufer:
  - niedriges Körperfett,
  - mittlere Muskelmasse und
  - intramuskuläre Koordination.
- Das Gewichtsmanagement ist für alle Läufer wichtig.

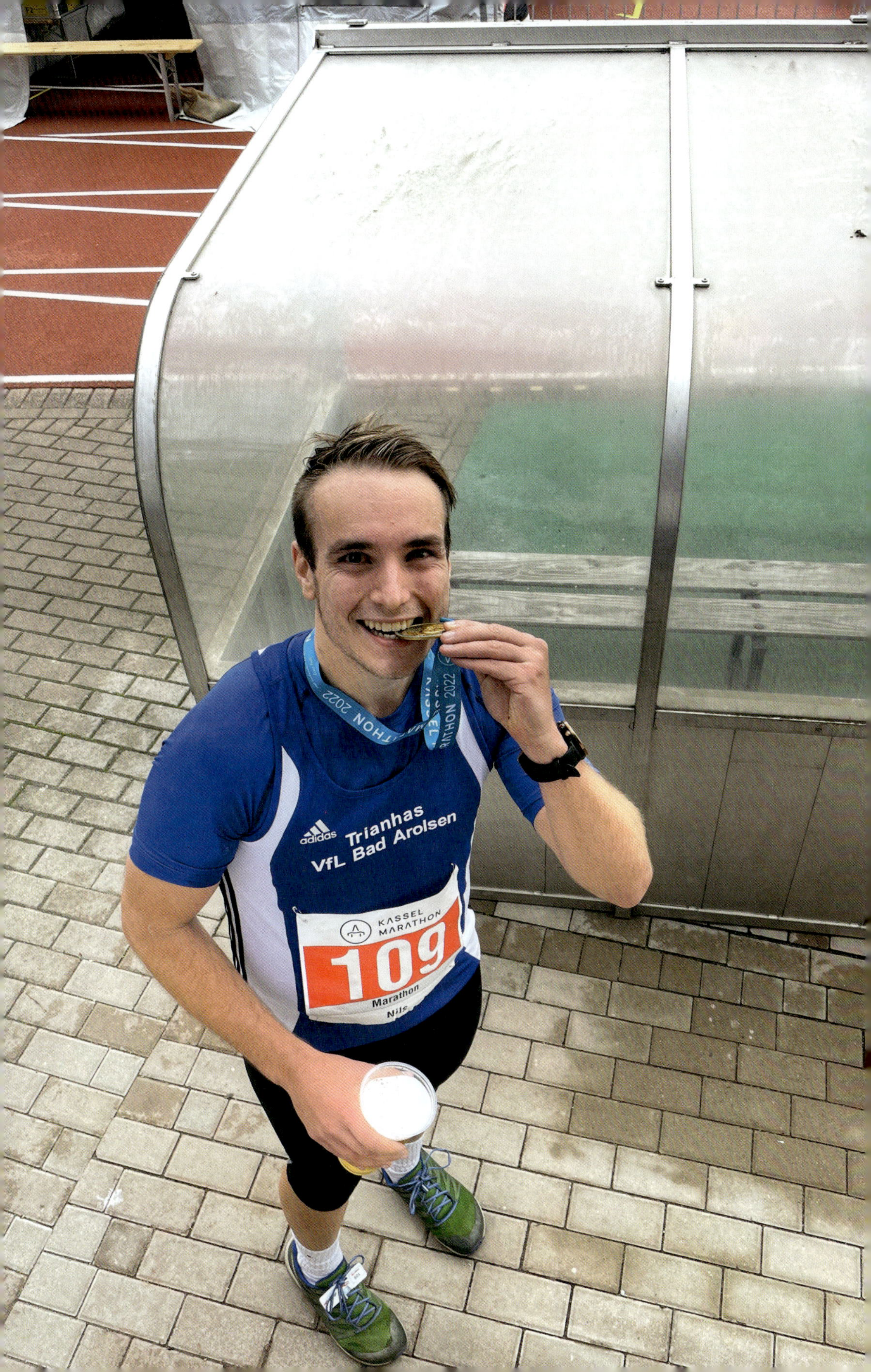

Trianhas
VfL Bad Arolsen
KASSEL MARATHON
109
Marathon
Nils

TEIL VII: HEALTH

22 GESUNDHEIT

[...] orandum est ut sit mens sana in corpore sano.

„Beten sollte man darum, dass ein gesunder Geist in einem gesunden Körper sei."

JUVENAL[67]

Bei all dem Gerede über Leistungssteigerung, Laufen, Input = Output, Regeneration und Gewichtsmanagement, sollte man nicht vergessen, dass was auch immer kommt, die Gesundheit im Vordergrund stehen sollte.

Solange man nicht mit dem Sport sein Geld verdient, sollte die Gesundheit *immer* an erster Stelle stehen und die Leistung und das Training an zweiter Stelle.

An dieser Stelle soll erklärt werden, ab wann Training nicht mehr gesund ist und gezeigt werden, was man dann tun kann.

Wie bereits im Kapitel über Leistungssteigerung und Superkompensation erklärt, gibt es eine gewisse Ermüdungsphase, wenn man die Trainingsreize zu schnell zu stark setzt, aber auch, wenn die Regeneration beeinträchtigt wird. So kann Stress im privaten oder beruflichen Umfeld die Regenerationszeit verlängern. Dies sollte man frühzeitig erkennen und dementsprechend die Trainingslast reduzieren. Denn wenn man diese Ermüdungsphase immer und immer wieder betritt und sich so immer weiter nach unten wirtschaftet, erreicht man etwas, das nicht so leicht reparabel ist: das *Übertraining*.

22.1 ÜBERTRAINING

Das Übertraining ist der Erzfeind des Sportlers, denn das Übertraining ist der verzweifelte Hilferuf des Körpers nach Erholung. Im Übertraining haben wir über Wochen und Monate unseren Körper geschunden und unsere Leistung nach unten getrieben.

Bis er sich davon erholt, können Wochen und Monate vergehen. Das heißt, an diesem Punkt bleibt uns nichts übrig, als die Beine hochzulegen und sich mit lockerer Bewegung zu benügen, bis er sich erholt hat.

Hier kann nur appelliert werden, dass eine komplette Pause notwendig ist, da man sonst eine Verletzung provoziert. Und die halten einen für gewöhnlich weitaus länger vom Training und vom Sport ab, als zwei bis drei Wochen.

Was können wir tun, um Übertraining von vornherein abzuwenden?
Der Regeneration sollte man eine gewisse Priorität einräumen, damit man sich nicht überlastet. Die Relation aus Belastung und Erholung muss stimmen, damit man sich entwickelt, aber nicht ins Übertraining gerät.

22.2 DAS IMMUNSYSTEM

Training stärkt das Immunsystem, so viel ist klar. Regelmäßige Bewegung an der frischen Luft stärkt das Immunsystem und dafür ist Laufen nahezu perfekt. Unser Immunsystem profitiert schließlich davon, wenn wir es neuen Reizen aussetzen.

Wichtig ist, zu wissen, dass unser Immunsystem unmittelbar nach dem Training geschwächt ist, weil es durch das Training beansprucht wurde. Unmittelbar nach dem Training gibt es also ein Fenster, wo wir anfälliger für Krankheitserreger sind als sonst. Dafür ist das Immunsystem danach wieder umso stärker.

Allerdings gibt es auch einen Zustand, in dem sich unser Immunsystem nicht so schnell von diesem Tief erholt. Wenn wir krank sind oder waren und dann trainieren, dauert es länger, bis unser Immunsystem wieder auf der Höhe ist. Aber auch, wenn wir uns im Übertraining befinden, dann braucht unser Immunsystem länger, um sich zu erholen und kann langfristig sogar geschwächt werden.

Wenn man also immer wieder krank wird, sollte man vielleicht einmal sein Trainingspensum überdenken.

23 VERLETZUNGEN

27-70 Prozent der Läufer verletzen sich innerhalb eines Jahres. Das sind erschreckende Zahlen, wenn man bedenkt, dass beim Laufen keine fremdverschuldeten Verletzungen auftreten können, wie beim Fußball oder Kampfsport. Nun könnte man denken, dass Laufen eine gefährliche Sportart ist, bei dieser Quote. Allerdings ist es nicht die Sportart an sich, die die Probleme verursacht, sondern die mangelnde Vorbereitung oder das Ignorieren von Signalen des Körpers.

> *There is no wrong movement. There is lack of preparation and lack of awareness.*
>
> IDO PORTAL[74]

Also, was kann man tun, um die Vorbereitung und die Wahrnehmung zu verbessern? Nun wie bereits in früheren Kapiteln erwähnt, ist es essenziell, für die nötige Systemintegrität zu sorgen und auch das Anforderungsprofil des Laufens zu prüfen und sich klarzumachen, wo eventuelle Defizite liegen.

Wenn einmal eine Verletzung auftritt und man Schmerzen hat, dann sollte man in sich hineinhorchen und analysieren, wie stark der Schmerz ist. Hierbei gibt es ein einfaches Modell, um die Verletzung einzusortieren.

DIE VERLETZUNGSSTUFEN

Erste Stufe - Schmerzen nach dem Training
Zweite Stufe - Schmerzen am Anfang des Trainings oder danach
Ditte Stufe - Schmerzen während des gesamten Trainings und danach
Vierte Stufe - Dauerschmerz, auch außerhalb des Trainings

Wenn man auf dieser Skala bei einer 1 oder eventuell bei einer 2 liegt, dann darf das Training mit verringertem Gesamtvolumen und längeren Regenerationszeiten fortgesetzt werden. Hier sollte sinnvolles Mobility-Training und Krafttraining ergänzt werden, um eine schlimmere Verletzung abzuwenden.

Ab Stufe 3 ist das normale Training unverzüglich einzustellen, denn ansonsten riskiert man, dass die Verletzung einen für längere Zeit außer Gefecht setzt. Auch hier sollte man mit Mobilitytraining und Krafttraining die Schwachstellen aufarbeiten.

WICHTIGER RAT FÜR DEN UMGANG MIT VERLETZUNGEN, WENN SIE AKUT SIND

Pause ist keine Lösung. Eine akute Verletzung braucht Zeit zum Abheilen, das bedeutet aber nicht, dass man gar nicht trainieren sollte. Die Zeit für die Regeneration sollte genutzt werden, um Schwachstellen aufzuarbeiten, die Beweglichkeit des betroffenen Gelenks zu verbessern und aktive Regeneration zu betreiben, so kann Aquajogging oder Spazierengehen helfen, um die Regeneration zu beschleunigen.

NO-GOS FÜR OPTIMALE ERHOLUNG NACH VERLETZUNGEN

Ein Rat, den man früher oft bekommen hat, ist die *PECH-Regel* (**P**ause, **E**is, **C**ompression, **H**ochlegen). Dies dient zwar der Schonung, aber durch das Eis und die Pause wird wohl vielmehr die Durchblutung der betroffenen Stelle gemindert, weswegen es länger dauert, bis sie ausgeheilt sein wird.

Deswegen gilt heute viel eher *PEACE and LOVE*[22].

In der ersten akuten Phase der Verletzung braucht sie PEACE.

Protect = reduziere die Belastung.
Elevate = das Bein höher als das Herz hochlagern.
Avoid anti-inflammatory modalities = Medikamente wie Cortisol vermeiden.
Compress = Kompression des verletzten Bereichs, um den Blutfluss zu erhöhen.
Educate = bilde dich über die Verletzung. Ein aktiver Ansatz ist besser als ein passiver.

Wenn die erste akute Phase nach ein bis drei Tagen vorbei ist, braucht die Verletzung LOVE.[43]

Load = langsam wieder belasten.
Optimisim = positiv bleiben und kontinuierlich daran arbeiten.
Vascularisation = die Durchblutung verbessern.
Exercise = Übung und Bewegung.

Wichtig ist bei Verletzungen, die Eigenverantwortung zu übernehmen und sich nicht auf andere zu verlassen. Kein Physio und kein Arzt werden deine Verletzung heilen. Das kannst nur du selbst. Deswegen musst du die Verantwortung übernehmen. Physios, Ärzte und andere können dir nur bedingt helfen und einen Weg aufzeigen, aber ob die Verletzung restlos auskuriert wird, liegt an dir!

23.1 DIE HÄUFIGSTEN LÄUFERLEIDEN UND WAS MAN BEI IHNEN TUN KANN

Dies soll keineswegs ein medizinischer Ratgeber werden, wie man die Läuferleiden für immer beseitigt, sondern lediglich eine Empfehlung, was man präventiv gegen sie tun kann und wie man sicherstellt, dass sie nicht erneut wieder auftreten. Die meisten Verletzungen beim Laufen entstehen durch Überlastung bzw. Fehlbelastung bestimmter Strukturen. Häufig ist die Ursache ein fehlerhafter Laufstil oder aber eine mangelnde Systemintegrität. Außerdem kann es sein, dass gerade die belastete Struktur zu schwach ist und deswegen Probleme bereitet. Im Folgenden wird erklärt, welche Leiden es gibt, woher sie kommen und wie man etwas dagegen tun kann.

Fersensporn und Plantarfasziitis

Der Fersensporn an sich ist eine Verknöcherung der Sehne entweder an der Plantarsehne (Fußsohle) oder aber an der Achillessehne. Die Verknöcherung ist eine Reaktion auf die Überbelastung der Sehne. Der Ansatz der Sehne am Knochen wird verknöchert, sodass der Rest der Sehne nicht mehr so viel Spannung erfährt. Grundsätzlich ist dies ein sinnvoller Schutzmechanismus des Körpers, allerdings kommt es häufig zu einer begleitenden Plantarfasziitis, also einer Entzündung der Plantarsehne, welche stechende Schmerzen unter dem Fuß verursacht.

Häufig ist die Ursache eine zu schwach ausgeprägt und nicht flexibel agierende Fußmuskulatur, sowie ein kollabierendes Fußgewölbe, wodurch eine seitliche Belastung auf die Plantarsehne kommt. Insgesamt ist hier ToeGa (Yoga für die Füße) sehr ratsam, um die Fußmuskulatur wieder geschmeidig und kräftig zu machen. Auch sollte man sich überlegen, ob man falsches Schuhwerk trägt.

Neben diesen Faktoren kann auch die Stabilität der Hüfte eine Rolle spielen, wenn sie nämlich nach innen kollabiert, dann wird auch der Fuß kollabieren und die Plantarsehne wird übermäßig belastet.

Achillessehnenreizung/-entzündung

Wenn wir weit in der Zeit zurückreisen und an das alte Griechenland zurückdenken, so werden wir uns an Achilles, den Helden der *Ilias*, erinnern, der heldenhaft vor Troja kämpfte. Er fiel durch einen Pfeil, der seine Ferse traf, welche seine einzig verwundbare Stelle war. Er hatte im Styx, dem Fluss der Unterwelt, gebadet. Nur Thetis hielt ihn an der Ferse fest, weshalb sie nicht unverwundbar wurde, wie der Rest seines gottgleichen Körpers.

Er ist heute der Namensgeber für die Achillessehne. Und wie er durch einen Treffer in eben jene Sehne fiel, so fallen auch viele Läufer durch eine Verletzung der Achillessehne. Oftmals müssen sie nach dieser Verletzung die Laufschuhe an den Nagel hängen. Die Achillessehne ist das wichtigste Element beim Laufen und eine der stärksten und widerstandsfähigsten Sehnen im gesamten Körper.

Ein Abriss der Achillessehne kann nur geschehen, wenn wirklich Unmengen an Kraft darauf einwirken oder aber eine vorherige Verletzung besteht. Die meisten Läufer stolpern früher oder später jedoch über eine Reizung der Achillessehne, die sich unbehandelt in eine Entzündung der Sehne verwandeln kann.

Vielfach kann bei mangelhafter Therapie diese Entzündung auch chronisch werden, was irgendwann dann zum Riss führen kann. Eine gerissene Achillessehne bedeutet so gut wie immer das Ende der Laufkarriere.

Was sind die Ursachen für die Reizung und Entzündung der Sehne?

Nun, die Achillessehne ist sehr hohe Belastungen gewöhnt, weswegen sie eigentlich nicht sehr anfällig ist für Überbelastungen, sondern eher bei Fehlbelastung gereizt wird. Sie sitzt als Verlängerung der Wadenmuskulatur am Fersenbein an und dient der Kraftübertragung aus der Wade auf den Fuß, doch wenn sie hier nicht gerade arbeiten kann, sondern durch einen kollabierenden Fuß nach innen oder nach außen wegknickt und so verbogen wird, dann wird sie nicht so belastet, wie sie es gewohnt ist und das kann langfristig zu einer Reizung führen.

Also ist es hier wichtig, die Stabilität des Sprunggelenks sicherzustellen und auch die Hüftstabilität zu verbessern, damit die Achillessehne immer gerade belastet werden kann. Wovon ich abrate, ist eine Entzündung durch Cortison oder Ähnliches behandeln zu lassen, da dies dazu führt, dass die beschädigte Achillessehne nicht vollständig „repariert" werden kann.

Läuferknie (Überreizung des Tractus iliotibialis)

Dies war und ist meine persönliche Achillesferse. Das Läuferknie hat mich 2017 für drei Monate komplett vom Laufen abgehalten. Der Name kommt nicht von irgendwoher, denn es ist eine der häufigsten Verletzungen bei Läufern im Allgemeinen.

Sie entsteht durch zu viel Zug auf dem Tractus iliotibialis, eine massive Sehnenplatte, die seitlich am Oberschenkel verläuft und die Hüfte mit dem Knie verbindet. Sie wird durch zwei Muskeln gespannt: M. tensor fasciae latae und den M. glutaeus maximus. Probleme gibt es dann, wenn der Tensor fasciae latae mehr arbeitet als der Gluteus und somit eine Verspannung entsteht.

Dieses Ungleichgewicht entsteht, wenn man eine mangelnde Stabilität in der Hüfte hat und viel sitzt. Der Tensor fasciae latae verspannt, während der Gluteus zu wenig arbeitet. Entgegenwirken kann man dem Ganzen, indem man an seiner Hüftstabilität arbeitet und somit den Gluteus auftrainiert. Gleichzeitig kann man den Tensor fasciae latae durch Stretching und Mobilisation lockern. Das Ganze ist vermutlich ein langer Prozess, doch es ist möglich.

24 EUDAIMONIE

Zum Abschluss möchte ich noch ein paar Wort zum Thema mentale Gesundheit verlieren. Was auch immer passiert: Laufen und Sport im Allgemeinen sollte die eigene psychische Gesundheit nie negativ beeinflussen.

Vor allem, wenn man ambitioniert trainiert, dann neigt man dazu, sich über seine Bedürfnisse hinwegzusetzen, um besser zu werden. Doch langfristig und nachhaltig ist das Ganze nicht. Wer sich überlastet, kann auch mental ausbrennen.

Für mich ist Laufen eine Befreiung vom Alltag. *Eudaimonie* ist für mich das Ziel, das ich damit verfolge. Pure Glückseligkeit und geistige Vervollkommnung. Und ich finde, dazu sollte Sport in unserer heutigen Gesellschaft auch dienen. Sport um der Leistung willen ist etwas Wundervolles, doch was nützt mir eine neue Bestzeit, wenn ich bis dahin nur gelitten habe?

Lerne, den Sport zu genießen und lerne dich darüber zu freuen, was dein Körper zu leisten vermag.

Es wird sich lohnen.

Der Weg ist das Ziel.

Wenn du das Laufen wirklich und wahrhaftig genießt, dann wird alles Weitere sich fügen. Unser Alltag und unser Leben ist viel zu künstlich geworden, als dass wir uns bei dieser natürlichsten aller Fortbewegungsarten maßregeln sollten.

ABSCHLUSSWORTE

Laufen scheint auf den ersten Blick eine simple Sportart zu sein, doch bei genauerem Hinsehen wird klar, dass es doch komplexer ist, als es scheint.

In diesem Abschnitt möchte ich noch einmal erklären, wie wichtig die saubere Lauftechnik ist. Nur bei optimaler Lauftechnik kann unser Körper die Lasten optimal abfangen, die beim Laufen auf uns wirken. Unsere Bandscheiben und unsere Gelenkknorpel sind für Belastungen gemacht, durch Bewegung werden sie ernährt und ohne sie verkümmern sie. Allerdings sollte man sich bewusst machen, dass diese Strukturen auch dazu gemacht sind, die Belastung physiologisch abzubekommen, wie es die Natur vorgesehen hat.

Laufen wir nun also mit schlechter Form - schief oder unphysiologisch -, kann es sein, dass wir Überlastungen provozieren. Dann tut uns auf einmal das Knie vom Laufen weh oder der Rücken bringt uns förmlich um am Tag nach dem Lauf. Dies sollten Warnsignale unseres Körpers sein, die uns davor warnen wollen, dass wir ihn nicht so belasten, wie ihm das lieb wäre. Auf sie sollten wir reagieren und unserem Körper eine Pause gönnen. Aber nicht nur der Körper läuft, sondern auch der Geist. Alles muss als Einheit fungieren, um optimal zu funktionieren.

Ich hoffe, dieses Buch hat meinen Lesern einen Einblick gegeben, wie der eigene Körper funktioniert und was alles dazugehört, wenn man seine Höchstleistung erreichen will. Umso mehr Respekt gebührt den großen Läufern der Geschichte: Pheidippides, Emil Zatopek, Sir Roger Bannister, Usain Bolt, Eliud Kipchoge.

Wer weiß, vielleicht wird bald einer meiner Leser oder Leserinnen sich in diese Reihe einreihen und Geschichte schreiben. Es ist alles möglich, was ihr euch in den Kopf setzt.

The best reason to move, is because you can.

IDO PORTAL[69]

ANHANG

1 DANKSAGUNG

Finis coronat opus.

Das Ende krönt das Werk.

So lautet ein bekanntes lateinisches Sprichwort und ja, das Ende ist wirklich ein krönender Moment, doch ich möchte sagen, dass das Schönste am Schreiben dieses Werks die Einblicke waren, die ich selbst in die Laufthematik bekommen habe, die zahlreichen Persönlichkeiten, mit denen ich mich zu diesem Zweck ausgetauscht habe und auch die unzähligen Geschichten und Legenden, die ich lesen durfte.

Danke an Theresa, meine ewige Stütze. Danke an meine Eltern, dass sie mich auf den richtigen Weg gebracht haben und meine sportlichen Eskapaden immer unterstützt haben.

Danke an Philipp, Michael, Sebastian, Manuel, Hans und alle anderen, die für mich da waren. Danke an Christian für die Räumlichkeiten. Danke an Thomas und Candy für die tollen Jahre der Kooperation. Danke an die Trianhas, dafür, dass sie mich in meinen sportlichen Werdegang unterstützt haben. Danke an alle, die mich je trainiert haben. Danke an alle tollen Fortbildungen, die ich besuchen durfte. Danke an Herrn Buttler, für den Funken, der heute zu einem Feuer geworden ist. Danke an meinen Tutor, Herrn Dr. Blazy, dafür, dass er immer an mich geglaubt hat.

Ein Dank gilt definitiv auch all meinen Trainees, die in den letzten Jahren als Versuchskaninchen dienten, um die Methoden und Prinzipien dieses Buchs in der Praxis anzuwenden. Vielen, vielen Dank an alle, die mich auf dem Weg unterstützt haben und auch einen Dank an alle diejenigen, die frühere Versionen dieses Werks quergelesen haben, um ihm den Feinschliff zu geben.

2 GLOSSAR

Im Folgenden findest du das Glossar zum Nachschlagen einzelner Begrifflichkeiten und sowie das Literaturverzeichnis, falls du weiterlesen möchtest. Außerdem findest du im Anhang mehr zu meiner Arbeit.

3 HAFTUNGSAUSSCHLUSS

Die in diesem Buch behandelten Inhalte wurden vom Autor nach bestem Wissen und Gewissen zusammengetragen und basieren auf diversen literarischen und historischen Werken, wissenschaftlichen Studien in den Erfahrungen des Autors. Dennoch kann nicht ausgeschlossen werden, dass durch das hier aufgeführte Training Schäden am Individuum entstehen können. Bitte klären Sie zuvor mit einem Arzt ab, ob Sie gesundheitlich in der Lage sind, ein Training aufzunehmen. Der Autor haftet in keiner Weise für etwaige Verletzungen.

4 LITERATURVERZEICHNIS

[1] Dicharry, J. (2017). *Running rewired: Reinvent your run for stability, strength, and speed.*; Velopress.

[2] McDougall, C. (2010). *Born to run: The hidden tribe, the ultra runners and the greatest race the world* has *ever seen*. Profilbooks.

[3] Edgley, R. (2018). *The world fittest book*. Sphere.

[4] Edgley, R. (2020). *The art of resilience*. Harper Collins Publisher.

[5] Goggins, D. (2018). *Can't hurt me: Master your mind and defy the odds*. Lioncrest.

[6] Horn, T. (2008). *Advances in sport psychology* (Third Edition). Human Kinetics.

[7] Marquardt, M. (2017). *Natural Running. Schneller. Leichter. Schmerzfrei*. Spomedis.

[8] Marquardt, M. (2012). *Laufen und Laufanalyse: Medizinische Betreuung von Läufern*. Georg Thieme Verlag.

[9] Miller, I. (2016). *Weight management for triathletes. When training is not enough*. Meyer & Meyer.

[10] Meyers, T. W. (2021). *Anatomy trains: Myofascial meridians for manual therapists & movement professionals* [vierte Edition]. Elsevier Limited.

[11] Schüler, J., Wegner, M. & Plessner, H. (2020). *Sportpsychologie: Grundlagen und Anwendung*. Springer.

[12] Segesser, B. & Nigg, B. H. (1993). *Orthopädische und biomechanische Konzepte im Sportschuhbau*. Sportverl.

[13] Walker, M. (2018). *Why we sleep*. Penguin.

[14] Thompson, K. G. (2015). *Pacing: Individual strategies for optimal performance*. Human Kinetics.

[15] Vahl, T. (2002). *Marathon – ein Praxisratgeber für Training und Wettkampf*. Copress Sport.

[16] Vance, J. (2016). *Run with power.* Velopress.

[17] Almeida, M., Davis, I. & Lopes, A. (2015). Biomechanical differences of foot-strike patterns during running: A systematic review with meta-analysis. *J Orthop Sports Phys Ther.* 45(10), 738-755.

[18] Boecker, H., Sprenger, T., Spilker, M., Henriksen, G., Koppenhoefer, M., Wagner, K., Valet, M., Berthele, A. & Tolle, T. (2008). The runner's high: Opioidergic mechanisms in the human brain. *Cereb Cortex*, *18* (11), 2523-2531.

[19] Castanharo, R., Duarte, M. & McGill, S. (2014). Corrective sitting strategies: An examination of muscle activity and spine loading. *J Electromyogr Kinesiol.*, *24* (1), 114-119. doi: 10.1016/j.jelekin.2013.11.001. Epub 2013 Nov 9. PMID: 24295543.

[20] Cholewicki, J., Breen, A., Popovich, J. M., Jr, Reeves, N. P., Sahrmann, S. A., van Dillen, L. R., Vleeming, A., & Hodges, P. W. (2019) . Can biomechanics research lead to more effective treatment of low back pain? A point-counterpoint debate. *The Journal of Orthopaedic and Sports Physical Therapy, 49* (6), 425-436. https://doi.org/10.2519/jospt.2019.8825

[21] Deci, E. & Ryan, R. (1993). Die Selbstbestimmungstheorie der Motivation und ihre Bedeutung für die Pädagogik. Zeitschrift für Pädagogik, 39(2), 223-238.

[22] Dubois, B. & Esculier, J. (2020). Soft-tissue injuries simply need PEACE and LOVE. *Br J Sports Med., 54* (2), 72-73.

[23] Engel, G. (1977). The need for a new medical model: A challenge for biomedicine. *Science, 196* (4286), 129-136.

[24] Giacomini, B., Yamato, T., Lopes, A. & Hespanhol, L. (2020). What is the foot strike pattern distribution in children and adolescents during running? A cross-sectional study. *Braz J Phys Ther., 25(3), 336-343.*.

[25] Grenier, S., Russell, C. & McGill, S. (2003). Relationships between lumbar flexibility, sit-and-reach test, and a previous history of low back discomfort in industrial workers. *Can J Appl Physiol., 28* (2), 165-77. doi: 10.1139/h03-013. PMID: 12825327.

[26] Hicks, S., Jacob, P., Perez, O., Baffuto, M., Gagnon, Z. & Middleton F. A. (2019). The transcriptional signature of a runner's high. *Med Sci Sports Exerc., 51* (5), 970-978.

[27] Hollander, K., Liebl, D., Meining, S., Mattes, K., Willwacher, S. & Zech, A. (2019). Adaptation of running biomechanics to repeated barefoot running: A randomized controlled study. *Am J Sports Med., 47* (8), 1975-1983.

[28] Kaur, N., Bhanot, K. & Ferreira, G. (2020). Eeffects of lower extremity and trunk kinetic chain recruitment on serratus anterior muscle activation during forward punch plus exercise on stable and unstable surfaces. *Int J Sports Phys Ther., 15* (1), 126-138. PMID: 32089964; PMCID: PMC7015032.

[29] Mullen, S., Toby, E., Mar, D., Bechtold, M., Vopat, B., Melugin, H. & McIff ,T. (2019). Initial response of mature, experienced runners to barefoot running: Transition to forefoot strike. *Kans J Med., 25* https://pubmed.ncbi.nlm.nih.gov/31803352/

[30] McCarthy, C., Fleming, N., Donne, B. & Blanksby, B. (2015). Barefoot running and hip kinematics: Good news for the knee? *Med Sci Sports Exerc.*, (https://pubmed.ncbi.nlm.nih.gov/25207927/)

[31] Pauls, H. (2013). Das biopsychosoziale Modell – Herkunft und Aktualität. *Resonanzen – E-Journal für biopsychosoziale Dialoge in Psychosomatischer Medizin, Psychotherapie, Supervision und Beratung, 1* (1), 15-31.

[32] Shih, Y., Teng, H. & Powers, C. (2019). Lower extremity stiffness predicts ground reaction force loading rate in heel strike runners. Med Sci Sports Exerc. 2019 Aug;51(8):1692-1697

[33] https://en.wikipedia.org/wiki/Four-minute_mile

[34] Cantwell, J. (1985). Cardiovascular aspects of running. *Clin Sports Med. 1985 Oct;4(4):627-40.* https://www.ncbi.nlm.nih.gov/pubmed/3902253

[35] Beardsley, C. & Skarabot, J. (2015). Effects of self-myo-fascial realease: A systematic review. *J Bodyw Mov Ther.* 2015 Oct;19(4):747-758 https://www.ncbi.nlm.nih.gov/pubmed/26592233

[36] https://www.runnersworld.de/news-fotos/die-geschichte-des-marathons/ (zuletzt aufgerufen am 30.01.2020, 7:32 Uhr)

[37] https://www.ingo-froboese.de/tests/#forward (zuletzt aufgerufen am 15.09.2021, 14:43 Uhr)

[38] https://www.24life.com/a-brief-history-of-running/ (zuletzt aufgerufen am 30.01.2020, 7:55 Uhr)

[39] https://prosports.zone/blog/de/der-cooper-test-im-fussball#:~:text=Formel%20zur%20Berechnung%20der%20maximalen%20Sauerstoffaufnahme%20(VO2max)%20beim%20Cooper%2DTest&text=Ist%20ein%20m%C3%A4nnlicher%20Sportler%20in,(Milliliter%20Sauerstoff%20pro%20Minute). (zuletzt aufgerufen am 22.01.2021, 13:18 Uhr)

[40] https://www.who.int/news-room/fact-sheets/detail/noncommunicable-diseases (zuletzt aufgerufen am 08.03.2021, 14:01 Uhr)

[41] https://www.redbull.com/gb-en/ross-edgley-completes-great-british-swim (zuletzt aufgerufen am 13.11.2021, 17:49)

[42] https://www.wissen57.de/albert-kitzler-scheitern.html (zuletzt aufgerufen am 09.12.2021, 15:40 Uhr)

[43] https://www.physio-pedia.com/Peace_and_Love_Principle (zuletzt aufgerufen am 10.12.2021, 15:40 Uhr)

[44] https://de.wikipedia.org/wiki/Newtonsche_Gesetze (zuletzt aufgerufen am 28.07.2023, 15:00 Uhr)

[45] https://www.otpbooks.com/advances-in-functional-training-excerpt/ (zuletzt aufgerufen am 28.07.2023, 15:20 Uhr)

[46] Dewck, C. (2017). *Mindset. Changing the way you think to fulfil your potential.* Robinson.

[47] Gourley, J. (2014). *Triathlon Speed. Was wirklich schneller macht.* Spomedis.

[48] https://www.youtube.com/watch?v=W0Wr7HsylE0&t=73s (zuletzt aufgerufen am 14.08.2023)

[49] https://de.wikipedia.org/wiki/Usain_Bolt (zuletzt aufgerufen am 15.08.2023)

[50] https://de.wikipedia.org/wiki/Eliud_Kipchoge (zuletzt aufgerufen am 15.08.2023)

[51] Schünke, M., Schulte, E. & Schumacher, U. (2014). *Prometheus. LernAtlas der Anatomie* (4. überarbeitete und erweiterte Auflage). Georg Thieme Verlag, Stuttgart.

[52] Weineck, J. (2007). *Optimales Training: Leistungsphysiologische Trainingslehre unter besonderer Berücksichtigung des Kinder- und Jugendtrainings*. Spitta Verlag, Balingen.

[53] https://www.redbull.com/de-de/theredbulletin/bewegungsexperte-ido-portal-im-interview (zuletzt aufgerufen am 16.06.2023, 8:10 Uhr)

[54] https://en.wikipedia.org/wiki/Milo_of_Croton (zuletzt aufgerufen am 19.08.2023, 9:45 Uhr)

[55] https://www.bettermovement.org/blog/2009/0110111 (zuletzt aufgerufen am 19.08.2023, 10:00 Uhr)

[56] Bronfenbrenner, U.(1979). *The ecology of human development: Experiments by nature and design*. Harvard University Press, Cambridge.

[57] Kast, B. (2018). *Der Ernährungskompass*. Bertelsmann.

[58] Bompa, T. & Haff, G. (2009). *Periodization: Theory and methodology of training* (fifth edition). Human Kinetics.

[59] Hottenrott, K. & Zülch, M. (2002). *Ausdauertraining Laufen* (6. Auflage). Reinbek.

[60] Aristoteles (2009) *Metaphysik. Bücher VII und VIII*. Griechisch–Deutsch. Übersetzt und kommentiert von Wolfgang Detel unter Mitarbeit von Jula Wildberger, Suhrkamp Studienbibliothek, Frankfurt am Main ISBN 978-3-518-27017-2.

[61] Platon (1940) Sämtliche Werke. Band 2, Berlin S. 81-123

[62] Sokrates (2001) Xenophons Memorabilia III.12.8, übersetzt von Christopher Bruell, Cornell University Press)

[63] Cook, G. (2012). Movement, On Target Publications.

[64] Nicholls, J. G. (1984). Achievement motivation: Conceptions of ability, subjective experience, task choice, and performance. *Psychological Review, 91*(3), 328–346. https://doi.org/10.1037/0033-295X.91.3.328

[65] „Epiktet: Lehrgespräche (Diatriben)". *Ausgewählte Schriften: Griechisch - Deutsch*, Berlin, Boston: De Gruyter (A), 1994, pp. 72-368. https://doi.org/10.1515/9783110359435.72

[66] Seneca,, Fink, Gerhard and Nickel, Rainer. *Band I+II [Set Seneca, Briefe an Lucilius I+II, Tusculum]*, De Gruyter (A), 2023.

[67] Iuvenalis, Decimus Iunius (1777): *Die Satiren Des Decimus Junius Juvenalis in einer erklärenden Übersetzung.* Decker. Berlin/Leipzig.

[68] Gillinov S.M., Laux S., Kuivila T., Hass D. & Joy S.M.(2015) *Effect of Minimalist Footwear on Running Efficiency: A Randomized Crossover Trial. Sports Health.* 2015 May;7(3):256-60. doi: 10.1177/1941738115571093. PMID: 26131304; PMCID: PMC4482302.

[69] Inspire Me (2023).Why Movement Matters: Insights from Ido Portal. https://www.youtube.com/watch?v=rlRdD4cL7AA

[70] Lieberman DE. What we can learn about running from barefoot running. Exerc Sport Sci Rev 2012;40:63–72

[71] Portal, I. (2013) The Cruel Tutelage of Ido Portal. Verfügbar unter https://www.youtube.com/watch?v=hb7GjomO7Ns&t=191s

[72] Fitzgerald, J. (2015) How one beginning runner built his confidence and ran two personal bests. Verfügbar unter https://strengthrunning.com/2015/11/beginning-runner-built-confidence/

[73] Middletone, Y. (2016) 62 Unforgettable Arnold Schwarzenegger Quotes. Verfügbar unter https://addicted2success.com/quotes/62-unforgettable-arnold-schwarzenegger-quotes/

[74] Goetluck, O. (2014) 11 things I learned from Ido Portal. Verfügbar unter https://medium.com/@goetgeluck/11-things-i-learned-from-ido-portal-51a23b-4c23e4

5 BILDNACHWEIS

Cover- und Layoutgestaltung: Dafni Perrou

Umschlaggestaltung: Katerina Georgieva

Satz: Zerosoft

Lektorat: Dr. Irmgard Jaeger

Bilder Innenteil:

Otto Luca Silberg – Moonrock Media: Covermotiv, S. 9, 182

Nils Kindel: S. 16, 19, 24, 27, 28, 30, 37, 58, 62, 104, 124, 126, 128, 146, 147, 164, 166, 168, 190, 208, 209

Theresa Weißing: S. 40-52, 69-88, 99-103, 105-108, 111-116

AdobeStock: S. 60, 122

Adrenaline, oh adrenaline
How long have I been waiting to feel you again?

The night has been so long
Darkness everywhere
Yet here i stand
Ready to come along

I always expected the worst,
But hoped for the best.

The sun came up,
Just before i knew
that the light would never shine through.

The cloud of darkness is still there,
the fear still lingers everywhere.
What have I 've been fighting all along?
I just must remain strong.

The glimpse of light we 're now seeing,
Will soon be gone for long enough.
The only way for us to thrive,
Is to know how not to just survive.

Adrenaline, oh adrenaline
How long have I been waiting to feel alive again?

Nils Kindel

Abonnieren Sie unseren kostenlosen Newsletter unter **www.dersportverlag.de**

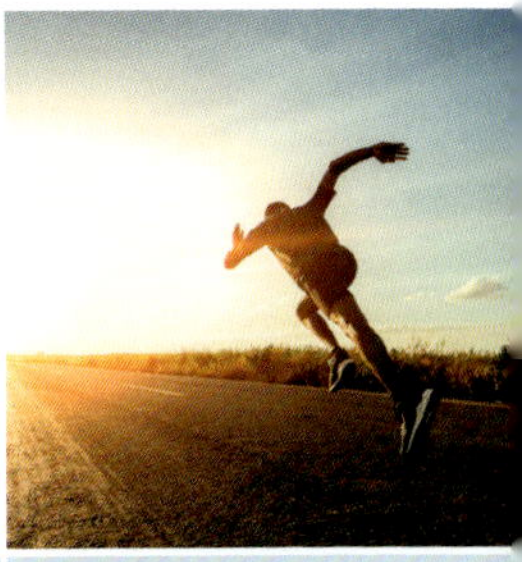

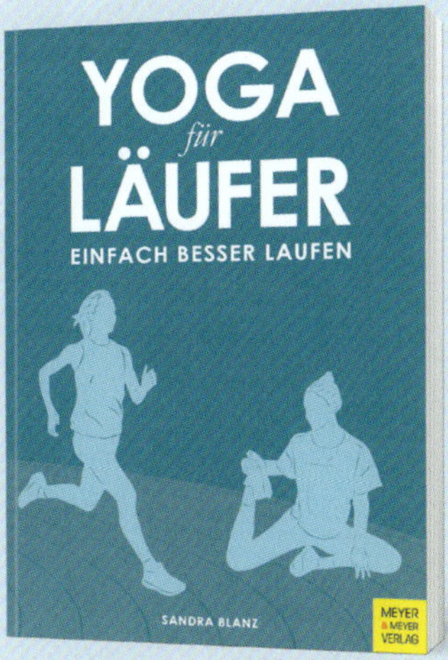

YOGA FÜR LÄUFER
EINFACH BESSER LAUFEN

272 Seiten, 317 Bilder,
4c, Paperback, 16,5 x 24 cm

ISBN 978-3-8403-7729-7
€ [D] 22,00/ € [A] 22,70

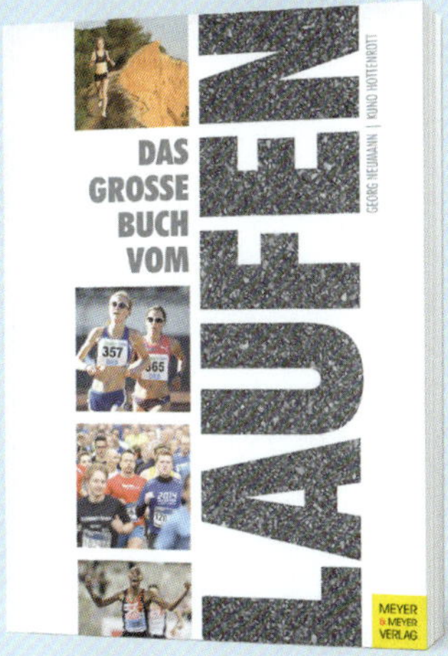

DAS GROSSE BUCH VOM LAUFEN

600 Seiten, 123 Bilder, 201 Abb., 83 Tab.,
4c, Paperback, 16,5 x 24 cm

ISBN 978-3-89899-924-3
€ [D] 29,95/ € [A] 30,80

* Preisänderungen vorbehalten und Preisangaben ohne Gewähr! © AdobeStock

MEYER & MEYER
Fachverlag GmbH
Von-Coels-Str. 390
52080 Aachen

Telefon	02 41 - 9 58 10 - 13
Fax	02 41 - 9 58 10 - 10
E-Mail	vertrieb@m-m-sports.com
Webseite	www.dersportverlag.de

Unsere Bücher erhalten Sie online oder bei Ihrem Buchhändler.

MEYER
& MEYER
VERLAG

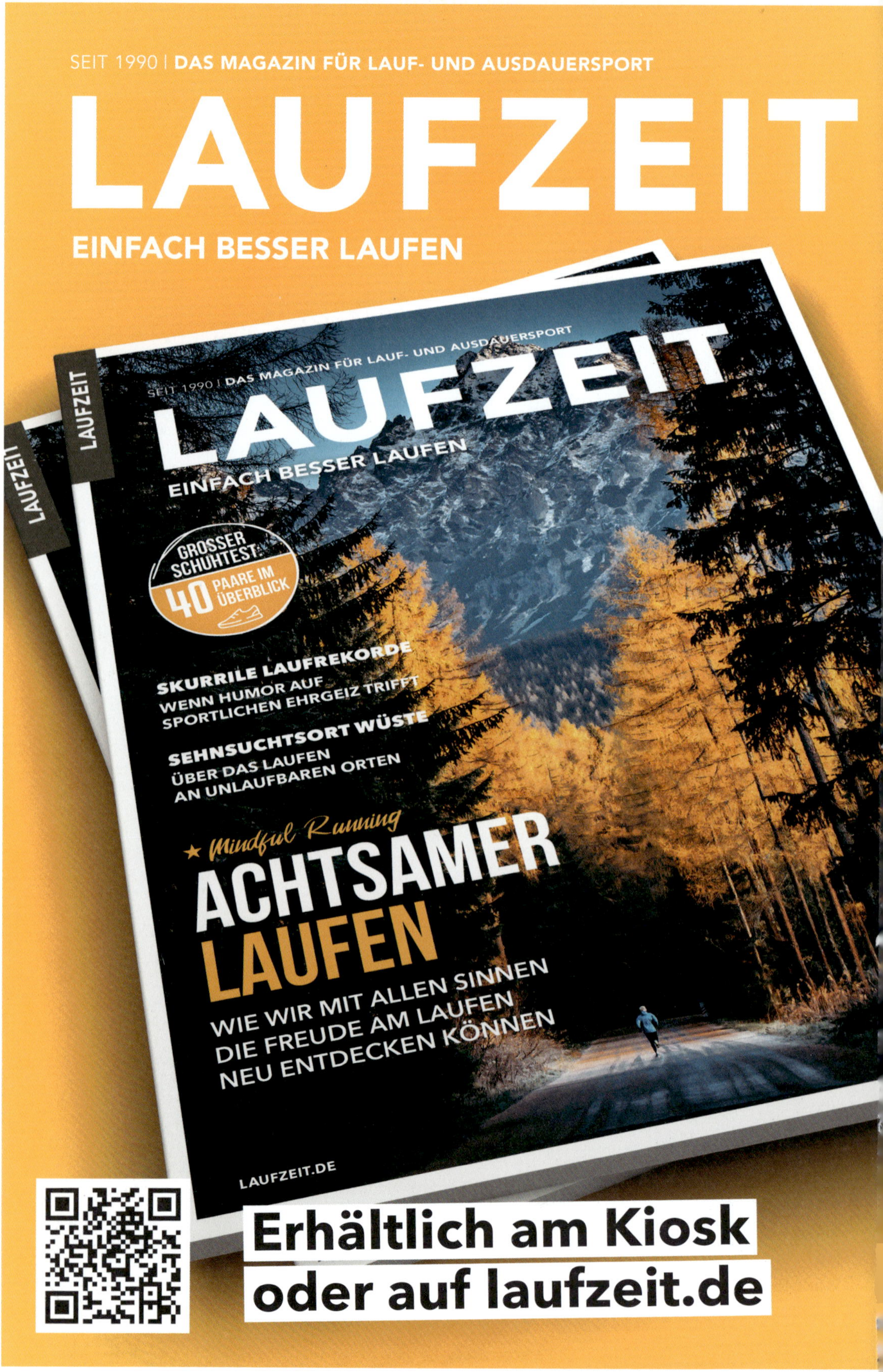
SEIT 1990 | DAS MAGAZIN FÜR LAUF- UND AUSDAUERSPORT
LAUFZEIT
EINFACH BESSER LAUFEN
LAUFZEIT
SEIT 1990 | DAS MAGAZIN FÜR LAUF- UND AUSDAUERSPORT
LAUFZEIT
EINFACH BESSER LAUFEN
GROSSER SCHUHTEST: 40 PAARE IM ÜBERBLICK
SKURRILE LAUFREKORDE
WENN HUMOR AUF SPORTLICHEN EHRGEIZ TRIFFT
SEHNSUCHTSORT WÜSTE
ÜBER DAS LAUFEN AN UNLAUFBAREN ORTEN
Mindful Running
ACHTSAMER LAUFEN
WIE WIR MIT ALLEN SINNEN DIE FREUDE AM LAUFEN NEU ENTDECKEN KÖNNEN
LAUFZEIT.DE
Erhältlich am Kiosk
oder auf laufzeit.de